聚焦课标
新视角

上海市浦东新区
观澜教育联盟教育改革实践探索

浦东新区观澜教育联盟
金维萍 / 主编

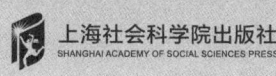

上海社会科学院出版社
SHANGHAI ACADEMY OF SOCIAL SCIENCES PRESS

前言

上海市浦东新区观澜教育联盟（集团）成立至今已8年，观澜小学是领衔学校。联盟成立至今不断扩容，现有8所成员学校，280多个教学班，11000多名学生，近800名教师。

在坚守创新中共向示范。8年来，观澜教育联盟坚守初心，坚持文化融合，组织体系健全。以"三步创优"聚力，以"五联"机制推进紧密型集团建设，2022年年底成为首批浦东新区紧密型集团，2023年向着创建浦东新区示范型集团共同努力。

指向核心素养研究实践。聚焦课标指向核心素养，全面落实立德树人根本任务，推进"双新"落实"双减"，联盟以深度教研理论探索指向核心素养培育的新教研实践。围绕课堂教学中重点、难点问题开展系列主题科研、教研活动，在提升科研、教研活动品质的过程中促进教师发展、学生成长。

课题引领合力共建共享。观澜教育联盟区级课题"区域主题式教育联盟创建的实践研究"历经3年实践探索，课题实践按照"源于问题、基于行动、释于理论、形于规范、成于应用"的步骤，坚持"可复制可模仿、学得会用得上、合目标有特色、有共性有变式"的要求，为联盟各学校和教师科研成果搭建展示交流的机会和载体，形成"区域主题式教育联盟"的"观澜模式"。

2023年，观澜教育联盟联合上海教育出版社编辑出版《核心素养导向的教与学》一书，得到了专家和教师们的高度肯定，经各校教师发展培养需求、联盟理事会商议决定：2024年继续为教师教育科研搭建展示交流的机会，为教师联盟出版《聚焦课标新视角——上海市浦东新区观澜教育联盟教育改革实践探索》一书，在展示交流联盟教师科研成果的同时推广共享。本次征稿从年初开始到6月截稿，收到了百余篇稿件，联盟组织专家、出版编辑等从中选出41篇出版成书。

  2024年是浦东新区示范校集团目标建设年，同年，观澜教育区级课题结题。联盟将按照目标要求不断探索实践，为区域主题式教育联盟创建提供观澜教育联盟模式和经验。

观澜教育联盟理事长

2024年6月

目 录

前言　　　　　　　　　　　　　　　　　　　　　　　　金维萍

联盟教研在行动

1　实践"五个一"推动联盟新教研

——观澜教育联盟推进紧密型集团建设的实践与探索

上海市浦东新区观澜教育联盟　金维萍

第一章　学习方式新实践

10　多元化评价在整本书阅读中的探索与应用

上海市浦东新区观澜小学　王　盼

17　敢说、能说、会说——能"说"会道

——小学低年级语文教学中口语交际活动的设计与实施

上海市浦东新区观澜小学　金如莹

24　在变与不变中寻找语文学习的增长点

上海市浦东新区观澜小学　秦　玥

36　迁移蜕变讲故事，授之以渔强素养

——讲故事让语文素养更丰满　低学段学生讲故事能力培养

上海市浦东新区观澜小学　檀　维

1

47	探索"双新"背景下小学语文写字教学新思路	
	上海市浦东新区观澜小学	陆　雯
57	新课标视角下小学武术大单元教学设计	
	上海市浦东新区观澜小学	尹　杰
69	基于英语学习活动观的故事类语篇教学的实践研究	
	上海市浦东新区观澜小学	朱江珊
82	小学语文五年级"实用性阅读与交流"任务群在人物描写单元的设计与实施	
	上海市川沙中学南校	孙杨蕾
91	基于"变与不变"数学思想在小学计算教学中的运用	
	上海市川沙中学南校	朱丽敏
102	尺规作图在小学数学几何领域中的应用研究	
	上海市川沙中学南校	卢倩君
112	小学劳技教学中培养学生自主学习能力策略的研究	
	上海市川沙中学南校	费　妮
123	基于核心素养构建小学低年级数学作业新样态——以一年级数学第二学期《我是度量小能手》综合实践作业为例	
	上海市浦东新区东港小学	吴凤芬
134	角色扮演教学法在小学道德与法治课上的应用	
	上海市浦东新区东港小学	祝夏蝶
142	农村小学英语教学德育渗透三步法	
	上海市浦东新区六团小学	唐夏芸
149	依托小学数学项目化学习培养学生量感的实践与思考	
	上海市浦东新区六团小学	项子寅

162	基于核心素养下的小学英语故事阅读教学实践
	——以牛津英语 4AM2U3P4 The lion and the mouse 为例
	上海市浦东新区实验小学　鲍佳薇
172	运用传统文化在小学思政教育中开展浸润式教育
	上海市浦东新区实验小学　陈　晨
180	基于学生数据素养培养的项目化学习活动
	——以三年级数学"我是小小分析师"项目化学习活动为例
	上海市浦东新区实验小学　孙丹洁
190	幼小衔接中情绪教育的跨领域融合与实践
	上海市浦东新区新城小学　沈丽丽
201	聚焦"双减",发展思维
	——"双减"背景下的小学语文大单元作业改革策略
	上海市浦东新区新城小学　杨　蓉
210	"高标高质"之教育智慧
	——以五年级语文"小叶子魔法毕业季"项目为例
	上海市浦东新区新城小学　范豪杰
225	小学英语教育中跨文化意识培养的策略与实践
	——以沪教版小学牛津英语教材为例
	上海市浦东新区新城小学　张岁凤
234	核心素养背景下小学生科学大概念建构的教学实践初探
	上海市浦东新区新城小学　高顺伯
242	运用情境创设提升小学生英语语用能力的实践研究
	上海市浦东新区盐仓小学　陈　香
251	小学数学图形与几何模块练习设计的实践与研究
	上海市浦东新区祝桥小学　陈征峥

258　诗情"话"意　情感为引
　　　　——小学古诗词教学的情感体验探究
　　　　　　　　　　上海市浦东新区祝桥小学　卫　慈

第二章　学科融合新探索

266　层级进阶，以文育人
　　　　——以三年级语文《灰雀》一课渗透德育思想
　　　　　　　　　　上海市浦东新区观澜小学　陆　听

271　聚焦核心素养的小学语文跨学科融合实践
　　　　　　　　　　上海市浦东新区观澜小学　乔培青

280　跨学科主题学习在小学英语课堂中的应用与效果分析
　　　　　　　　　　上海市浦东新区观澜小学　陆智杨

292　小学体育课堂对儿童仪美心美的塑造探究
　　　　　　　　　　上海市浦东新区观澜小学　薛佳雯

300　走好小学一"体"化育人之路
　　　　——小学体育教学中德育教育的渗透实践探究
　　　　　　　　　　上海市浦东新区观澜小学　周星宇

309　链接"八百工程"　盛开成长之花
　　　　——小学语文学科与校本课程《八百工程》的融合实践
　　　　　　　　　　上海市浦东新区观澜小学　朱奕沁

321　主题情境助力自主成长
　　　　——统编版二年级下册《太空生活趣事多》教学解读
　　　　　和活动设计
　　　　　　　　　　上海市浦东新区东港小学　乔　静

329　跟随节气脚步——寻找秋天
　　　　统编三年级上册第二单元学习任务群视域下单元整体

教学实践与探索

上海市浦东新区六团小学　王敏婷

343　基于核心素养的小学数学项目化学习的实践与思考
　　　——以三年级数学探寻"年、月、日"的奥秘为例

上海市浦东新区六团小学　龚　琪

351　读写一体化视角下小学语文综合性任务的设计与实施

上海市浦东新区实验小学　龚　艳

358　以邮票为载体开展小学生项目化学习活动的实践研究
　　　——以"邮说中华"项目为例

上海市浦东新区实验小学　张思婷

366　小学数学课堂中师生"温暖"互动行为研究

上海市浦东新区新城小学　杨　红

373　中华传统文化在小学美术教学中的传承与创新研究
　　　——速写绘中华情文字传心中意的教学实践经验

上海市浦东新区祝桥小学　黄懿玲

383　"五育融合"视域下小学综合实践活动探究课程开发初探
　　　——以"'融'美故居，'创'想文化"活动为例

上海市浦东新区祝桥小学　瞿书文

一 联盟教研在行动

实践"五个一"推动联盟新教研
——观澜教育联盟推进紧密型集团建设的实践与探索

上海市浦东新区观澜教育联盟 金维萍

上海市浦东新区观澜教育联盟（以下简称"联盟"）组建于2016年，2018年纳入集团化办学管理。联盟由观澜小学牵头，共有8所成员学校（见图1），2023学年有279个教学班，11038名学生，768名专任教师。

图1 观澜教育联盟的成员学校

一、坚守坚持共创紧密

8年来，联盟坚守初心，坚持文化融合，组织体系健全，其组织架构如图2所示。

聚焦 课标新视角
——上海市浦东新区观澜教育联盟教育改革实践探索

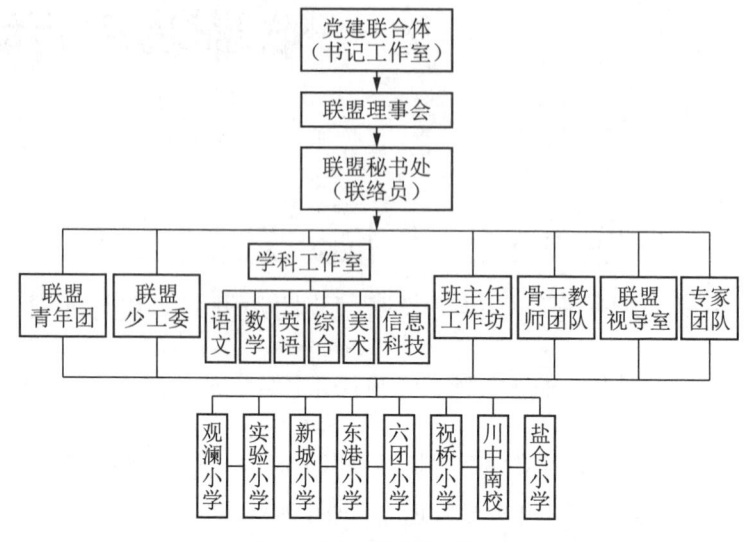

图2 观澜联盟组织架构

联盟以"三步创优"聚力，以"五联"机制推进紧密型集团建设，2022年底通过评定，被命名为首批区紧密型集团（见图3）。

图3 2022年底成为首批区紧密型集团

二、指向素养"新教研"实践

为落实立德树人根本任务,推进"双新"落实"双减",联盟以"深度教研"理论探索指向核心素养培育的"新教研"实践。围绕课堂教学中重点、难点问题开展系列主题教研活动(见图4),在提升教研活动品质的过程中促进教师发展、学生成长。

图4 系列主题教研

三、创"新"实践"研"途有路

联盟"新教研"以"五个一"维度实践,努力打通新形势下"课改"到"课堂"的"最后一公里"。

(一)一个课题,"研"有方向

以区级课题"区域主题式教育联盟创建的实践研究"统领,按照"源于问题、基于行动、形于规范、成于应用"原则,整体推进,模块化落实,各项举措成果力求"可复制可模仿、学得会用得上、合目标有特色、有共性有变式",各校拿去就可以用。

(二)一套机制,"研"有保障

联盟坚持文化建设,形成了一系列长效机制。从"三步创优"运作机制迭代升级到"五联"创紧密,形成了顺畅的运作组织架构(见图5);2023年,《观澜教育联盟实用手册》编辑成册(见图6),"新教研"有制度保障、落实有路径,行动有方法。

图5 观澜联盟紧密型集团培育"五联"机制　　图6 观澜教育联盟实用手册

（三）一系列项目，"研"有载体

"新教研"以项目形式由专人负责，长效常态推进。

1."学科工作室"项目

2020年联盟成立"学科工作室"，因需逐年增加到7个，肩负起联盟以聚焦教学常规为主要任务的联合教研组织实践、研究指导等重任。做到了：①点上——培训学员，一年一个周期，300多名教师结业；②面上——联合教研，以教学五环节为抓手集结8校教研组、备课组联合教研。疫情突发时，迅疾推出"小技术、小软件"，工作室"线上＋线下"交流研讨50多次。

2."联盟骨干示范辐射"项目

8个学科72位首批联盟骨干教师肩负重任，一年中完成讲座、课堂展示和组织教研等方式示范辐射。期初自荐→期中示范→期末总结，在自我加压中亮身份、树形象、做示范！

3."带着课程流动"项目

此项目实施三年已经成为品牌。特色教师带着优秀课程流动教学（见图7）。由开始的3名教师2类课程，到现在的艺体科和德育等四大类 9 个科目 20 多位教师；"水墨画""花绳""自然笔记""航模"等课程已打造成流动精品课程。2023 学年启动"项目化学习"活动，课后服务有新内涵。

图 7 "带着课程流动"项目

4."走进名校"项目

为拓宽眼界，找差距深思考，联盟教研走进浦江一小、和田路小学、马陆小学等，更多的是走进观澜，沉浸式教研做示范。

5."校校结对"项目

基于双向需求，观澜小学与联盟校进行了语数英和音乐等学科结对（见图 8）：①面上——学校与学校对接；②点上——学科组与学科组对接；③人员——观澜骨干与东港老师对接。

图 8 "校校结对"项目

（四）一个学术节，"研"有仪式

每年11月联盟举办教学节。连续4年每次一个月，隆重开幕，仪式中闭幕，成为联盟"新教研"重要的学术节。通过需求调研和问题梳理，精准研判，每年"聚焦一个主题，商定一种形式，体验一段经历"成为模式。"立足单元整体教学"从课标研读、备课、上课到作业坚持3年。

"项"有方，"目"有光。聚焦"项目化学习"（见图9），推进"三步共研，扬长共优"路径：①梳理扬长、挖掘共享；②聚焦最优、合力共研；③聚力更优、共探共进。11月下旬项目化3个类型3个专场共研推进后，12月19日联盟总结会再强力推进。至此联盟项目化推进进入第三阶段——"聚焦学科项目化学习"全面开花。

图9 聚焦"项目化学习"

（五）一个平台，"研"有轨迹

联盟的微信公众号已有9年，是"新教研"记录成长、展示成果的窗口（见图10）。470多条信息中，"新教研"独占鳌头，彼此温暖、积聚力量。

图10 联盟的微信公众号

"校长讲坛""专家常驻""一年一本论文集"等项目在引领中。

"新教研"指向更明，要求更清，力度更大。

四、向美而行快乐出发

2023年，联盟足球姐妹花在全国遴选中脱颖而出，成为了今年世界杯冠亚军决赛和三四名决赛的护旗手（见图11），并拍摄成长纪录片《不止足球》。

联盟学生也积极参加各类活动（见图12）。

图11 足球姐妹花

图 12　联盟学生参加各类活动

聚焦核心素养培养，通过联盟"五个一"新教研，教师们更新理念、立足课堂快速提高，联盟少年迅速成长，2023年学生区级奖项过千，市级以上过百，向德智体美劳全面成长的新时代少年迈进。

聚焦课标新视角
——上海市浦东新区观澜教育联盟教育改革实践探索

第一章

学习方式新实践

多元化评价在整本书阅读中的探索与应用

上海市浦东新区观澜小学　王　盼

摘　要

阅读对小学生的精神成长起着至关重要的作用。小学阶段重在培养学生的阅读兴趣，养成良好的阅读习惯。根据小学阶段不同年级学生的心理特点及语文阅读能力，教师采取跨学科评价、表现性评价、结果性评价等多种评价方式，以激发学生读书的意愿，发展关键能力，培养核心素养。

关键词

多元评价　整本书阅读　核心素养

小学生处于身心不断发展之中，对新鲜事物充满好奇。随着信息技术不断发展，网络信息铺天盖地席卷而来，不仅对成人产生了影响，也对小学生产生了一定的影响。学生在互联网时代通过网络学习、接收信息、互动聊天，使用移动设备学习与娱乐的时间与日俱增，但调查显示学生通过移动设备阅读整本书的时间较少；吸引学生的大多是图片新闻、搞笑短视频、电子游戏等内容。这使得大多数学生，尤其是自控力不足的学生用在阅读上的时间越来越少，小学生的阅读现状不容乐观。

《义务教育语文课程标准（2022年版）》上指出："义务教育语文

课程培养的核心素养,是学生在积极的语文实践活动中积累、建构并在真实的语言运用情境中表现出来的,是文化自信和语言运用、思维能力、审美创造的综合体现。"在语文教学活动中教师以单篇文章为媒介,让学生掌握语言技能,发展思维能力,学会表达;培养其审美能力,丰富其精神世界。学生通过课堂阅读积累了大量的语言表达方法后,最关键的是迁移应用。叶圣陶先生也在《略读指导举隅》前言中写道:

学生从精读方面得到种种经验,应用这些经验,自己去读长篇巨著以及其他的单篇短什,不再需要教师的详细指导,这就是略读。就教学而言,精读是主体,略读只是补充;但就效果而言,精读是准备,略读才是应用。这里的略读就是指整本书,如何让学生在信息快速发展的时代对阅读产生兴趣,养成良好的读书习惯?面对不同的学生,不同的书籍,不同的环境,教师可以采取不同的评价方式指导学生阅读,因此,培养阅读兴趣、提高阅读能力就显得十分必要。

一、跨学科评价,让阅读有画面

1. 绘邮票,展书签

对于低年级的学生来说他们喜欢阅读的是绘本和童话等。书中鲜艳的色彩,美丽的图画是他们所喜爱的,能更有效地吸引他们的注意力。因此,我尝试将阅读与绘画相结合,让学生画出有趣的故事,体验阅读的乐趣,这样能够极大地调动学生阅读的积极性。为了不给学生增加较大负担,我选择开展简单有趣、省时高效的画邮票、做书签活动。学生在阅读后发挥想象进行创作,选择自己感兴趣的活动参加。

比如,学生在阅读统编版二年级下册快乐读书吧中推荐的阅读书目《七色花》后,我布置了一项作业:请在阅读整本书后把你印象最深的人或物画在自制邮票或者书签上。学生们跃跃欲试,在他们的邮票上:

有漂亮的七色花，有可爱的热妮娅，有手拿七色花的老婆婆，有各种各样的玩具，有诱人的面包圈，甚至还有吃着面包圈的小狗狗……他们制作的书签更是让人眼前一亮：不仅有可爱的图画，还配有文字"飞吧飞吧小花瓣，东南西北绕一圈……""黄色、红色、绿色……""这真是一朵不寻常的花……"这些书中有趣的文字也都纷纷出现在学生的笔下。

2. 画人物，配插图

每一本书中的主人公都有自己的特点，他们身上发生了许许多多有趣的事吸引着读者去阅读，使其经历主人公所经历，感受主人公所感受，以此产生共鸣。对于小学生来说感受并不一定那么深刻，但也会在他们的心里埋下一颗小小的种子。随着他们的长大，这颗种子也悄悄地发芽、长大、开花。

为了加深学生对人物形象的印象，教师可以采用让学生画出人物或给感兴趣的故事情节配插图的方式，进一步让学生体会主人公身上美好的品质，达到润物无声的效果。在共读《神笔马良》一书之前，教师布置任务：马良用手中的神笔画了哪些事物呢？请你选择其中一个，尝试着画一画。学生们带着问题去阅读，找到感兴趣的故事情节，并为故事配上相应的插图。学生化身为"画家"，为书中的人物配上相应的插图。他们笔下的马良勇敢坚毅、善良聪慧、不怕困难；笔下的事物活灵活现、各有特点。这个过程激发了学生的想象力，使其获得了独一无二的阅读体验。

学生的优秀阅读作品会在班级文化墙上展示。阅读墙上每月的变化便是学生阅读成果最好的体现。他们的作品既美化了教室，也在他们心中扎下了阅读的根。在阅读的过程中，学生提高了自身语文素养，初步具备了收集、整理信息的能力，也透过作品感受到了博大精深的中国文化。

二、表现性评价，让阅读有声音

在有了大量阅读经验后，学生具备了一定的阅读能力，能够初步感受作者在写作时言语形式的不同，体会作者想要表达的情感，具备感受、理解、欣赏、评价语言文字及作品的能力，具有初步的审美体验。这时，在阅读后，让学生通过配音、表演、交流等多种形式展示自己的阅读成果，会让阅读更有感染力。

1. 选段配音，让阅读有魅力

（1）让人物有声音。对于人物传记类的书来说，人物成功的塑造，离不开作者对人物语言、动作、神态的描写。在阅读时提示学生抓住人物语言及说话时的提示语，体会人物情感，感受人物形象，进而学习作者描写的方法是十分必要的。因此，我设计了我为人物配音的评价方式，要求学生完成阅读后，选择自己感兴趣的部分，找自己的爸爸妈妈或者同学合作为人物配音，配音后在全班交流共享。在录音的过程中学生透过语言文字与人物对话，体会人物的内心世界，感受人物不同的命运。录音过程中，学生也逐渐学会不断变化语调，改变神情，极大地提升了自己的朗读能力。

（2）让美景有画面。对于科普类书籍来说，里面介绍了很多的自然现象、动物、植物等。在阅读这类书籍时，我会让学生当一次解说员，为书中所介绍的现象等内容解说介绍。学生自己选择几张相关的图片或者视频制作 PPT，并插入自己的录音，播放给同学们听。教师利用午会或者看护时间将学生的录音播放给同学们听，学生们十分喜爱。录音者自信心油然而生，倾听者也获取相应的知识，对书中的内容产生了浓厚的兴趣。学生们就是在这样的语言实践过程中丰富学习生活，提高语言素养、阅读能力。

2. 实践交流，让阅读有输出

小学高年级的学生通过阅读积累，掌握了更多的阅读方法，阅读能力有所提升。在整本书阅读之后鼓励学生把自己读到的内容结合自己读后的感受讲出来，这是对学生的又一次锻炼。学生在表达之前要对内容进行一次深度的思考，重新组织语言，再将自己的思考外化表达，一定程度上锻炼了学生的沟通和表达能力，同时也发展了学生的思维能力。

比如，在五年级时我们班共读《西游记》一书，全书共一百回，全文是半文言文、半白话文，读来具有一定的挑战性，因此我采取师生共读的方式进行，每天读一回，激励学生每日坚持下去。教师每天指定一位学生来交流这一回合的内容。学生在交流时：有的读读书中精彩的语言；有的模仿书中人物的动作、语言，惟妙惟肖，引得同学们哄堂大笑；还有的同学设置了提问环节，同学们积极踊跃互动，效果极好。交流完内容之后，再说说自己的感想，或说说作者所写内容的精彩之处，做一次小小"评价官"。

在这个过程中，交流者准备充分，积极思考；倾听者认真聆听，积极参与。学生在学习作者言语表达的同时，感受名著给予的精神力量，培养文化自信，提高审美能力。

3. 合作演绎，让阅读有活力

学生的语文学习能力是要通过真实的语言情景表现出来的。每读完一本书后，让学生通过课本剧的形式合作演绎自己喜欢的片段，也可以作为一种与众不同的评价方式。学生以小组为单位，自读、自编、自演，在这个过程中更加深入体会文章内容，感受作者表达的情感。

《安徒生童话》一书中有许多有趣的童话故事，让学生以课本剧的形式再现自己喜欢的童话故事，将主动权交给学生，他们的兴趣更加浓厚。学生们分工明确，各展所能：收集素材准备做PPT的，制作头饰的，准备小道具的……紧接着他们利用课余的时间排练。学生们根据故事内容把握自己所饰演人物的动作、神态，合作串联语言，惟妙惟肖地呈现了一次视觉盛宴，让观者仿佛看到童话中的人物纷纷从书中走出来，走到课堂中，走到每位同学的心中。每一个组在演示的时候，其他小组根据评价标准来为他们评分，最后评选出最佳的表演小组。这更加具有挑战性。

三、结果性评价，让阅读有挑战

1. 闯关达人我来做

小学生好奇、多动，对于他们来说坚持阅读并不是一件容易的事情。这需要爸爸妈妈的关注，在家为学生营造良好的读书氛围；需要教师重视阅读，将阅读的任务布置下去，让学生有读书的概念。上海市教委规定一、二年级不能有书面作业，因此每天读书就是我布置的一项作业，记录下所读的页数，画下印象深刻的词语和句子，再和爸爸妈妈说说读后的感想。而对于中高年级的小学生而言，就可以学着摘抄，然后培养他们慢慢把自己的感悟写下来。

阅读后的检测也是必不可少的，它可以检测学生对于书中内容的把握情况。教师设计少而精的题目，以选择题为主，以主观题为辅，既有内容的检测，又有发散思维的训练。通过问卷星来让学生做答，方便便捷，利于统计。学生每共读完一本书，便进行闯关测试，统计学生答对的题目数量，数量超过 8 题，就闯关成功，可以获得一颗星星。获得 20 颗星星便可以兑换"童生"的身份，把自己的照片贴在阅读小达人"童生"专栏之中。学生的级别依次设置为：童生、秀才、举人、贡士、进士、探花、榜眼、状元。学生的阅读之路就像古人的科举考试之路一样，只有不断前行，才能到达顶峰。

2. 百万富翁我来当

为了激发学生的阅读兴趣，培养良好的阅读习惯，除了"阅读小达人，挑战自我"以外，我还设计了"争当百万富翁"计划。每本书都有字数统计，将自己所读的书的字数相加就相当于自己的财富值。《义务教育语文课程标准（2022年版）》中也写道：第一学段学生课外阅读总量不少于5万字，第二学段学生课外阅读总量不少于40万字，第三学段时，能够扩展阅读面，课外阅读总量不少于100万字。学生每学年统计自己获得的财富值，如果成功达到目标，可以得到奖状一张；达不到说明自己的阅读量还不够，需要再接再厉，给自己设定一个明确可达到的目标。

"一千个读者就有一千个哈姆雷特。"每位学生读完一本书后都有不同的感受，喜欢书中不同的人物。教师要充分尊重孩子们的阅读感受，鼓励学生用多种方式表达自己的喜爱。多元化的评价方式，让学生逐步走进阅读的世界，学习书中的言语表达形式，体会书中人物多样的命运，感受书籍带给自己的乐趣。同时，学生也学会在阅读中独立思考，具有独立的阅读能力，形成良好的语感。只有这样，才能让学生的思维能力、审美创造、文化自信、语言运用都在阅读中得以发展。

参考文献

[1]中华人民共和国教育部.义务教育语文课程标准：2022年版[M].北京：北京师范大学出版社，2022.

[2]叶圣陶.略读指导举隅[M].北京：中华书局，2013.

敢说、能说、会说——能"说"会道
——小学低年级语文教学中口语交际活动的设计与实施

上海市浦东新区观澜小学　金如莹

摘　要

当前的教育环境中，小学低年级学生的语文学习面临着一系列挑战，特别是在口语交际方面则更为明显，小学低年级学生的口语交际问题主要表现为不敢说、不能说、不会说。有效的口语交际活动对于学生的综合语言能力发展至关重要，它不仅影响着学生的学习表现，还对其未来的社会交往能力产生深远影响。针对这一问题，本研究提出了一系列创新教学策略，旨在优化小学低年级口语交际活动，希望能够帮助小学语文教师不断优化口语交际设计。

关键词

口语交际　低年级　语文教学　教学优化　应用策略

口语交际活动是语文教学中的一个重要组成部分。但是，在现实教学中小学语文低年级的口语交际活动中仍然存在一些问题，如背诵式教学方法过多、缺乏实际交际情境、教学内容缺乏趣味性、教学内容不贴近学生生活等，这些问题直接影响了学生语言交际的能力和语文教学的效果。随着社会的快速发展，人们对语言交际的需求也越来越高。因此，如何通过科学的教学方法提高小学低年级学生的语言沟通能力，已经成为了一个教育工作者必须面对的挑战。

一、口语交际活动在小学语文教学中的重要性

口语交际是小学语文教学围绕全面提高学生语文综合素养所设置的一项教学内容，是语文学科核心素养中的重要组成部分。它不单纯指口语表达，还包含交际内容、说话技巧、交际互动等因素，是小学生应具备的基本能力。

对正处于身心发展重要阶段的小学低年级学生而言，重视口语交际活动能够帮助学生全面把握语言、提升学生用词用语的规范性；帮助学生突破听说读写难关，激发学生语言潜能，在实践层面，学生也能够通过口语交际活动提升自己的人际交往能力，构建和谐人际关系。可以说，口语交际活动既是理论课，更是实践课。

二、小学语文低年级口语交际活动的教学要求

在小学语文低年级教学中，口语交际活动是一个非常重要的环节，因为它能够帮助学生更好地掌握语言的应用和交际能力，为以后的学习打下坚实的基础。部编版低年级教材每学期安排4篇口语交际内容，每次口语交际目标均与学期教学目的相符，亦能够体现出"循序渐进"的学习进程。口语交际能力是一种类化了的口语交际经验在特定场景中的显现，不光要注意听、说的品质，还要注意交流的恰当、得体。它不是纯粹要求学生掌握"听的技能"和"说的技能"，而是更加凸显听与说交际的目的性，强调学生的交往能力，尤其重视言语知识、技能、方法的整合与运用，以及交际情境中学生应对能力、合作能力、思维能力、探究能力等的综合表现。

《义务教育语文课程标准（2022年版）》提出义务教育阶段口语交际的总目标是让学生掌握基本口语交际能力，初步学会文明沟通和社交，发展合作精神，并针对不同学段设定了具体目标。比如，一年级注重激发学生的交流兴趣和基本交际礼仪，在一年级上学期时，学生需要学会主动、清晰地表达；而二年级则倾向于主动表达意见，主动诉说想法等，并能够恰当地提出自己的意见和想法。随着年级提升，目标难度相应增加，有助于学生逐步提高口语交际能力，这也体现了口语交际能力的动态提升。

三、口语交际活动在低年级教学中的实践特点

（一）结合体系——规范说

1. 依托课堂，循序渐进

研究表明，语言学习存在关键期。小学生虽然已具备基本的语法运用能力和根据不同语境调整说话方式的能力，但与成人的语言水平还有一定差距。小学新生的口语普遍存在不足，如语态不规范、说话拖沓或用词重复无序。小学时期是培养孩子口语交际能力的关键阶段，为使其能够清晰、完整、具体、形象地表达，逐渐培养他们的自觉口语交际能力，教师应在口语课上指导和纠正学生的说话方式，但在纠正时应当做到尊重学生的表达欲，让学生完整表述。比如，在说自己的兴趣爱好时，教师可以给出一些句式让学生填空说、照样说；在进行"自我介绍"的练习时，教师应指导学生按步骤清楚地介绍自己的姓名、兴趣爱好和个人特点。在循序渐进引导学生进行规范性表达方面，教师应当必须根据学生说话的程度和水平给予恰如其分的评价，在肯定优秀之处的同时要做到指出问题并提出建议，并有针对性地加以矫正。在找错纠错过程中，教师应让学生共同参与，形成师评生、生评生、生自评的局

面。引导学生评价，应着重从两方面入手：①评语言，即评语音是否正确，语言是否规范，用语是否清楚，是否有逻辑和条理性；②评仪态，即评语言是否响亮，表情是否自然。

2. 老师同伴，互助交流

口语交际不仅是个人的能说会道，还是双向的交流沟通。在课堂上进行"互学互评"本身就是一场现实的口语交际活动。因此，教师首先可以在课堂教学中引导学生进入真实的语言交际情境。比如，二年级上册中有一课口语交际是"商量"，教师可以安排学生按照所给条件进行模拟交际，再让其他学生根据要求进行评价，对有问题的地方进行质疑、矫正，让表演者在实践中规范口语交际能力，让评价者在评价他人的过程中反思自己。学生开动脑筋，互帮互助，积极应变，以此来提升口语交际能力。当然，活动形式需要灵活变化，教师要依据具体情境来设计相应的教学活动，并在实践中不断总结经验，改进教学方法，优化教学内容。

（二）创设情境——大胆说

教师在设计教学内容时应尽量贴近学生的实际生活，让学生感到有趣、易学、易接受。教师还可以安排学生参加语言交际竞赛、自由谈话、讲故事等活动，来培养学生的口语表达能力和自信心[1]。以角色扮演为例，通过角色扮演，学生被鼓励扮演不同的角色，模拟真实生活中的各种场景，如在商店购物、在医院就诊或是在家庭中的日常对话等。在扮演医生或患者的角色时，学生需要使用适当的语言和表达方式来进行交流，这有助于他们理解和使用特定情境下的词汇和表达方式，还有利于激发学生的创造力和想象力，使他们学会换位思考。通过将语言学习与日常生活情境相结合，学生能够更加自然地理解语言的实际应用，同时增强他们的社会交往能力和情感表达能力。

（三）课外读物——拓展说

1. 课外阅读，加强输入

口语交际实际上就是学生的语言输出能力，如果没有充足的语言积累，那么学生的口语表达内容就会显得生涩、枯燥，长此以往学生自己也体会不到口语交际的乐趣。优秀的课外读物具有表述确切、优美的特点，通过复述、模拟或改编，学生可以受到典范语言的熏陶。比如，教师可以让学生朗读各种故事、儿童文学和诗歌，帮助他们更好地感受到语言的美观和优美，培养语感[2]。教师也可以以这些课外读物为拓展，提出学生感兴趣的交际话题，如讨论书本阅读价值、探讨文章主旨等，让学生从课外阅读出发进行表述，以此来提升学生的口语交际能力。

2. 课本剧目，身心投入

课本剧亦是一种锻炼口语能力的新途径，在课本剧中学生可以扮演各种各样的角色，体验不同的人生。课本剧的剧本来源既可以是课本内容，也可以是学生喜欢的课外书内容。比如，《皇帝的新装》课本剧，该故事具有较强的教育意义和表演价值，因此教师可以让学生以《皇帝的新装》为剧本进行课本剧扮演，学生在扮演过程中可以利用诙谐幽默的对话、夸张的肢体表情进行表演，在提升口语交际能力的同时亦能够满足学生的表现欲。

（四）联系生活——实践说

1. 联系校园，随说随练

情感的触动是教学成功的关键。在当前的课程改革背景下，激发学生的学习兴趣至关重要。在轻松愉悦的学习环境中，学生更愿意思考和表达。如果教学内容与学生的亲身经历和生活紧密相关，将更有效地激发他们的情感和兴趣。比如，可以利用学生参与过的校园活动，如开学典礼、节日庆典、入队仪式、生日庆祝等作为教学内容。教师可以引导学生讨论这些活动的过程、自己的想法和感受。由于这些活动与学生生活联系密切，学生能够做到有话可说。

2. 联系社会，随说随思

除了校园生活外，社会生活也是学生生活的重要组成部分，学生不仅要和教师、同学打交道，更要和亲朋好友、各种各样的社会角色打交道，因此在联系生活时，教师也应当设计与学生生活紧密相关的口语交际情景，如问路、购买商品、拜访他人、问候病人等情景。教师还可以让学生以小组游戏方式展开练习，如教师和学生可以在纸张上分别写上"替他人接打电话""约朋友出去玩"等情景，让每组学生以抽签的形式进行对话，在这样的游戏化学习中，学生可以在轻松愉快的环境中不断尝试和练习，从而自然而然地提高语言理解和表达能力。这样不仅能够提升学生的口语交际能力，与此同时还能够提升学生的人际交往能力和社会适应能力。

四、口语交际活动的实践效果

（一）学生大胆自信、能言善辩

口语交际活动的核心在于强化语言在实际场景中的应用，其目的不仅是提升学生的语言技能，更重要的是增强他们的现实应用能力。在小学低年级语文课程中，教师可以利用口语交际帮助学生提高他们在各种实际情景中的语言运用能力。教师可以通过创设多样的口语互动环境，引导学生参与模拟活动，通过多样化的实践，学生能够更深入地掌握语言的实际用途和重要性，培养出与日常生活紧密相连的语言应用技能，进而在语言交流和应用中表现得更加自信。

（二）优化学生思维、密切交际

口语交际的教学重在培养以交流为目标的能力，强调语言的实际使用和语境适应性，突出语言的实用性。言语交流不仅是信息交换的手段，更是思考和表达的重要途径。在小学低年级的语文教学中，重视培养学生的口语交际技能对于增强他们对语言的理解和应用至关重要。创建一个有效的口语交际环境能让学生在日常生活、学习和社交等方面游刃有余。

五、总结

新课改形势下，口语交际教学作为语文教学内容的重要组成部分，既要有顺势而为的"变"，也要有保持宗旨的"不变"。"变"的是教师的教学理念和教学方式；"不变"的是教师对学生语文核心素养的培养。在低年级口语交际活动教学中，教师应当紧扣低年级学生的学习特点和身心发展特点，做到由浅入深、以小见大，在吸引学生兴趣的基础上鼓励学生大胆表述，通过规范性语言活动激发学生口语表达能力和人际交往能力。

参考文献

[1] 陈丽娜.小学语文口语交际的教学策略研究[J].中国科技经济新闻数据库·教育，2023（1）：66—68.

[2] 陈宝珍.小学语文课堂教学存在的问题及解决对策[J].试题与研究，2023（3）：170—172.

在变与不变中寻找语文学习的增长点

上海市浦东新区观澜小学　秦　玥

摘　要

随着新课标深入实施，小学语文教学面临着前所未有的机遇与挑战。传统教学方法已经难以满足现代教育的需求，因此必将变革教与学的方式。新课标强调学生主体地位，注重培养学生综合素质和创新能力。在这一背景下，小学语文教师需要不断探索教学新方法，以适应新课标要求，促进学生全面发展。本文旨在探讨在"变与不变"中掌握语文学习的新方式，寻找学生发展的增长点，分析当前语文学习的现状和挑战，探讨语文学习在内容和形式上的变化，以及如何在坚守传统的基础上创新学习方法。

关键词

新课标　小学语文　变革教学方法　实践研究

小学语文是学生学习语言、文字和文化的起步阶段，也是培养学生综合素养和创新能力的重要时期。传统的小学语文教学方法以教师的讲授为主，缺乏对学生主体地位的充分认识和尊重，导致学生学习兴趣和积极性不高，教学效果不尽如人意。因此，创新小学语文教学方法，探索适合新课标《义务教育语文课程标准（2022年版）》要求的教学模式，成为当前小学语文教学的迫切需求。在这一背景下，如何在变与不变之间找到平衡点，以有效促进语文学习的增长，成为摆在我们面前的重要难题。

一、新课标视域下小学语文的特质

语言文字是人类文化的重要组成部分。语言文字的运用存在于人类社会的各个领域。在新课标的背景下，小学语文教育不再仅仅局限于知识的灌输和技能的训练，而是更加注重学生综合素养的提升。所以，积累与运用在小学语文教学中尤为重要。

新课标与以往相比更侧重积累，其中将积累分为两个方面的内容：一是显性积累，是事实性的、知识性的，包括字词句篇、听说读写材料、知识、素材等；二是隐性积累，包括思想的积累、方法的积累、情感的体验、生活的经历等。

1. 字词积累

字词是语文学习的基础，也是表达能力的重要组成部分，小学阶段的识字量约为3000个字。传统的识字方法往往侧重于机械记忆和重复练习，这种方式虽然能够帮助学生记住汉字，但往往缺乏趣味性和深度。因此，我们可以改变识字方法。

（1）利用现代技术手段辅助教学。随着科技的发展，现代教学手段如多媒体、交互式白板等已经广泛应用于教育领域。我们可以利用这些技术手段，将汉字以更生动、形象的方式呈现出来，帮助学生更好地理解和记忆汉字。比如，可以制作动画视频来展示汉字的演变过程，或者利用虚拟现实技术让学生在虚拟环境中与汉字进行互动。

（2）采用多元化的识字方式。我们可以尝试如通过谜语、故事、歌曲等形式来教授汉字，让学生在轻松愉快的氛围中学习。

（3）注重识字与生活的联系。汉字是记录语言的符号，它与我们的生活密切相关。因此，在识字教学中，我们应注重将汉字与生活联系起来。比如，可以引导学生观察身边的物品和场景，让他们尝试用所学的汉字来描述和表达；或者结合节日、季节等话题，教授与之相关的汉字和词汇。

2. 阅读材料积累

阅读是拓展知识、提升语文素养的重要途径。新课标指出义务教育阶段要激发学生读书兴趣，要求学生多读书、读好书、读整本书，养成良好的读书习惯，积累整本书阅读的经验。整本书阅读的第一步是选择合适的书籍。在选择时，我们应考虑书籍的文学价值、内容深度以及与个人兴趣的契合度。同时，阅读前的导读也至关重要，它可以帮助我们了解书籍的背景信息、作者的创作意图以及作品在文学史上的地位，为后续的深入阅读奠定基础。在阅读过程中，我们需要对书籍的内容进行概括和梳理。这包括对故事情节、人物形象、场景描写等方面的提炼和总结。通过概括和梳理，我们能够更清晰地把握作品的整体框架，为后续的分析和解读打下基础。

3. 文学常识积累

文学常识是了解文学作品、提升审美能力的基础。在教学过程中，教师应引导学生了解中外文学的基本知识，包括文学流派、作家作品、文学体裁等。通过讲解、讨论和阅读经典文学作品，帮助学生积累文学常识，提升对文学作品的鉴赏能力。我们学校每学期就有读书节活动、朗读比赛。让学生在读书节活动中推荐自己喜欢的名人作家、经典名著，交流自己的读书心得。在朗读比赛中，让学生将自己喜欢的文章诵读出来，读出他们的体会，读出他们的感情。通过这些活动，建立浓厚的文学氛围，激发学生的学习兴趣。教师还可以设计多样化的文学活动，如角色扮演、故事续写等，让学生在参与中感受文学的魅力。

小学阶段是字词积累和阅读量增加的黄金时期,是培养学生语文素养的重要阶段,需要我们从多个方面入手,不断变革教学方法和手段,为学生提供更加优质的语文学习环境和资源。

二、新课标视域下语文教与学方式的变革

(一)创设真实情境,构建学习任务群

1. 优化课堂模式,强化导学设计

教师是教育领域的核心驱动力,其思想观念和教学行为直接影响着学习任务群教学模式的成败。为了深入推进小学语文课堂的改革与创新,教师们需要积极更新教育理念,尝试采用新颖的教学方法,并不断探索和尝试新的教学举措,以优化课堂教学模式。同时,他们还需不断加强教学设计的创新力度,确保教学内容能够紧跟时代步伐,满足现代学生的多元化需求。

在这一背景下,借助先进的信息技术手段和学科之间的融合,小学语文教师可以为学生们构建一个多维度、立体化的学习环境,从而有效提升学习任务群的导学效果。比如,在教授小学语文统编版《"诺曼底号"遇难记》这一课时,教师首先利用信息技术为学生播放了一段惊心动魄的视频,展现轮船沉没时人们惊慌失措以及船长沉着指挥的精彩片段。接着,教师结合视频内容,设计一系列富有启发性的学习任务群,如"你认为哈尔威船长是个怎么样的人?""哈尔威船长有哪些突出的性格特征?""为什么我们称哈尔威船长为英雄?"旨在引导学生深入思考和探索文本内涵。

随后,教师引导学生深入阅读文本,鼓励他们通过小组合作的方式,了解课文大致内容,完成梳理文章的思维导图。再寻找描述哈尔威船长动作和语言的句子,了解哈尔威船长做的事,完成如图1所示的学

习任务单。在这一过程中,学生们不仅能够更加全面地了解哈尔威的形象,还能够提升他们的阅读能力和合作能力。通过这种变教案为学案,教师成功地为学生们打造了一个高效且有趣的学习空间,使他们能够更好地理解和掌握本文内容,真正体现学生的自主性,实现语文素养的全面提升。

学习任务单一

学习任务单二

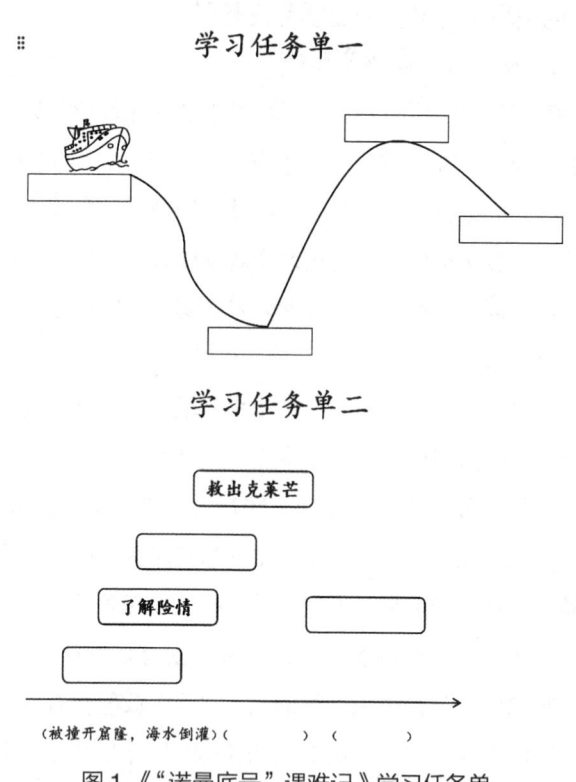

(被撞开窟窿,海水倒灌)(　　　)(　　　)

图1 《"诺曼底号"遇难记》学习任务单

2. 层级设置任务群,发展高阶思维

小学生的年纪较小,对外界环境的各种影响缺乏足够的抵抗力,这往往会削弱学习任务群在教学中的实际成效。鉴于此,小学语文教师在制定教学任务时，应紧密结合班级学生的具体情况，科学合理地规划学习进程。在引导学习的过程中，应以文章的中心思想为核心线索，循序渐进地提升学生的语文综合能力，并有效集中他们的注意力。

以小学语文统编版《海底世界》这一课的教授为例，文章通过通俗形象的语言，生动有趣地向人们介绍了海底世界奇异的景色和丰富的物产，其中"海底真是景色奇异、物产丰富的世界"，更是将文章主旨推向了高潮。因此，在课堂上，教师可以紧紧围绕这一核心主旨，构建一系列由易到难、层层递进的学习任务群，引导学生逐步深入理解文章的精髓，从而提升他们的语文素养。

具体而言，学习任务群的设计可以如下展开：首先，引导学生深入探究"波涛澎湃""宁静""窃窃私语"等生词的含义，帮助他们建立起对文本的基本理解；接着，通过阅读和思考，鼓励学生将文章划分为若干段落，并尝试概括出每个部分的主要内容；最后，通过对海底世界生物的形状、声音深入分析，引导学生自主总结出海底世界的景色奇异，进而揭示文章的主旨。

通过这样学习任务群的变革，不仅可以将文章的主旨内容更加细致地展现给学生，还能在完成任务的过程中，有效提升学生的语文学习能力，培养他们的思维深度和广度。

3. 主题实践活动，学科巧妙融合

在运用学习任务群的导学模式时，以单元主题为核心的方法凸显了整体教育的理念，有助于显著提升课堂的教学效果。从教材的角度来看，每个单元的内容都围绕一个明确的主题展开，因此，小学语文教师在构建学习任务群时，应紧密围绕这些主题，使任务设计更为丰富多彩，从而最大程度地展现本单元的教育价值。

在这一背景下，教师应以单元为起点，精心设计与之相关的学习任务群，引导学生深入探究单元主题，并在这一过程中逐步培养良好的学习习惯。比如，在教授小学语文统编版五年级下册第八单元的内容时，教师可以巧妙地将学科知识融合到主题实践活动中，设计系列任务群，通过实践活动促进学生综合能力的提升和情感的升华。围绕"难忘小学生活"这一主题，我们以"能力线"与"情感线"为双重脉络，精心设计4个层次分明的活动任务：首先是"分享难忘的回忆"，引导学生们敞开心扉，畅谈那些铭刻在心的瞬间；接着是"制作成长纪念册"，让学生们通过动手实践及自己的美术技能，将美好的小学时光凝聚成册，成为永恒的回忆；然后是"策划、筹备、举办毕业联欢会"，让学生们在忙碌与喜悦中，共同打造一场难忘的毕业盛典；最后是"写毕业赠言和书信"，让学生们用文字传递情感，表达对师长同窗的深厚情谊和对未来的美好祝愿。

图2 小学成长纪念册

这一系列活动任务形成了紧密相连的活动任务群，始终以主题为核心，贯穿始终。每个任务都明确具体，旨在引导学生们积极参与其中，通过实践锻炼各项能力。随着活动的深入开展，学生们的能力逐步得到提升，无论是口头表达能力、组织协调能力，还是文字表达能力、情感表达能力，都得到了很好的锻炼和提升。具体来说，学习任务群的设计可以涵盖以下方面：深入研读本单元文章，准确把握作者的核心思想；学习并领悟本单元不同作者表达情感的手法与技巧；拓展课外阅读范围，撰写并分享读后感想，等等。通过这些学习任务的完成，学生能够进一步深化对本单元主题的理解与掌握，形成更加全面、深入的知识体系。

（二）设计多元评价，提高学生学习兴趣

　　"教学评一体"的理念强调在教学过程中融入评价，通过评价来指导教学，实现教学与评价有机结合。这种一体化模式改变了传统教学活动中教学与评价相互分离的状态，促使评价成为教学过程中的一个重要环节，能够帮助教师及时了解学生的学习情况，调整教学策略，提高教学效果。"教学评一体"模式的关键是设计多元评价维度。传统的评价方式仅看重笔试成绩，这种评价方式太过片面，不能全面反映学生的综合素养。新课标下的小学语文教学方法需要设计多元化的评价维度，包括口头表达、阅读理解、写作创作、课堂参与度等多个方面。这些评价维度能够更全面地评价学生的语文能力和学习成果，同时也能够激发学生的学习兴趣和积极性。在具体实施过程中，教师可以根据教学内容和学生特点，灵活设计评价方式和评价标准。

1. 即时评价：激发学生的积极性与自信心

　　即时评价是指在课堂教学过程中，教师对学生的表现进行及时、具体的反馈。这种评价方式能够迅速捕捉学生的学习状态，给予针对性的指导和鼓励，从而增强学生的自尊心、自信心和学习的积极性。

在即时评价中，教师可以采用鼓励性语言，如"你的想法很有创意""你的回答很准确"等，来肯定学生的表现。同时，教师还可以通过小组竞赛、角色扮演等方式，让学生在互动中体验集体荣誉感和成就感，发展合作精神。这样不仅能激发学生的学习兴趣，还能促进课堂氛围的活跃和师生关系的和谐。

2. 过程性评价：关注学生的学习过程与方式

过程性评价是对学生在学习过程中所表现出来的学习方式、学习策略、思维能力、情感态度等方面的评价。它强调对学生学习过程的关注和指导，有助于培养学生的自主学习能力和终身学习能力。

在过程性评价中，教师可以通过观察、记录、访谈等方式，了解学生的学习状态和学习需求。同时，教师还可以设计多样化的学习活动，如项目式学习、探究式学习等，让学生在实践中体验学习的乐趣。通过过程性评价，教师可以帮助学生发现问题、解决问题，从而提高他们的学习效果和学习兴趣。

3. 成果性评价：展示学生的学习成果与进步

成果性评价是对学生学习成果的评价，通常通过考试、作品展示、口头报告等方式进行。它能够客观地反映学生的学习水平和进步情况，为学生今后的学习和发展提供有力的支持。

在成果性评价中，教师应注重评价标准的多样性和灵活性，避免单一的评价方式。比如，教师可以结合学生的实际情况，制定个性化的评价标准；同时，教师还可以鼓励学生进行自我评价和同伴评价，让他们在评价中学会反思和合作。此外，教师还可以通过展示学生的优秀作品、举办学习成果展览等方式，让学生感受到自己的进步和成就，从而进一步激发他们的学习兴趣。

这些创新点有助于更全面地评价学生的语文能力和学习成果，激发学生学习兴趣和积极性,提高教学效果。

(三)优化作业设计,提升学习效能

1. 注重作业的情境性与实践性

新课标强调学生在实际情境中学习和运用知识,因此,小学语文作业设计也应注重情境性与实践性。教师可以设计一些与生活密切相关的作业,让学生在解决实际问题的过程中运用所学知识,提高语文实践能力。比如,恰逢我校建校190周年,教师可以设计"我是澜星小记者"的作业。学生可以采访教师,了解他们在观澜的教学经历;可以采访同学,了解他们在观澜的校园生活;可以采访曾经的校友,了解他们在观澜发生的趣事。并撰写采访报告。这样的作业既能锻炼学生的口语表达能力和写作能力,又能增强他们的社会实践能力。

"我是澜星小记者"采访表格见表1。

表1 "我是澜星小记者"采访表格

采访主题			
采访对象			
采访日期		采访人	
采 访 问 题			
1.(关于教师)在您的教学生涯中有什么让你有成就感的事?			
2.(关于学生)您在观澜发生过什么趣事?			
3.(关于校友)您在观澜记忆最深的一件事是什么?			
4.(个人设计的问题)			
采访感受			
总结			

2. 强化作业的跨学科整合

新课标提倡跨学科学习，鼓励学生将不同学科的知识进行整合。因此，小学语文作业设计也应注重跨学科整合，让学生在完成作业的过程中体验到知识的联系与融合。比如，可以设计"古诗词配画"的作业，让学生选择一首喜欢的古诗词，并根据诗词的意境创作一幅画。这样的作业既能培养学生的审美能力和创新思维，又能促进他们对古诗词的理解和感悟。

3. 提倡作业的个性化与差异化

每个学生都是独特的个体，他们的学习风格、兴趣爱好、认知能力等方面都存在差异。因此，小学语文作业设计应尊重学生的个性差异，提倡个性化与差异化的作业设计。教师可以根据学生的实际情况，设计不同层次的作业，以满足不同学生的需求。同时，也可以让学生自主选择作业内容和形式，以激发他们的学习兴趣和积极性。

三、结语

语文学习的增长点在于变与不变的有机结合。在变化的外部环境下，我们应积极拥抱新技术、新资源，不断拓展学习领域和方式，提升学习的效率和效果。我们应根据个人实际情况和学习目标，制定合理的学习计划和方法，积极创新教学方式和手段，为学生提供更加多样化、个性化的学习体验。只有这样，我们才能在变与不变之间找到平衡点，实现语文学习的持续增长和发展。

参考文献

［1］潘珍珍.新课标理念下开展小学语文单元整体教学的策略［J］.语文世界，2024，37（12）：44—45.

[2]王永霞.新课标背景下小学语文情境教学的策略[J].学园,2024,17(12):73—75.

[3]李霞.小学语文与班级管理融合策略[J].文理导航(上旬),2024,20(5):22—24.

[4]张建红.新课标下小学语文教学方法探析[J].文理导航(下旬),2024,18(5):37—39.

[5]林淑敏.新课标背景下小学语文大单元教学探究[J].文理导航(下旬),2024,27(5):10—12.

[6]颜伟鹏.新《课标》背景下小学语文古代诗歌教学方法分析[J].中华活页文选(教师版),2024,25(5):97—99.

[7]向尧.新课标下小学语文教学方法创新思考[J].教育界,2023,16(26):74—76.

迁移蜕变讲故事，授之以渔强素养
——讲故事让语文素养更丰满　低学段学生讲故事能力培养

上海市浦东新区观澜小学　檀　维

摘　要

"借助提示讲故事"是低年级段语文教学中的一个关键语文要素，为中年级段简要复述课文、高年级段创造性复述课文奠定基础。聚焦故事单元核心语文要素，巧借朗读，搭建支架，互动评价，学练结合，设计学习任务群，突破讲好故事的重点、难点，顺利达成教学目标，培养低年级段学生讲故事的能力。围绕背景分析、案例解析、展望未来三大板块——溯源、炼金、融通进行分析。

关键词

新课标　语文素养提升　讲故事教学　设立支架

《义务教育语文课程标准（2022年版）》明确课程目标指向核心素养的落实，更强调了从"教书"到育人的综合性实践性转化，而单元整体教学设计更是成为实现高质高效教学的关键抓手，让学生在单元学习中学到的能力与方法成为一个个小单位，在日积月累中，这些单位能力会随着学生的成长而不断呈螺旋式上升。

阅读教材发现，从一年级开始就已经做了有意的安排，即"借助图片阅读课文"。纵观二年级上册的各个单元的文本的课后习题，出现了多次不同形式的"借助提示讲故事"。二年级下册教材中的课后习题中设置的"借助提示讲故事"便是立足全文捕捉关键信息，借助新支架再到多种支架的综合运用。有思维的延伸训练和自我表达的参与，层层递进，让学生掌握"借助提示讲故事"的要领。

故事要怎么讲，教师该为学生提供一个什么样的支架？讲到怎样算好，该以什么样的标准去评价学生？这些都是需要重点思考的问题。在教学中我巧借朗读，搭建合适支架，互动评价，学练结合，设计学习任务群，突破讲好故事的重点、难点，顺利达成教学目标，培养低年级段学生讲故事的能力。

一、溯源——分析背景明要求，强调要素析任务

（一）结合单元整体，明确语文要素

低年级段教科书没有编排单元导语页，在教学时，教学需借助课后练习提取语文要素，确定教学目标。统编教材非常重视语文要素的落实，尤其是在"讲故事"的安排上数量增幅较大。低年级段讲故事课文一览见表1，可以看到，从一年级上册第八单元开始便出现循序渐进的要求，聚焦学生讲故事能力的培养，到了二年级以后，对复述能力的培养由易到难，由单一到综合，呈螺旋式上升的趋势，以合理的梯度排列安排课程内容，从整体出发，注重语文要素的贯穿，打开单元统整教学的视野，培养学生讲故事能力。

表1 低年级段讲故事课文一览

册次	课文	要求	内容
二年级上册	《小蝌蚪找妈妈》	借助图片	按顺序把图片连起来再讲讲小蝌蚪找妈妈的故事
	《曹冲称象》	借助文中提示语	说一说曹冲称象的过程
	《玲玲的画》	借助关键词	讲讲这个故事
	《大禹治水》	借助关键句	讲讲"大禹治水"的故事
	《狐假虎威》	角色扮演 借助图片、关键词	分角色演一演故事
	《风娃娃》	借助关键词	讲一讲风娃娃在不同场景发生的事
二年级下册	《开满鲜花的小路》	借助插图	借助插图按时间顺序讲述鼹鼠先生在小路上发生的事情
	《邓小平爷爷植树》	借助表示动作的词	讲述邓爷爷植树的情景
	《千人糕》	借助插图	讲讲米糕是怎样做成的
	《"贝"的故事》	借助关键词	给家人讲一讲"贝"的故事
	《沙滩上的童话》	根据开头给出的词语	根据开头编写勇士救公主的故事
	《小马过河》	借助关键词	讲讲这个故事
	《蜘蛛开店》	借助示意图	1.讲讲这个故事 2.续编故事
	《青蛙卖泥塘》	朗读课文	分角色演一演故事
	《小毛虫》	借助示意图	借助提示讲故事
	《当世界年纪还小的时候》	选一个开头接着往下讲	续编故事
	《羿射九日》	借助表格	讲讲这个故事

以二下第七单元为例,本单元的语文要素是借助提示讲故事。《大象的耳朵》《蜘蛛开店》等4篇课文,大多运用童话故事中的反复结构,通过故事主人公思想变化过程展现生动有趣内涵道理;课后习题、语文

园地的内容编排也紧扣单元要素——讲故事。从理解到迁移的设计可有效促进学生实践反思,让学习真实发生。围绕本单元设置总的情境任务"我是故事王",结合学校语文读书节活动,安排书香时间表,运用晨读时间积累故事,鼓励学生午间学习分享故事,对讲故事产生兴趣,基于单元内结构化的文本群落设计,设计讲故事的学习任务群,借助分步式支架,来达成激发阅读兴趣,促进理解运用的目标(见图1)。

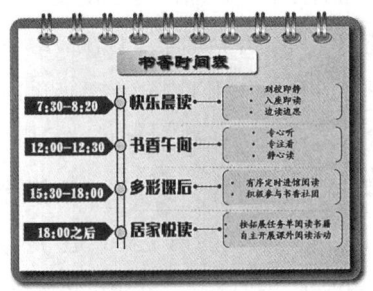

图1 "我是故事王"学习任务

(二)瞄准文本,确定重难点目标

课本中的童话故事都是一波三折,与数字"三"有着巧妙的联系。比如,二上课文《小蝌蚪找妈妈》中三次找妈妈,《曹冲称象》中三方不同的立场,《玲玲的画》中三次情感的改变。又如,二下课文《大象的耳朵》中三个以上的小动物质疑大象的耳朵;《蜘蛛开店》做了三次改变,每一次改变的形式反复出现;《小毛虫》的三次人生经历;《青蛙卖泥塘》中小动物们超过三次向青蛙提出改造意见,让泥塘变得很美好。这样一波三折、扣人心弦的故事情节就是童话故事的魅力所在,而反复的结构又特别适合学生记住故事,进而自己讲故事,同时为本单元的重点目标"借助提示讲故事"的突破,搭建了很好的分步支架。

（三）分析学情，落实教学任务

自一年级开始，统编教材就呈现大量形象生动的故事并通过课后习题对话气泡引导，并通过课后习题对话气泡引导学生借助图片、关键词等方法来讲故事。"借助提示讲故事"的训练从一上开始就已经有所涉及，到二上，学生已经练习过借助图片按顺序讲故事，或用上关键词句讲简单的故事。二下第七单元的讲故事训练是学习的进阶。低年级段学生年龄小，认知能力有限，讲故事时容易出现条理不清、偏题、遗漏重要内容等现象。所以教师要在帮助学生理清故事顺序的基础上，搭建讲故事的支架，使学生在提示作用下能够完整地讲述故事。要围绕学生生活实际和认知需求，循序渐进地设计支架式的学习任务活动。支架内容侧重文本主要内容的概括与延伸；支架语言则侧重语音，字词句等方面的语言知识及应用。素养时代的语文支架追寻的是内容和形式的交融共生。《小毛虫》一课中，我分三步搭建讲故事支架，设计富有挑战的学习任务，让学生们一步一步理解内容讲好故事，并能够独立思考（见图2）。

任务①	任务②	任务③
·讲清这是怎样的小毛虫	·讲清小毛虫是怎样编织茧屋的	·讲清这是怎样的飞蛾

图2 三步支架——《小毛虫》学习任务

二、炼金——进阶支架清思路，学而时习练表达

（一）借助多彩图片，为讲好故事理逻辑

在进行《千人糕》讲话教学时，在理解课文内容的基础上，结合课

后第二题提供插图（见图3），让学生联系生活实际，讲讲米糕是怎样做成的。为学生搭建图片支架，使用表示先后顺序的词语，帮助学生能够流利地表达，同时让学生明白每一项劳动成果，都需要有很多人的辛勤付出。在理解课文内容千人糕的制作时，请学生结合生活经验、生活实际，仿照课本进行说话，感悟课文主题。让学生有更加深层的拓展，锻炼表达能力，以达成单元教学目标。

图3 《千人糕》插图

（二）巧借关键词，为讲好故事做铺垫

《小马过河》情节跌宕起伏，内容比较长，对于二年级学生，讲述故事是有难度的，所以课后练习题用关键词语搭建了讲故事的支架。

1. 连词成句

课后练习题提供了4组词语，每组3个词，这些词语是按课文叙述的顺序排列的，给出了行文的脉络和故事的顺序，为学生讲故事提供了关键词支架。在教学时，让学生在熟读课文的基础上，再分组看词语，梳理行文脉络，做到不遗漏内容，一行一行进行串联。

2. 连句成文

学生进行分行讲述的基础上，整理在这整个过程中小马说话时的心情变化，即"高兴→为难→犹豫→难为情→毫不犹豫"。根据这条情感线索，帮助学生更完整地梳理整体情节，再借助这些词语，就能按照顺序把小马过河的整个过程讲得清楚明了。

（三）分步式支架，为讲好故事找助力

课文《小毛虫》要求学生可以"借助提示讲故事"。这就需要精准定位学生的能力起点在哪里，又要走向哪里，才能为学生搭建合适的支架。细观教材，学生已经开始借助图片到词语再到句子，循序渐进地学讲故事。到了本单元更是要依托已有的基础，一步一步穿针引线，来引导学生借助提示用自己的话有序连贯地将故事讲述下来。课堂中引导学生先分再合地讲述，第一步先紧扣小毛虫蜕变前"可怜、笨拙"的特点，为学生提供简单句式，说清小毛虫一开始的样子；随着小毛虫的成长变化的线索，进行第二步讲述，抓住小毛虫织茧屋前所想，织茧屋时所做，织茧屋后所说，梳理脉络，串联内容；第三步，让学生讲述小毛虫破茧而出的情景，引导学生聚焦关键词，明确飞蛾的新样态，抓住3个"怎么样地做什么"，提供讲故事的支架。3次分步讲故事，充分关注低年龄段孩子的认知与能力特点，帮助孩子理清楚故事的顺序。最后让学生根据板书的图文提示（见图4），完整讲述整个故事，做到有序且不遗漏要点，以达成本课目标。这样的表达练习也为三年级的"详细复述"打下基础。

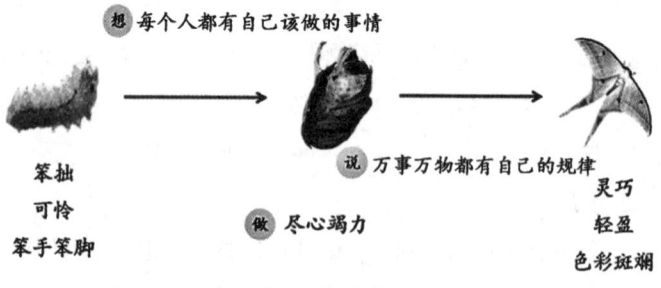

图4 《小毛虫》图文提示

（四）互动评价，为讲好故事寻反馈

采用评价小贴士、讲故事小标兵、故事大王奖章等多种评价方式（见图5），注重过程性评价，以开放和包容的态度设置教育评价的具体目标，真正发挥评价指挥棒的引领作用，激励学生的讲故事兴趣，激发学生的自主学习潜力。

评价小贴士　　　　讲故事小标兵　　　　故事大王奖章

图5　多元评价方式

1. 评价小贴士

将教学目标融入评价标准，明确：①有顺序，讲故事要做到有顺序，强调讲故事的条理说明白；②抓要点，做到抓关键，学会找故事的要点不遗漏；③连贯说，做到连贯说，培养学生把话说通顺，说连贯。讲之前，评价小贴士的出示，让学生能有的放矢地思考；讲之后，用此标准来评价，引导学生更好地讲清故事的主要内容，激励更多的学生参与课堂。同时，学生不仅仅是被评价者，更是评价者，课堂上学生思维活跃，参与的积极性高，真正成为课堂的小主人。

2. 讲故事小标兵

借助每学期读书节的阅读时间，利用早读课，鼓励学生早上来分享昨天晚上看过的故事，激发他们的讲故事兴趣，激励他们在表达中建立自信，在学习中寻找目标，发挥极大的主观能动性。

3. 故事大王奖章

每学期，我会举办一场读书分享会，邀请学生们上台讲一讲，得票数最高的学生将获得故事大王奖章。可以是热情洋溢地读一读演一演，可以是娓娓道来地讲一讲说一说。每个学生都有展示机会，每个学生都能展现自我。每个学生都轮到后，更是举办人人评价，进行有理由投票，选出讲故事大王。如今已经形成惯例，学生们期待每学期一次的读书分享会，从与爸爸妈妈一起准备，到与同学们合作表达，逐步放手。学生享受讲故事的过程，更愿意不断向外输出。学生能够进行自主评价，在得到奖章的过程中，激发讲故事兴趣，更激励他们为讲好故事动脑筋。

（五）学练结合，为讲好故事拓新途

布置"讲故事给爸爸妈妈听，并让爸爸妈妈评一评"这一课后作业。让课堂延伸到生活中，学生吸收课堂所学，消化后再次表达，有效巩固本课的学习重点。学生在学与练中实现知识转化和能力提升，让知识能够被学生内化吸收，成为他们今后能够使用的方法与能力。在这过程中，家长是听的对象，更是听的评价者。这样的作业设计，做到了学练结合，有情境创设、有任务驱使、有评价反馈，学生讲故事的劲头也更足了。

三、融通——单元整体全视角，进阶能力向未来

纵观每次"讲故事"教学，没有条分缕析的内容讲解，有的是琅琅的书声与学生活跃的思维。师生紧扣"学习讲好故事"这一目标步步攀登。教师搭支架，给方法，巧评价；学生读中思，勤表达，提素养，尝到了"跳一跳摘果子"的乐趣。语文课程作为一门强实践性课程，通过立足学生的学习起点，挖掘语文要素的具体落脚点，统整单元核心要

素，通过多元化的情境驱动，引导学生在真实的学习活动中展现完整而富有深度的学习样态，从而全面提升他们的语文能力。

如：二下第七单元中《小毛虫》作为最后一课，虽然篇幅较短，语言简练，但运用了对比的手法，充满哲理，启发学生不断思考。童话故事《蜘蛛开店》内容浅显，情节简单，其反复结构十分典型，易于学生进行理解记忆，课后练习提供网状示意图和问题提示，为学生完整叙述提供支架；《青蛙卖泥塘》情节丰富，采用反复结构，但有详有略，适合学生运用《蜘蛛开店》所学的方法讲述；《大象的耳朵》情节叙述方式多样，围绕"变化"按事情发展顺序叙述，需要学生在理解文本的基础上联系生活经验进行反思，按照逻辑顺序理清思路后学习讲故事。

以上4个文本都要求讲故事，却呈现4个不同的讲故事梯度，如图6所示。

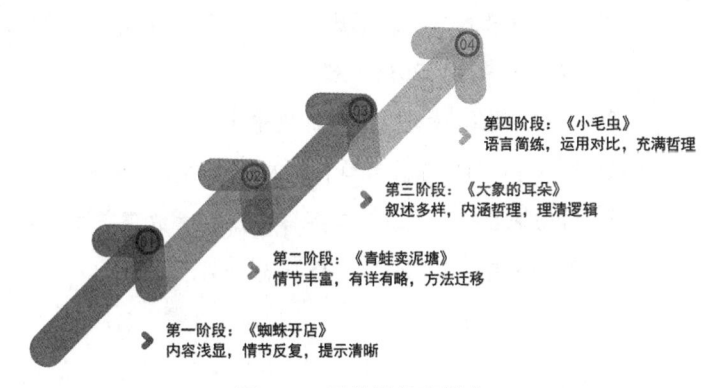

第四阶段：《小毛虫》
语言简练，运用对比，充满哲理

第三阶段：《大象的耳朵》
叙述多样，内涵哲理，理清逻辑

第二阶段：《青蛙卖泥塘》
情节丰富，有详有略，方法迁移

第一阶段：《蜘蛛开店》
内容浅显，情节反复，提示清晰

图6 不同的讲故事梯度

单元文本群由浅入深，从易到难，层层递进，促进学生理解、运用、反思。在教学时要注重内容迁移能力，总结讲好故事的结构规律，在知识技能提升的同时，思维能力也不断提高，孩子们正逐渐走向"像专家一样思考"的境界。

四、结语

"讲故事"是统编版教科书的一大亮点,教材中提供的支架是学生讲好故事的抓手。在教学时,要将多种支架有机融合,综合运用。把握教材核心关键,同时需要符合学生的认知规律,培养学生能讲故事,讲好故事的向内输入、向外输出能力。让学生的从对"讲故事感兴趣"到"能够借助提示讲一讲故事"到"自己为大家讲故事"慢慢过渡,为学生更高学段的"讲故事"语文素养,做好基建,使学生真正掌握"讲故事"的基本技能,在语文素养的强化中培养学生表达的欲望,为学生插上爱的羽翼,使其乐于学习语文,爱上语文。

参考文献

[1] 曹爱卫.统编教材二年级下册"讲故事"内容分析及教学建议[J].小学语文教师,2018(3):39—43.

[2] 周亚莉.利用统编教材 培养低段学生复述能力——以小学二年级教材为例[J].宁夏教育,2021(增刊1):83—85.

[3] 王芳.借助课后提示 提升二年级下册童话故事单元教学的有效性[J].小学语文,2021(05):37—41.

探索"双新"背景下小学语文写字教学新思路

上海市浦东新区观澜小学　陆　雯

摘　要

"双新"背景下，强调要有符合时代要求的学习方法，合理利用开发优质的学习资源和学习工具，本文旨在探究在此背景下的语文写字教学新思路，灵活运用文字资源、实物资源、活动资源及信息化资源，探究写字内容的多元化，写字指导方式的直观性，写字展示方式的多样性，写字评价方式的灵活性，从写字教学的方方面面提高学生的写字的兴趣，让学生养成良好的写字习惯，让学生趣写、乐写，在学生写字的时候，做好陪伴者和引导者的角色，在学生需要之处给予适切的支持，更有效地促进学生正确、持续、深入地学习。

关键词

核心素养　小学语文　写字教学　信息化资源　汉字文化

"双新"背景下的课程目标指出，学生要学会使用语文书，运用多种媒介学习语文，掌握基本的学习方法，养成良好的学习习惯。其中小学语文写字教学是传承和弘扬民族优秀文化的一项人文工程，在全面提升学生学科核心素养的教育过程中占有举足轻重的地位。《义务教育语文课程标准（2022年版）》（以下简称《语文课程标准》）中明确规定：

聚焦课标新视角
——上海市浦东新区观澜教育联盟教育改革实践探索

"写字是一项重要的语文基本功，是巩固识字的手段，对于提高学生文化素质起着重要作用，必须从小打好写字的基础。"写字在语文教育中占有核心地位，是语文学习不可或缺的基础环节。

现代信息化，让我们有了新思考，语文写字教学是否可以有多样的新鲜的方法？不仅可以作为日常教学之后的补充，也是应对特殊时期的"两手准备"。我们思考与实践，巧用信息化平台，把写字落实到学生的日常中，实现有效教学、有效评价，辅助我们进行写字指导，探究写字教学的多种可能性，帮助学生校内学、校外练，提高写字兴趣，端正写字态度，磨炼意志，陶冶情操，增强对祖国语言文字的热爱和文化的理解。

一、学习内容的多元性

写字教学的内容多种多样，我们可以考虑到学生的日常学习和兴趣提高，结合信息化资源，延续写字内容多元的特点，布置适合学生各年级段的写字任务，提高学生认真写好字的兴趣。中国汉字是传承文化的一种重要载体，一笔一画总关情。汉字有着独特的构形基础，由笔画和偏旁部首组成，点、横、竖、撇、捺、提、折、钩这些基本元素，如同汉字的血脉，蕴含着其形意之根，演绎出汉字的韵味与美学。

《语文课程标准》强调：按照规范要求认真写好汉字是教学的基本要求，练字的过程也是学生性情、态度、审美趣味养成的过程。培养学生正确的书写姿势和良好的书写习惯，培养学生一丝不苟的严谨态度和持之以恒的坚强意志，增强学生们对汉字文化的理解，提升学生的民族自豪感。

1. 日常课熟字词

日常课程教学中，我们经常会遇到各种各样的生字，遵循汉字的构造法则和形成依据，我们在教授识字和书写时，应深入理解汉字的结构和演变过程，抓住汉字的核心特征，追溯汉字源头，揭示每个汉字背后的故事，使学生领悟到中国汉字的丰富文化内涵。

《说文解字》中提到象形字的本质是描绘物体的形态，如"日月是也"，即依照物体本身的曲折轮廓来创作。所以古人简洁地以一个圆形加上中间一点来象征太阳，月亮则用一道弯月来表示。学生学习象形字"日、月、水、火"时，让他们通过观察图像，明确简单的笔画结构和生动鲜明的表象，了解汉字的演变，感受象形字的美。

2. 写字课正字形

每周一节的写字课，我们可以让学生系统地、整合地写一写左右结构的字，上下结构的字，包围结构的字，逐步把写字的要求从"写端正的字"提高到"写好字"。学生在写字时应该注意字与字之间的间距是否一致，每个字的上下结构是否平衡。他们可以通过观察范字、字帖或优秀的字体来学习如何书写整齐、对称的字。

汉字构造复杂，在写字教学时，我们应首先教授学生理解字形结构的方法。其首要任务是引导学生能准确辨识汉字的构造类型，对各部分宽窄、长短等有整体的观念，书写就得心应手了。其次，可以让学生找主笔并且写好主笔。比如"也"字的主笔是竖弯钩，我们在指导学生书写时，应该让学生明确这笔应向右舒展，写出来的字就会更加好看，体会到生字的字形美。

3. 课余兴趣练书写

学有余力的学生可以力所能及地试着写一写自己喜欢的内容，发送在钉钉的班级练字讨论群中，比如自己喜欢的儿歌、喜欢的诗词等，不要求字数，只要愿意写、认真写。这不是任务，而是兴趣，逐渐有越来越多学生参与进来，越来越多学生感受到写字的快乐。

通过不断的练习，学生逐渐形成优雅美观的写字风格。通过学习正确的字形和笔画顺序、练习不同的字体、养成个性化的写字方式，学生可以逐渐提高自己的写字水平，并培养出独特的写字美感，追求写字的艺术感。

比如，有的学生特别喜欢一位明星，她喜欢把明星说的话，端正工整地写在漂亮的卡纸上，这就是把自己的喜爱和写字相结合，让写字变愉快，让写字融入生活。再比如，有些学生开始练习记录自己的日常，手账的出现让写字也变得更加有趣，可以写上漂亮的文字，贴上漂亮的贴纸，极富美感。

4. 提笔即是练字

日常学习时，我们除了语文写字任务，还有许多其他写字的时候，比如记事本，大部分学生在记录每天的回家作业时，仍能做到认真对待，记事本上的字端正如常，做到了只要是写字，都能认真对待，提笔即练字。

古语云："书者，形学也。"写好字，写美字，是我们日常追求。在家中也可以让学生，为自己布置一个空间，自己题名"小书架"，上面可以摆放自己的写字用品，也可以展示自己的写字作品，提笔就是练字，使练字成为日常。

二、指导方式的直观性

写好字就要学会模仿，合理运用信息化资源，给予学生直观的写字指导，他们更加乐于接受，容易吸收。汉字文化博大精深，承载着先人的智慧，蕴含着丰富的中华文明，我们有义务将汉字文化传承下去，努力提升教师自身的教学素养，运用多种教学方式带领学生深入了解汉字文化并感受文学魅力，以提升学生的语文素质，提高学生的民族自豪感。

我们深思，我们实践，借助信息技术手段，以生动形象、融合视听的展示方式，让学生体会到文字的韵味，提升他们对抽象事物的领悟和体验，进而点燃学生书写汉字的热情。

1. 投影帮观察

平时的语文课上，我们可以运用到投影仪，便于学生观察老师写一个字的顿笔、收笔等技巧，看清每个字的字形结构，同时也可以运用笔画视频，让学生对生字的笔画顺序有更深刻的印象。在指导学生书写时，首要任务是引导他们仔细研习字形，全面理解汉字的方正特点，平衡美感；接着，应指导他们探究汉字的构造、部首、笔画顺序以及笔画的数量，确保每个细节都得以关注。横平竖直见风骨，撇捺飞扬显气韵。教师引导学生透过汉字的一横一竖、一撇一捺，感受中国人所追求的稳重、端庄、平衡、对称之美。教学时引导学生端端正正写字，堂堂正正做人。

当教授小学一年级上册《日月水火》的语文课程时，如果沿用传统的教学手段，仅依赖黑板教授汉字书写，可能难以实现优质的教学成果。但是，如果巧妙地整合信息技术，教学过程可以别有一番创新。在教学之前，可利用网络资源探索这些汉字的发展历程，构建一个从古至今的教学环境，生动展现汉字从最初的甲骨文形态到现代书写的演变过程。这样的设计能使学生产生身临其境的感觉，有效抓住他们的学习兴趣，点燃他们对语文学习的热情，同时深度领悟汉字文化的深厚底蕴。

2. 视频助理解

课堂上老师可以板书字形结构，指导学生写字，课后我们也同样可以发送汉字的笔画顺序视频、图解等，帮助学生巩固学习，学生可以选择性反复观看，理解记忆。我们发送的笔画顺序视频和图解可以是网上的素材，也可以是我们自己录制的内容，只有一个目标，就是提醒学生书写的注意点，帮助学生复忆与练习。

低年级的写字教学中，结合字形结构可以引导学生体会汉字的谦让和谐之美，感悟蕴含其中的文化意蕴。合体字书写指导时可以用视频提示各部件之间的"穿、插、避、让"。比如，教学"机"字时，可以先让学生观察"木"字做偏旁时，捺变成了点，引导学生思考发生变化的原因，并借此教育其做人应有谦让的美德，要有团体意识。这就是汉字春风化雨、润物无声的魅力。

3. 录屏乐分享

激发学生的写字兴趣，是让学生爱写字，乐于写字的基础。可以让学生每天轮流模仿教师的写字指导视频，录制一个易错字的写字指导视频，在钉钉的班级练字讨论群分享给全班学生，大家一起学习。这样既可以考查学生上课的知识掌握，也可以帮助学生巩固复习，如果记忆有误，还可以锻炼学生自己寻求答案的能力。在这样的互动写字指导下，学生对写字的兴趣大大提高了，也能逐渐养成求知的学习习惯。

还可以让学生交流说说记忆新字的方法，我们可以探索汉字内蕴含的丰富故事和文化底蕴，引领学生探索汉字背景、感受民族文化。鼓励学生模仿教师，讲述他们如何记住每个新字。例如，"妇"字仿佛描绘了一位古时女子正在清扫，而"男"字则象征着在田野辛勤劳作的情景。通过这种深度解析汉字的方式，能激发学生对汉字的好奇与热爱，在他们向同伴和教师分享的过程中，也将有助于提升他们的自信心。

4. AI 辅教学

李德毅在中国智能教育大会上的报告中指出"要实现到2030年中国成为世界人工智能高地的战略目标，教育先行迫在眉睫。教育本质是对人脑的塑造,是培养学生获取知识的能力、决策的能力和创新的能力。"随着科学技术的迅速发展,人工智能信息化教学这种新型化的教育模式更易于学生们接受,也意味着现在的教育模式面临着一个新的挑战。顺应时代的需要和教学的需要,AI 写字模式逐渐被运用。

利用学校教师资源,根据国家书法课程标准,制定书法教学指导课程纲要。还可以根据年级段不同,以及书法教学的循序渐进原则,编制年段电子教材,配以相应的课件与视频教学等。

另外,AI 练字项目逐渐实现,AI 练字支持 AI 视频教学、AI 即时打分、笔迹回看、AI 听写、握姿和握位的检测与提醒等功能,可以使学生利用 AI 技术提升自己的写字水平。随着时代的发展,人工智能化的教学模式将在教学中充分发挥其越来越重要的作用。

三、展示方式的多样性

给学生一个书写展示的平台,让学生在展示中提高自信心,课内和课外的多种展示平台,能够让学生自己看到自己的不足,也能够看到他人的优点,在这样的良性竞争中,每位学生都有机会得到荣耀,在一次次的上传中,一次次的比较中,写字作业有了很大的进步。

1. "书画廊"作品促练字

在校期间,学生的展示平台是比较丰富的,比如校内每年都会开展写字比赛,并且在澜星大道上展示出优秀作品;学校的标语、名言、警句都是用优美的手写字体展现;有一条"书画长廊",长廊上都是学生的书画作品,每个班级的"学习园地"里,经常以比一比谁的字写得好为内容,开展认真写字的竞赛活动,展示出部分写字优秀的学生作品。这样,为学生营造了良好的写字环境,让学生有合适的平台展示自己的写字作品。

2. "练字群"作业天天晒

学校内展示的学生作品，因为时间与地点的限制，都只局限在小部分优秀的或者有代表性的作品中。而我们线上作品展示，就没有这样的限制，只要学生愿意，就可以勇敢大胆地把自己的作品上传，供大家一起鉴阅。学生可以选择性上传自己的写字作品，让学生在日常作业中，得到一种参照，当感觉自己写得已经很好的时候，看看比自己更好的写字作品，就又有了进步的动力，当感觉自己失去写字的兴趣的时候，看看大家都在努力认真写字，就能恢复写字的元气。这样的一个线上平台，让学生在比较切磋中共同进步。

适时组织学生点评其他学生的写字作业，一方面提高了审美能力，另一方面也学会了点评方法。引导、鼓励学生互相评议，也可以从他人身上吸取优点，改进不足，很多微妙之处，细细品之回味无穷，写字的乐趣在学生的展示和互评中得到释放，进步极大。

3. "墨之香"活动我来秀

创设"墨之香"书法我来秀活动，开展一次"大家来练字"，教师提供范本，全年级学生书写同样的内容，作为一次大型写字活动，不仅可以让平时在班级中优秀的学生知道"山外有山，人外有人"，也可以让更多学生看到更优秀的作品，让学生们在完成写字任务时，更加认真仔细，有一个让更多人看到优秀作品的平台提供给学生，让学生勇于进取，努力做到更好。评选出优秀作业，推送给每一位学生，供大家欣赏学习。这对入选的学生而言是莫大的肯定与激励，对其他学生而言也是很棒的学习机会。这时候我们可以进行横向比较评选"写字星"，让写字一贯优秀的学生得到肯定，成为大家的榜样，让其他学生在写字上面有了自己的努力的方向，是一把写好字的标尺。我们也可以纵向比较评选"进步星"，看到每一个学生的努力，自己和自己比较，每一天都比前一天的自己优秀，让每个学生都有希望得到教师的表扬和同学的肯定。

四、结语

良好的书写习惯对于学生而言，无疑是一份受益终生的宝贵财富。然而，养成这样的习惯需要学生们付出持之以恒的努力，不断磨炼，方能成就一手好字。这就需要我们教师通过不断地以各种形式的写字方式帮助学生乐写、趣写、勤写、慎写，真正让写字融入学生每天的生活。信息化资源必将推动语文教学，小学语文写字教学必将面临新鲜血液的注入，全新多样化的教学模式逐渐开启，课内教学为主，课后练习为辅，相得益彰，精益求精。让我们继续活跃在时代的浪潮中，探索前行，摸索出语文教学的更多新思路新方法，体现新课标的语文学科核心素养，让学生能够从关注自我学习到关注同伴的合作和沟通，培养学生文化自信。我们要在简单的汉字中让学生感受汉字的美，并从小产生热爱祖国语言文字的情感。将汉字传统文化渗透于小学语文写字教学中，合理结合现代信息技术教学，使学生们从爱上一个字，到爱上学语文，再到爱上一种文化，让民族文化意识的种子在童心中萌芽生长。

参考文献

[1] 吴欣歆，管贤强，陈晓波.新版课程标准解析与教学指导.小学语文［M］.北京：北京师范大学出版社，2022.

[2] 中华人民共和国教育部.义务教育语文课程标准：2022年版［M］.北京：北京师范大学出版社，2022.

[3] 陆平.从于永正的识字写字教学课例看语文教学的专业性［J］.教育视界，2017（10）：9—13.

[4] 查旎.小学低年级写字教学策略的探讨：以部编版一年级教学为例[J].课外语文（上），2021（4）：81—82.

[5] 黄姝诺.小学语文教育中的汉字文化教育[J].造纸装备及材料，2020，49（1）：187.

[6] 胡月纺.运用字理识字，让学生爱上汉字[J].学周刊，2012（4）：126.

新课标视角下小学武术大单元教学设计

上海市浦东新区观澜小学　尹　杰

摘　要

武术是我国民族传统体育项目，承载着我国优秀历史文化。针对小学体育武术运动，探讨武术大单元教学设计，研究其价值与方法。引导学生系统地掌握武术运动技能，构建学生对武术运动的结构化认知，并不断改进武术教学质量，探寻教学实施策略，导向学科核心素养发展。助推学校武术文化建设，传承武术文化。

关键词

武术大单元教学　小学体育

一、背景

《义务教育课程方案（2022年版）》在第五部分"课程实施"中提出了"深化教学改革"的4条路径，进一步提出要"探索大单元教学，积极开展主体化、项目化学习等综合性教学活动，促进学生举一反三、融会贯通，加强知识间的内在关联，促进知识结构化"。大单元教学既是综合性学习的前提条件，也是学科实践的重要载体，还是新课程落地的必然选择。

同时，依据《义务教育体育与健康课程标准（2022年版）》(以下简称《体育与健康课程标准》),课程内容中包含专项运动技能,武术是中华传统体育类运动,其在育人价值、中华民族认同感、文化自信等方面具有不可代替的作用。

武术是我校民族传统体育特色项目,作为上海市"华拳"传承基地学校之一,我校有校本课程"少儿华拳"(长拳)。在日常体育教学中,以"少儿华拳"为普及教学内容,在各个年级开展武术教学,五年级的教学内容是"观澜华拳"。在二十多年的教学实施中,积累了丰富的教学经验,取得了许多行之有效的教学方法。

二、现状

当前教材沪少版《体育与健身》中,武术教材内容偏简单。关于武术教材只有基本手型、基本步型、基本动作组合和五步拳,对于整个小学阶段,内容是比较简单的,并且是分段的、不系统地呈现着,与课标的要求是不符的。

在小学体育武术教学上,也存在以下主要问题:①教学内容较片面,缺乏层次性和趣味性;②教学方法陈旧,忽视了学生的主体性和参与性;③教学评价不多元,缺乏对武术技能和文化内涵的综合评价。这些问题的存在,导致学生对武术学习的兴趣不高,体育运动强度、密度不达标,教学效果不佳,文化传承性不显著。

三、研究意义

(一)满足学科教学价值

小学体育武术大单元教学引导课程整体化结构化的设计,优化课程改革。帮助一线体育教师组织开展逻辑清晰、系统完整连贯、结构化的体系教学,凸显教学逻辑性、系统性和结构性。切实落实"教会、勤练、常赛",注重教学"学、练、赛"一体化教学,帮助学生学习掌握1~2项专项运动技能。

(二)促进教与学变革

体育教师是体育教育教学改革的前线军,改变教学观念要放在首位,是践行"不要教教材,而要用教材教"最有力地行动者。把小学体育武术大单元教学作为起点,切实推进,逐步促使教师系统地了解学科知识,稳步提高教师学科素养和教学能力。

(三)不可替代的文化自信

武术能够流传几千年,足以证明其魅力所在,武术作为一种体系,里面包含着许多东西。武术的特征是其他体育项目难以比及的,武术不仅是一种健身技艺,更是中国的国粹,是一种高层次的文化,是华夏文明的一个重要组成部分,有着很高的社会影响力。武术内在因素丰富,外在表现力强。这样的瑰宝必须普及好、传承好。

四、武术大单元教学设计

本单元依据《体育与健康课程标准》课程内容,选择水平二中华传统体育类运动项目中的武术类运动项目,以校本课程"少儿华拳"中的"观澜华拳"作为单元学习内容。

(一)大单元教学目标

围绕学科核心素养,设计教学目标。

1. 运动能力

体验武术基本功及组合动作、观澜华拳(校拳)套路十二势、华拳对练组合和运用华拳进行表演形式的比赛或展示,知道武术动作规格要求与比赛规则,能评判动作的优劣;知道武术专项化体能训练的学练方法,通过加速跑、侧向分腿跳、乌龙盘打等练习发展肌肉力量、位移速度、平衡能力、灵敏性等。

2. 健康行为

主动与伙伴一起参与观澜华拳的学练、游戏教学、比赛、体能活动；同时也与同伴进行交流、互爱互助，建立团队意识；在参与所学的华拳对练和攻防含义时，建立自我安全防范意识。

3. 体育品德

遵守学练游戏规则，感受中华传统体育魅力，喜欢参与华拳项目的游戏活动，表现出勇敢顽强、尊敬师长、尊重对手、友善他人、公平竞争、热爱祖国等优良品质。

（二）大单元教学内容

参照《体育与健康课程标准》水平二目标要求，结合学校观澜华拳课程教学参考，在深入理解武术项目所提出的具体要求基础上，根据五年级学生年龄特征和对武术专项运动技能学习掌握的情况，梳理与细化五年级武术校本课程——"观澜华拳"大单元内容要求，见表1。

表1 五年级"观澜华拳"大单元内容要求

内容	具体要求
基础知识与基础技能	在观澜华拳练习及游戏比赛中学会和体验基本动作与组合动作，能说出华拳的基本动作术语，知道华拳的起源与发展、基本礼仪、安全行为守则等基础知识
技战术运用	在观澜华拳个人赛中学会运用所学的基本动作和组合动作，团体赛中学会队形变化等
体能测试	知道观澜华拳的一般与专项体能学练方法，乐于参与武术专项素质体能游戏
展示与比赛	在观澜华拳演练及实战对练中，勇于展示基本动作与组合动作，并积极参与形式多样的趣味比赛及挑战赛，具备一定的表演能力、表现力等

(续表)

内容	具体要求
规则与裁判方法	知道武术华拳比赛的基本规则和要求，能基本判断观澜华拳动作的规范度和动作节奏感
观赏与评价	知道如何观赏武术华拳比赛或表演，清楚观看方式和途径；每学期观看不少于8次武术华拳比赛或表演，并能对这些比赛进行简单评价

（三）大单元教学实施

依据《体育与健康课程标准》和《青少年武术运动技能等级标准与测试方法》综合考虑华拳校本教材内容特征、难易程度和学生年龄特征，将五年级华拳专项运动技能的单元规模确定为18课时的大单元，主要内容包括基本功和组合动作、观澜华拳基本动作、华拳实战对练、华拳表演赛规则与比赛（个人、团体）4个板块，并包含专项体能。根据单元规模，确定五年级华拳大单元课时分配，见表2。

表2　五年级"观澜华拳"大单元课时分配

学习内容	课时分配
基本功和组合动作，专项体能	1~4
观澜华拳基本动作，专项体能	5~10
华拳实战对练，相关体能	11~14
观澜华拳表演赛规则与比赛（个人、团体）	15~18

（四）大单元结构框架

五年级校本课程"观澜华拳"大单元结构框架如图1所示（扫描二维码可见其他大单元教学设计内容）。

```
                    ┌─ 5种步型、3种手型
          ┌─ 基本功 ─┼─ 基本组合动作（单拍脚＋抡臂
          │  及运用  │  拍地＋砸拳，歇步抡砸拳＋回身
          │         │  提膝按掌＋弓步穿掌）
          │         └─ 专项体能（连续绳梯跳跃、20
          │            秒快速单拍脚、20秒快速轮臂拍
          │            地、定位旋转、平板支撑等）
          │
          │         ┌─ 观澜华拳十二式套
五年级     ├─ 华拳基 ┤  路动作方法与技术
观澜华拳 ──┤   本动作 └─ 体能游戏、比赛与专项体能
          │            （抡臂拍地、双飞脚、V字大挑
          │             战、收腿跳高、弹踢冲拳等）
          │
          │         ┌─ 实战组合动作
          ├─ 华拳实 ─┼─ 双人实战对练
          │  战对练  └─ 展示及比赛
          │
          │  华拳表演 ┌─ 比赛规则及竞赛规程
          └─ 赛规则与─┼─ 动作节奏编排、队形变化
              比赛   └─ 模拟比赛展现（个人、
                      团体）形式与方法
```

图1 "观澜华拳"大单元结构框架

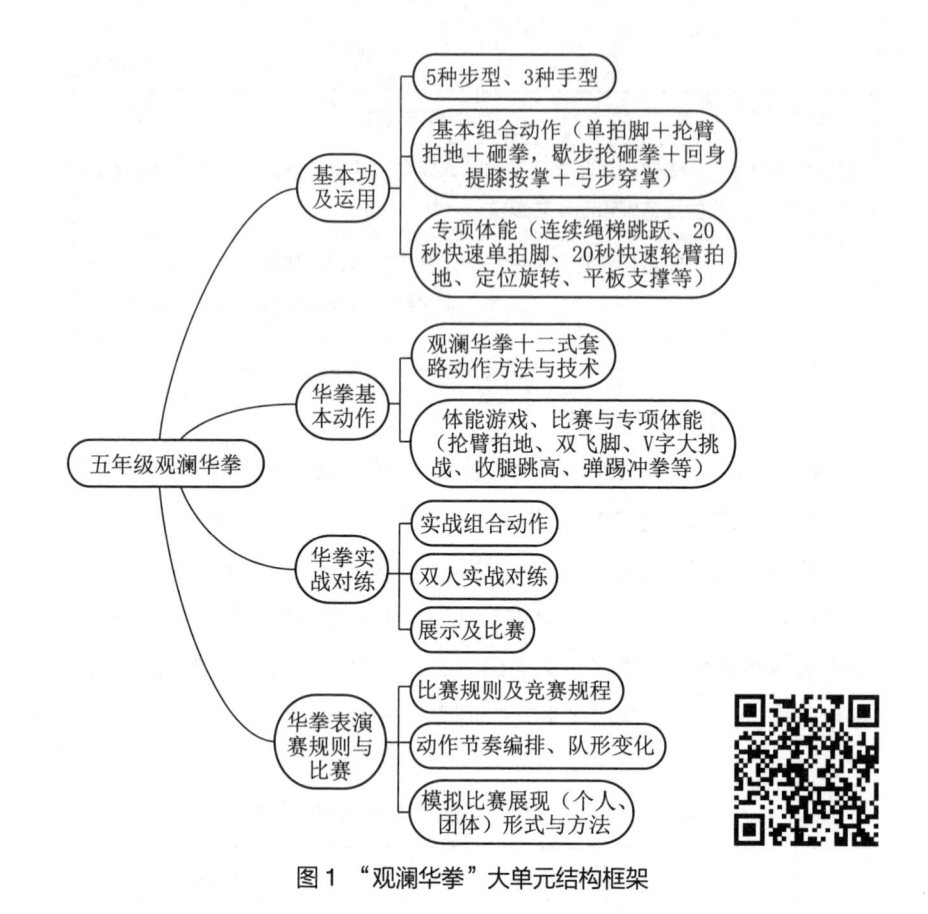

五、武术大单元教学实施策略

围绕学科核心素养，激发学生学习武术兴趣，尝试采用多种教学方式和策略，提升学生学练热情，有效增进课堂教学效果。

（一）遵循从易到难、循序渐进的原则

任何教学活动都要遵循学生的认识规律，通过从无到有的过程，稳步建立学生的认知基础，助其更好地习得武术运动的基本规律、知识技

能、体育品德等知识。所以在规划单元内容时，就应先从武术基本功开始，先易后难、逐层引导、由浅入深地学习武术知识，体现大单元教学的特点与功能性。

（二）创设多样化的教学情境

适宜的教学情境创设，是教学中不可缺少的情感氛围。如果课堂是去情景化、去生活化的，学习内容从抽象到抽象，学生就十分有可能不知道这些知识的来龙去脉，也有可能分辨不了它们和现实生活有怎样的关联，更别说将其迁移到现实生活中去。

小学体育武术课堂教学中，多样化的教学情境氛围直接影响着体育教学活动的进展和效果。在整个大单元教学实施中，创设多种情境，如在学练基本功和组合动作时的"超级模仿秀"；观澜华拳基本动作（套路）学习时创设"抗倭学武""武娃学艺"；学习华拳对练时创设"打练并进""德艺兼修"等，都在不断激发学生学练的兴趣与激情。

（三）建构武术知识结构体系

大单元教学指导下的教学不再是单个技术教学，学生掌握的不再是单个技术知识与技能的简单堆砌，也不再是整个单元教学内容呈现单个项目的不同动作或者是多项目简单的叠加，关注点不应在掌握单个技术或者战术的重点、难点的突破上，而是在大单元教学内容的选择、教学设计、课程实施等问题上，需要归纳与整理知识与技能的内容，厘清知识与技能的结构化内容。

在传统的小学体育教学中，武术教学内容不多、缺少整体性，各年级的学习内容纽带性不显著，且相对独立，未能构建完整的知识体系，让学生难以体会到武术运动的乐趣。光学武术动作太枯燥，不懂规则犹如盲目学，不能激发学生的学习主动性。大单元的设计，弥补了传统教学的弊端，让学生学动作、练体能、知规则、会比赛、懂礼仪、展品德,帮助学生构建完整的武术知识体系,感知武术运动的魅力。

(四)优化武术教学科学育人

1. 凸显教学中的主体

学生始终是课堂的主人。实施前设计考虑的是:通过丰富多样的教学活动和评价方式,激发学生的学习兴趣和参与度。如组织武术表演、比赛等活动,让学生在实践中体验武术的魅力;采用多元化的评价方式,全面评价学生的武术技能和文化素养发展。实施后发现,学生不只是参与者体验者,更是讨论者策划者评判者等多重角色(武术表演赛中),甚至可以从专家的角度来思考问题,来解决实际操作过程中所遇到的问题。可见优化的武术教学能够真正提高学生的能力。

(1)角色体验萌发学习动力。创设表演赛,创编比赛队形,评判比赛打分,与实际相结合,由学生担任比赛者、组织者、裁判等多种角色,通过亲自演练与亲历情境,激发学生的情感体验,使学生感知真实比赛与想象比赛的差距,领会到比赛的不易,萌发自主学习和创新性学习的动力,来增加对武术内涵的理解。

(2)解决问题引发思维扩展。思维方式的种类繁多,通过解决问题来激发学生的思维能力。譬如,以思维探索问题答案的方向划分,可以把思维分为聚合思维和发散思维。引导学生小组合作,解决课堂问题,随之产生解决问题的思维,这才是课堂所要体现的价值,而不是重复跟练和临摹,只进行表象学习。

2. 借助信息化和数字化技术

优质的课堂离不开现代化信息技术和数字化。通过利用融合PPT、助教小视频、动作线路视频等信息技术,吸引学生,服务课堂,切实提高课堂教学实效。

借助数字化设备,改进课堂实效。《新版课程标准解析与教学指导

（2022年版）体育与健康》中指出，课堂运动负荷要求，"群体运动密度不低于75%，个体运动密度不低于50%"；"学生平均心率原则上在140~160次/分"。本大单元教学实施，数字化教学设备是心率手环。通过数据分析来调整课的内容，增加运动强度、密度，达成课标要求。

（1）参考班级总体数据，改进内容增加负荷。运动时心率变化直接影响着锻炼效果。班级平均心率、运动强度、运动负荷、身体负担量、有效运动密度等数据，都是进一步改进课堂内容的有力依据。心率手环记录着整堂课运动时间的占比，有助于教师调控低、中、高和极限强度，从而达成体育课的锻炼效果。

（2）依据个体心率数据，分析原因调整策略。数字化设备也记录着学生个体心率，每位学生的情况不尽相同，有些孩子心率较高，原因可能是积极认真对待、喜欢运动等；有些孩子偏低，原因则可能是没有兴趣、积极性不高等。教师可通过分析数据，设计更加合理的教学内容。

3. 关注学生个体差异性

有句教育名言说：因材施教，有教无类。秉持这一精髓，必须考虑学生个体性。如在学习观澜华拳第2式时，预设两种改善提高动作的练习方法，一种是改善快速搂手的练习方法，另一种是提高冲拳力度的练习方法。这两种方法解决两种问题，学生可依据自身的情况，选择其一或其二，来改善现有能力，这样可以针对不同身体条件、运动基础和兴趣爱好的学生因材施教，为学生提供学习机会，产生良好的学练体验，增强学习的自信心，获得更好的发展。

4. 探索多元化的教学评价

多元评价是指在对学生的学习进行评价时不单采用标准化测验，而是根据多维度内容，采用多种方式，多主体性地进行评价。在实施教学内容观澜华拳表演赛时，就采用多维的评价形式，"小裁判"依据比赛规则和个人理解进行打分，不是绝对标准的评价，运用所学所知道的知识，解决判定各小组表演赛好与劣的情况；此外学生在这一环节中发展了综合素养，在"学、练、赛"中感知体育道德、体育品德的重要性。以此来发挥评价的功能，多角度、多途径助力。

（五）扎实推进，德技并重，传承文化

掌握动作技术是运动能力的具体表现，武德教育更是学武的重要组成，两方面都要抓，两者并重，这样才能更好地把武术特质展现在学生面前。

1. 注重武德品质引导，建立正确价值取向

俗话说，习武先习德。武术教学，重技重德。整个大单元的每一次课时中，除了武技的学习外，都有相应的德育渗透，如学练基本功和组合动作时，德育引导吃苦耐劳、不言放弃等；套路学习时，引导保家卫国、尊师等；对练练习时，注重点到为止、共同进步等品行；比赛表演赛时，侧重尊重对手、公平竞争等，每个学习内容都有对应的武德构建，指引着学生树立正确的是非观、价值观，形成初步的品德建设。

2. 渗透民族精神教育，营造武术文化氛围

武术是一项具有深厚民族文化底蕴的运动，从原始的狩猎生存、军事格斗一直到竞技、健身娱乐，在动作外形和内涵上都得到了广泛的弘扬与发展。中华武术文化是中国传统文化的缩影，承载着深刻的文化内涵。中国传统文化蕴含了五千多年来中华民族的聪明才智，体现了中华民族所特有的人生观、价值观与世界观。伴随着中华文明走过几千年风雨历程的中华武术，通过对中国传统文化的不断传承和延展，展现了鲜明民族特色的传统性体育项目魅力。为学生打开了领略璀璨民族文化的大门，引领学生走进神圣的民族文化殿堂。

3. 强化习武修身体验，促进身心健全和谐

以课程标准为引领，学科核心素养为导向，大单元为实践行动，结合现代教育理念，以学生需求为出发点，设计符合学生身心发展和个性发展的教育教学活动，广泛地开展以注重参与和过程体验的活动形式，通过多种实践体验渠道感受武术文化，促进学生身心的和谐发展、健全人格。

六、结语

设计实施武术大单元教学，不停留于"初步体验阶段"，深研教材教法，分析学情，对武术运动系统化结构化地教学，让学生全面地了解学习掌握武术专项技能，提升学生体育学科核心素养，传承武术文化。

通过对小学体育武术大单元教学设计与实施的探究，提出针对性的策略与方法。这些策略与方法注重学生的兴趣爱好培养、技能的渐进发展以及武术文化的传承，有助于提高学生的武术学习效果和文化素养。

改变传统的教学观念、教学思想和教学模式，使大单元教学成为改进推手，让学生学会深度学习，成为课堂的真正主人，推进学生核心素养的"落地扎根"。

参考文献

[1] 中华人民共和国教育部.义务教育课程方案（2022年版）[M].北京：北京师范大学出版社，2022.

[2] 中华人民共和国教育部.义务教育体育与健康课程标准：2022年版[M].北京：北京师范大学出版社，2022.

[3] 季浏，钟秉枢.义务教育体育与健康课程标准（2022年版）解读[M].北京：高等教育出版社，2022.

［4］毛振明，潘建芬.新版课程标准解析与教学指导（2022年版）体育与健康［M］.北京：北京师范大学出版社，2022.

［5］孟德丽.基于新课标视角下的小学排球运动大单元教学设计［J］.体育教学，2023，43（12）：66—68.

［6］程宏.体育课程中篮球大单元教学设计与实施策略［J］.小学教学参考，2022（27）：74—76.

［7］顾永明，刘宝芹，蒋丽君，等.小学体育大单元教学的设计与实施：以水平三（五年级）《侧手翻》大单元教学为例［J］.中国学校体育，2021，40（11）：19—31.

基于英语学习活动观的故事类语篇教学的实践研究

上海市浦东新区观澜小学　朱江珊

摘　要

故事类语篇是小学英语典型的语篇类型之一，是小学英语教学的重要载体。2022版新课标出台以来，小学英语教学也发生了变革。英语学习活动观以及语篇教学理念的提出，为如何在教学中培养学生学科素养、实现育人目标，提供了具体的思路和方法。开展基于英语学习活动观的故事类语篇教学的实践研究，是当下课堂教学模式的优化变革的路径之一。

关键词

小学英语　英语学习活动观　故事类语篇　语篇研读

《义务教育英语课标标准（2022年版）》（以下简称《英语课程标准》）指出，英语课程要强化育人导向，而核心素养是课程育人价值的集中体现。培养学生语言能力、文化意识、思维品质以及学习能力等在内的核心素养，关键在于教师如何开展教与学的活动设计。英语学习活动观为教师实施深度教学，落实培养学生学科核心素养目标提供了可操作的途径。故事类语篇作为小学英语教学常见的语篇类型之一，是教师开展高效教学探索的重要抓手。本文以故事类语篇作为教学实践的切入点，基于英语学习活动观开展教学设计，探讨如何深入建构语篇的育人功能，践行学科育人价值。

一、故事类语篇及英语学习活动观的内涵

（一）故事类语篇的内涵

语篇指的是交流过程中一系列连续的话段或句子所构成的语言整体，是人们运用语言的常见形式。语篇中如句与句、段与段、标题与正文等之间存在复杂的关系，需要我们去仔细梳理分析。故事类语篇包含故事主题、情景和内容等完整的结构和意义，存在特有的语言形式、内在逻辑、组织和呈现信息，具有情境性、情节性、角色性及寓意性的特点，蕴含着独特的育人价值。

（二）英语学习活动观的内涵

《英语课程标准》中提出了一种新兴的教学视角——英语学习活动观。英语学习活动观是指学生在教师的指导下，围绕主题意义，依托语篇，展开学习理解、应用实践、迁移创新等一系列的英语学习活动，整合性地学习语言知识，运用知识，围绕主题形成价值判断，并创造性地解决新情境中的问题。这一过程将学生语言、文化、思维和学习能力的发展紧密结合在一起。鉴于小学生的学习特点和学习经历，适当降低学习难度，将应用实践类活动拆解为实践体验类及构建运用类活动。

二、故事类语篇教学践行英语学习活动观的意义

在小学英语日常教学中，很多教师对于语篇概念的认识不到位，教学停留在碎片化学习、重语法结构的语言知识层面，衍生出学生内在学习动力不足、深度学习能力欠缺、无法理解内容要义等问题。

《英语课程标准》倡导的英语学习活动观突出了学生作为语言学习

活动的主体地位，培养学生在真实的主题情境中发现、分析以及解决真实问题的能力。英语学习活动观中涉及的学习理解、应用实践、迁移创新3层学习活动既相互关联，又层层递进。通过这样螺旋式上升的学习实践，学生逐步提炼知识脉络，搭建起具有逻辑性的结构化知识，并形成一定的情感态度和价值取向，使能力与素养获得协同发展。

语篇教学理念和英语学习活动观这两者的关系是相辅相成的。在小学英语教学中结合语篇教学理念和英语学习活动观，能有效避免只停留在语言知识层面的教学模式，强化学科的育人功能，推动学生学科核心素养的发展。

三、基于英语学习活动观的故事类语篇教学实践与研究

教师在进行故事类语篇教学时，应以英语学习活动观为指导，开展语篇教学；紧抓关键词"主题引领、语篇依托"，创设学习理解3个层级的英语学习活动。下面我以上海牛津英语 4BM2U2P4 The cat and the mouse 这一课为例展开叙述。

（一）开展语篇研读，奠定逻辑起点

《英语课程标准》指出，"教师要以语篇研读为逻辑起点开展有效教学设计。"语篇研读是开展语篇教学的基础和出发点。语篇的研读主要围绕语篇主题、语篇意义、语篇内容、文体结构、语言特点等方面展开分析，以此作为设计教学活动的依据。

1. 挖掘主题意义，形成单元育人蓝图

语篇研读中，对于主题意义的理解和认识不同，会带来不同的语篇解读视角，从而产生不同的教学活动设计。由此可见，主题是语篇的"灵魂"。挖掘主题意义，是语篇研读的切入点和落脚点。通过语篇研读，让隐藏在主题之下的内涵浮出水面，逐步勾画育人蓝图。

教师挖掘主题所传递的意义，需要围绕单元主题，解读主题与单元内各语篇之间、单元内各语篇之间的育人连接。对单元内各个语篇进行必要的整合和重组，形成单元育人蓝图，推动碎片化的知识点学习走向结构化的单元整体学习，从单一的语言能力的发展走向多方面的核心素养的培养。

The cat and the mouse 这一课（见图1）所在的单元的主题是 cute animals（可爱的动物）。通过分析单元主题与单元内各语篇之间，以及单元内各语篇之间的联系，总结出单元主题内容框架（见图2）。我将本单元主题划分为5个课时子主题，并以此确定了每个课时的话题与单课学习任务。在前三课时中，学生学习了常见宠物类小动物的动物外形、能力等信息，并在此基础上了解了它们基本的食性特征。第四课时学生基于前三课时的学习积累，阅读关于老鼠偷吃猫食被猫追捕的故事，进一步了解了小动物的习性，感受它们的可爱之处。在第五课时，学生需要整合已学语言知识，尝试介绍一种自己喜欢或了解的动物朋友。综上，各课围绕单元主题 cute animals 展开，各课之间既相对独立，又相互联系，共同构建单元育人蓝图。学生在本单元学习中，将零散的关于动物的知识内容逐步建构成连贯的知识结构，从对动物知识的学习发展成会合理介绍自己喜欢的动物，将知识内化后迁移到新的情境中，实现知识的外化，实现单元育人蓝图，深化了对单元主题的认知。

2. 解读语篇内容，提炼语篇结构

图2明确了单元内各语篇的子主题内涵，从单元的层面提供了形而上的教学依据。在此基础上，我从本课时语篇的主题、内容、文本结构等方面展开分析，提炼出语篇中的结构化知识，从而把握住教学的主线，为本课时的学习目标及学习重难点的制定指引方向。

表1为基于第四课时学习内容的语篇研读，分别从 what（语篇的主

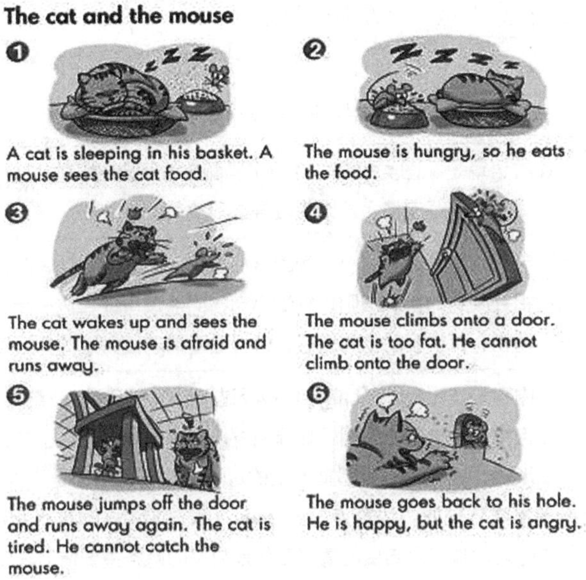

The cat and the mouse

① A cat is sleeping in his basket. A mouse sees the cat food.

② The mouse is hungry, so he eats the food.

③ The cat wakes up and sees the mouse. The mouse is afraid and runs away.

④ The mouse climbs onto a door. The cat is too fat. He cannot climb onto the door.

⑤ The mouse jumps off the door and runs away again. The cat is tired. He cannot catch the mouse.

⑥ The mouse goes back to his hole. He is happy, but the cat is angry.

图 1　The cat and the mouse

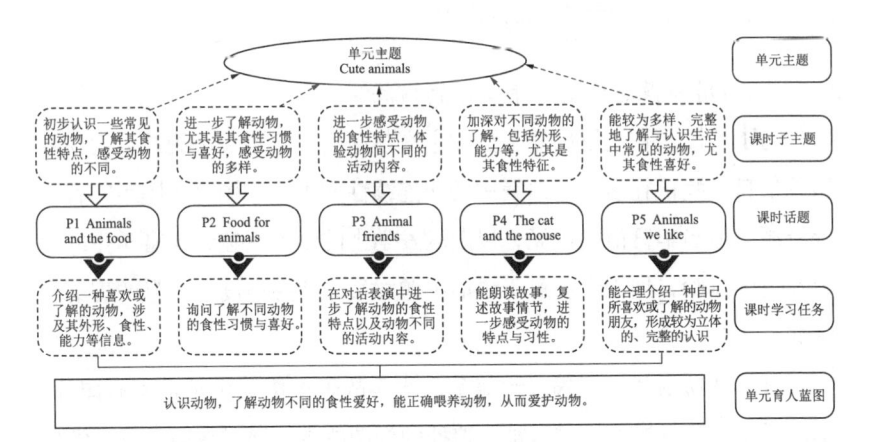

图 2　单元主题内容框架

	单元主题 Cute animals		单元主题
初步认识一些常见的动物，了解其食性特点，感受动物的不同。	进一步了解动物，尤其是其食性习惯与喜好，感受动物的多样。	进一步感受动物的食性特点，体验动物间不同的活动内容。	加深对不同动物的了解，包括外形、能力等，尤其是其食性特征。	能较为多样、完整地了解与认识生活中常见的动物，尤其食性喜好。	课时子主题
P1 Animals and the food	P2 Food for animals	P3 Animal friends	P4 The cat and the mouse	P5 Animals we like	课时话题
介绍一种喜欢或了解的动物，涉及其外形、食性、能力等信息。	询问了解不同动物的食性习惯与喜好。	在对话表演中进一步了解动物的食性特点以及动物不同的活动内容。	能朗读故事，复述故事情节，进一步感受动物的特点与习性。	能合理介绍一种自己所喜欢或了解的动物朋友，形成较为立体的、完整的认识。	课时学习任务
认识动物，了解动物不同的食性爱好，能正确喂养动物，从而爱护动物。					单元育人蓝图

题和内容)、why(语篇传递的意义)以及 how(语篇的文体特征、内容结构和语言特点)这 3 个方面展开分析。

表 1 基于第四课时学习内容的语篇研读

what	本课时语篇是配图类故事,介绍了猫醒来发现老鼠正在吃自己的猫粮,进而对老鼠展开追捕,却以失败告终的故事。
why	通过学习,了解更多的小动物的食性喜好、能力及习性,明白自然界中动物相互制约的自然法则;感受小动物的活泼可爱,进一步唤起学生热爱小动物、保护小动物的情感;分析猫追捕老鼠失败的背后原因。
how	故事内容是按照起因(cause)→经过(procedure)→结果(results)的结构模式。故事的起因是猫醒来发现老鼠正在偷吃自己的猫粮,故事的发展过程描述的是猫追捕老鼠的过程,故事的结果是猫未抓到老鼠,被老鼠成功逃脱。语篇涉及的 wake up、climb onto、jump off 等猫鼠的行为动作以及猫鼠的情绪变化是故事的两条主要情节线索。通过结合故事配图学习猫鼠在故事发展过程中的行为表现以及对应的情绪变化,逐步理解猫鼠之间的天敌关系,感受小动物的活泼可爱之处,并挖掘出猫追捕老鼠失败的背后原因。

3. 巧用多模态语篇,丰富语篇内涵

为了使语篇在主题内涵上更加丰富与深刻,还要关注到语篇内在隐藏的信息。我依托多模态语篇中的非连续性文本,如图表、图示、音频等资源,适当丰富语篇内涵,以期激发学生的学习兴趣,丰富学生的学习和情感体验,加深学生对于语篇主题意义、情感态度等信息的理解和掌握。

(1)借助图片,创编对话语篇。小学故事类语篇中常常配有图片。本课时是一篇老鼠偷吃猫食被猫追捕的配图故事。通过故事阅读,学生进一步了解小动物的能力、食物习性等特征,感受它们的可爱之处,同时辨明猫鼠之间的关系。基于单元主题，我对教材配图故事做了适当调整。为了让学生进一步感受小动物的可爱活泼之处，及他们之间的关系，我基于对原图文中猫鼠行动及情绪的分析，深入挖掘语篇的内涵，丰厚文本，创编猫鼠之间的对话语篇（见图3）。通过简单的对话让学生在角色朗读、表演等语言实践活动中体验两者情绪变化的同时，感受它们之间的"天敌"关系，丰富了学生对角色的情感体验，同时发展了学生的语言能力。

图3 猫鼠之间的对话语篇

（2）视听辅助，拓展学习内容。为了更形象地展示猫鼠之间的关系，加深学生的理解，我补充了音频、视频类语篇资源。紧扣猫的行为表现，增加了猫打呼噜的音频、猫从睡梦中醒来看到老鼠的视频以及猫追捕老鼠过程中的动画，设计 obeserve the picture、watch and think、introduce the route 等一系列视听拓展学习内容。从想象生动的音频和视频中，进一步感受猫鼠之间的敌对关系，体会小动物的活泼可爱之处。

学生在多模态语篇的学习中加深了对单元主题 cute animals（可爱的动物）的理解，同时帮助学生巩固运用近期的语言学习重点句型 What does ... (do) ?... (does) ...

通过多模态语篇的分析和内容的延伸，语篇所传递的意义更加丰富和深刻，实现了语言学习与课程育人的融合和统一。

（二）基于英语学习活动观，设计语篇教学活动

基于上述的语篇研读，教师对语篇的主题、内容、文体结构、语言特点等方面已有了比较全面的了解，达成了语篇意义与形式的深层加工和意义建构，为后续的教学设计和实施保驾护航。为了避免在课堂教学中又落入语言知识层面的教学"陷阱"中，我在教学设计和实施中践行英语学习活动观，以期学生通过螺旋式上升的学习活动中发展学科核心素养，从而进一步实现学科育人的目标。

小学英语学习活动观指向学习理解类、实践体验类、构建运用类和迁移转换类等一系列的英语学习活动。活动观的提出，为如何在阅读教学中培养学生学科素养提供了具体的实施路径，为提升英语教与学的效果指明了方向。以下是我在故事类语篇教学中总结出的一系列实施路径。

1. 开展学习理解类活动

在组织学习理解类活动时，教师要创设主题情境，引导学生结合已有知识经验，发掘需解决的问题，产生学习需求。再围绕需解决的问题，将所学内容与已知建立关联，建构新的知识结构。

（1）激活学生已知，启发学生思考。在本课时学习前，学生已接触过不少关于动物的配图故事，包括牛津英语教材 4AM2U3P3 The lion and the mouse、4BM2U2P3 Animals friends。在这些配图故事的阅读中，学生知晓了在自然界中一些动物可以成为朋友的道理。我选取了这些已

知语篇中的部分配图资源，设计了 think and say 的学习活动。学生通过图片的观察，激活已知，思考动物之间保持友好关系的原因。在此基础上，又出示了鹰与鼠、猫头鹰与鼠、猫与鼠 3 对照片及问题 "Can these animals be friends?"，启发学生思考 "是否所有的动物都能成为朋友？" 以上环节的实施充分调动了学生的学习主动性，激发了学习需求。学生运用已有知识和经验，对本课时主题相关的内容展开猜测思考，为后续的学习埋下伏笔。

（2）依托核心问题　梳理整合信息。有效的问题链设计有利于带动语篇内涵的深入探究，引导学生层层递进理解语篇，逐步推进学习过程，梳理整合信息，形成知识结构。本课时聚焦 "What does the mouse/the cat do?" "How does the mouse/the cat feel?" 等一系列问题，引导学生通过自主阅读、圈画信息、语段朗读等方式获取和梳理语篇，初步感知语篇内意；再通过关键信息提取归纳等方式概括并整合语篇的有效信息，建立信息间关联，理解故事走向，挖掘语篇背后的潜在内涵。学生在核心问题的驱动下，潜移默化地锻炼思维品质，体悟猫鼠的行为表现和情绪变化，逐步感受和理解猫鼠之间的敌对关系。

2. 开展实践体验和构建运用类活动

通过实践体验和构建运用类活动，帮助学生实现知识的内化和能力的转化，深化对主题意义的理解。

（1）巩固知识结构　促进语言运用。通过以上环节的实施，学生对鼠偷吃猫食被猫追捕的故事形成了初步的认识。为了深入挖掘老鼠的逃跑行动路线这一条故事主线，我设计了 read and draw the mouse's route、introduce the route 等学习活动。在 read and draw the mouse's route 环节中，学生通过两人小组合作阅读的方式，先画出语篇中关于老鼠如何逃跑的动作类关键词，再根据关键词分析画出老鼠在房间中的具体逃跑路线。通过设计 introduce the route 的环节，学生在语篇关键词以及老鼠逃跑路线图的提示下，尝试自己描述老鼠具体的逃跑路线。再通过对比追捕过程中猫鼠的行为表现，引导学生分析猫与鼠各自的特点与习性，感受动物的可爱之处，并逐步挖掘猫捉老鼠失败的背后原因。

活动设计由易到难，由扶到放，学生围绕主题完成了描述、分析等一系列合作交流和自主学习活动，在此过程中发展了语言能力，提升了思维品质，提高了学习能力，巩固了新的知识结构，从语言输入逐步转变为语言输出。

（2）尝试故事复述，实现内化运用。在故事类语篇的教学中，学生带着问题阅读，寻找故事里的关键信息，逐步完善故事的主要脉络。教师借助主要脉络的整理，提炼出 story map（故事地图），见图 4。小学生存在抽象和逻辑思维能力不足的问题，导致欠缺知识建构能力，故事地图能有效缓解这一问题。学生在教师的指导下，借助故事地图，进行有条理地故事复述，把文本语言内化为自己的语言。

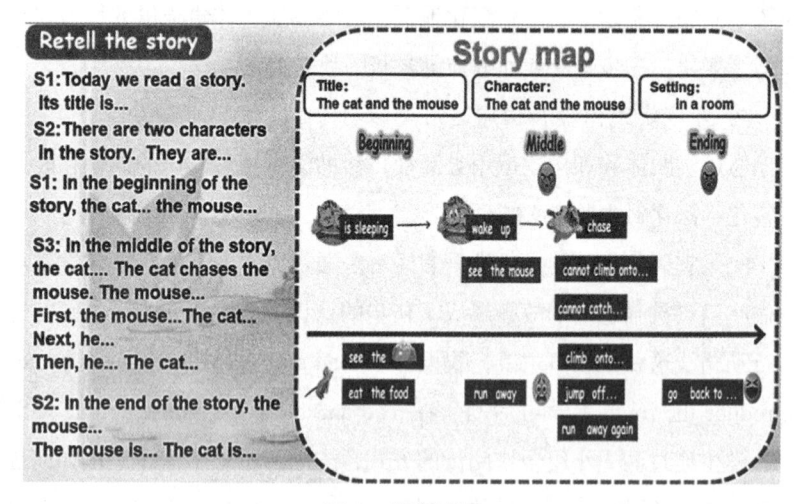

图 4　故事地图

在本课时的教学过程中，我采用了故事地图的六要素完成故事学习，包括 title（题目）、character（人物）、setting（场景）、beginning（开始）、middle（中间）、ending（结尾）。首先我引导学生将故事分解成开始、中间以及结尾三大部分。学生在阅读学习的过程中，逐步提取和概括出故事三大部分的关键信息，并将关键信息串联成完整的故事地图线索，以板书的形式呈现。为了给予学生充分的练习以及语言内化的机会，我通过设计教师引领、同桌合作完成、自主完成等多种故事复述形式，循序渐进地指导学生根据故事地图完成故事开头、中间以及结尾的分段和整合复述，内化语言知识，完成语用输出。

通过以上方式，学习内容得到整合和凝练，学生在学习过程中能有效提升语言表达能力，进一步夯实学生的学科核心素养。

3. 开展迁移创新类活动

在迁移创新类活动中，调动学生所学，解决真实的问题，实现知识的外化和运用，引导学生形成正确的态度和价值观，将知识融会贯通到实际运用中，将知识转化成能力。

（1）设计开放性问题，形成价值判断。在学生回顾朗读故事全文后，我以 Why can't the cat catch the mouse? 这个问题启发学生深度思考猫捉老鼠失败的背后原因。学生经过讨论交流后表达自己对这个问题的观点。教师也给出 the cat is clumsy（笨拙的），but the mouse is flexible（灵活的）的评价思路。在此过程中，学生联系新知识以及生活已知经验进行思考和批判性地评价，形成自己的价值判断。

（2）续写故事结尾，实现知识外化。学生通过上述一系列螺旋式上升的学习过程，从理解、内化语言到运用所学语言，表达自己的思考与发现。为了加深学生对于主题意义的理解，引导学生创造性地解决新情境中的问题，我设计了"续写故事结尾"课后延伸性选做作业。在正式续写前，教师引导学生对问题"If you were the cat, what would you do?"进行头脑风暴，思考"猫捉老鼠失败后猫会怎么做？"这一问题。为了降低学生对续写故事结尾的畏难情绪，我提供了一些猫鼠故事可能的发展走向，如猫直接放弃追捕老鼠，或在洞口等待老鼠出门，伺机抓捕老鼠，又或者努力减肥，让自己变得更加灵活，为学生的故事续写提供一些思路。

在基于英语活动观的语篇教学过程中，学生逐渐从基于语篇的学习走向深入语篇和超越语篇的学习，实现语言能力、思维品质、学习能力等核心素养的协同发展，学科育人理念落地落实。

四、结语

综上所述，在故事语篇教学中，教师要树立语篇教学意识，以语篇研读为手段，深入挖掘主题意义，创设基于英语学习活动观的多层次的教学活动。学生在以主题为引领、语篇为依托的学习活动中逐步实现知识的内化和外化，形成个人关于主题内容的价值判断和行为取向，实现核心素养四个方面相互渗透、融合互动和协同发展。故事语篇教学的探讨实践，对于其他类型的语篇教学同样具有启示作用。新时代背景下，作为教师应不断优化育人模式，探索有效育人路径，赋能学生启智增慧。

参考文献

[1] 程晓堂.基于语篇的语言教学途径［J］.国外外语教学，2005（1）：10—18.

[2] 李建东.基于英语学习活动观的小学英语语篇教学：以六上Unit 5 Signs 的教学为例［J］.江苏教育，2023（14）：80—84.

［3］沈海燕，陈露.基于英语学习活动观的高中英语阅读教学探究［J］.广西教育，2023（2）：87—90.

［4］沈杰.为素养赋能：基于英语学习活动观的教学设计：新课标解读与Seasons教学设计分析［J］.河北教育（教学版），2023，61（1）：25—27.

［5］张献臣.加强英语语篇教学提高英语阅读效率［J］.课程.教材.教法，2009，29（6）：51—57.

小学语文五年级"实用性阅读与交流"任务群在人物描写单元的设计与实施

上海市川沙中学南校　孙杨蕾

摘　要

随着新课改的不断深入，语文教学越来越注重学生实际应用能力的培养。对于五年级的学生而言，掌握人物描写的技能不仅有助于他们理解文本、提高写作水平，而且能够增强他们的表达能力和交流技巧。因此，本文将探讨如何设计和实施一个针对小学五年级学生的"实用性阅读与交流"任务群，专注于提升他们在人物描写单元上的学习效果。

关键词

小学语文　五年级　实用性阅读与交流　设计

一、任务群设计原则

在设计"实用性阅读与交流"任务群时，我们遵循以下原则：以学生为中心，注重实践运用，强调过程体验，鼓励创造性思维，并确保评价方式多元化。

二、单元目标的确定

统编教科书对于人物描写能力的编排体现出由易到难的螺旋式发展，体现了从尝试写人物特点到结合具体事例写人物特点，从抓住印象最深的地方到从多个方面写人物特点，体现了学生写人习作能力的递进上升。

五年级的相关单元中的主要目标，是引导学生通过交流和选取典型事例，通过品读和运用对人物语言、动作、外貌、神态、心理等的细致描写，具体地理解或表现人物的特点。除此之外，通过品读或描述周围人的反应，间接体会或表现人物的特点。是写人方法的综合学习和运用，从读到写，读写结合，最终达到能够独立将人物写清楚、写具体的，刻画出生动的人物形象的目的。

统编版语文教材人物描写阅读和表达训练要素各年级段单元编排一览分别见表 1 和表 2。

表 1　统编版语文教材人物描写阅读训练要素各年级段单元编排一览

年级册序	单元	阅读训练要素
四年级上册	第四单元	感受神话中神奇的想象和鲜明的人物形象。
四上	第六单元	通过人物的动作、语言、神态体会人物的心情。
四下	第七单元	能从人物的语言、动作等描写中感受人物的品质。
四下	第八单元	感受童话的奇妙，体会人物真善美的形象。
五下	第四单元	通过课文中对动作、语言、神态的描写，体会人物的内心。
五下	第五单元	学习描写人物的基本方法。

表2　统编版语文教材人物描写表达训练要素各年段单元编排一览

年级册序	单元	具体题目	表达训练要素
二年级下册	第二单元	写一写你的一个好朋友	能根据提示写自己的一个好朋友。
三上	第一单元	猜猜他是谁	体会习作的乐趣,用几句话或一段话介绍自己的同学,激发习作乐趣。
三下	第六单元	身边那些有特点的人	写一个身边的人,尝试写出他的特点。
四上	第二单元	我的家人	写一个人,注意把印象最深的地方写出来。
四下	第七单元	我的"自画像"	学习用多种方法写出人物的特点。
五下	第八单元	有你,真好	初步运用描写人物的基本方法,具体地表现一个人的特点。

三、教学内容的安排

(一)从有效到有用,确定教学策略

1. 解读要义,明确方向

在《小学语文新版课程标准解析与教学指导》中,对实用性阅读中的"有用"进行了如下界定:"第一,这一任务群对学生学会独立阅读实用性文本是有用的;第二,这一任务群的学习对学生的日常生活是有用的;第三,这一任务群的学习对学生提高阅读与表达交流水平、增强适应社会、服务社会的能力是有用的。"

这让我们明确了实用性阅读训练的文本选取范围不局限于实用文,重点在于可迁移的阅读方法训练,切入点在于解决或满足生活中的问题和需求,或者创设真实性的情境,目的在于积极语用、深度语用。

2. 访谈师生，了解学情

通过访谈五年级学生和老师关于人物描写的方法掌握现状，我们又了解到，五年级学生思维活跃，有一定的观察能力，能通过观察，抓住人物的一些特点，但是在人物描写的习作中还存在以下问题：①观察不细致，抓住人物的特点不鲜明；（2）选取事例不典型；（3）描写方法单一，缺少细节。

3. 有效融入，有用输出

（1）在精读课文中：力求高效输入，夯实基础。融入阅读策略和方法的指导与训练的基础性任务，重点学习获取信息的方法：记笔记、做批注、做摘录、列大纲、绘制思维导图等整理和呈现信息的方法，使阅读更高效。

（2）在初试身手、习作中：力求丰富输出，满足生活。融入具有综合性、情境性、实践性的任务，围绕毕业季这一具有真实性的情景创设各种任务，提升驱动力，满足生活所需。

通过列大纲、绘制思维导图、图配文等方式，提升选材、组材、遣词造句的能力，提升表达质量。

（3）在课外阅读中：力求交流运用，提升能力。融入制作人物卡片、阅读小报、阅读分享会等方式，巩固方法，提升表达交流的能力。

（二）从约取到博观，选择阅读材料

1. 精读课文，有机整合

对于教材内的人物描写的文章，在原单元的基础上进行适当地调序、归类，各取所长，突出重点；适当截取，前后联系；有机整合，发挥合力。像数学里的合并同类项，在原本的单元要素"学习描写人物的基本方法"之下，拆分目标，寻求更小、更集中的教学聚焦点、联系点，用"为刻画人物形象，揭示不同人物的性格特点，作者是侧重了哪个人物描写的方法？又是如何具体运用的?"作为研究写法时的统领性议题，比对异同，充分关注到"人物—特点—描写方法"三者间如何适配。

比如，五下《13.人物描写一组》同课内突出动作描写语段，比较为突显不同人物不同特点而采取的不同写法：《摔跤》用26个动词生动地刻画出了两个少年的机敏与活泼；而《两茎灯草》中作者仅用了两个动词，同样的动作，写了多次，但富于变化，侧重数量、程度、伴随的神态，刻画了严监生的吝啬。又回顾四下《23.黄继光》，品读感悟连续动作的使用场景以及对人物形象塑造的作用。

2. 类文组读，迁移学法

根据最近发展区原则，选择与课文类似的文本，进行拓展阅读，可按人文主题来组合，也可按语文要素来组合。比如，围绕我国古代儿童的聪明智慧这一主题，可以把《文彦博灌水浮球》《王戎识苦李》《能言善辩的小孔融》组成一组群文，以奇人异士为主题，拓展整本书阅读——冯骥才的《俗世奇人》。并利用课内设计的学习单来进行摘录、批注、交流、展示。

3. 群文博览，开拓视野

在挑选适合五年级学生的人物描写阅读教材时，必须确保内容的适切性和多样性。阅读材料不仅应具备足够的吸引力以激发孩子们的阅读兴趣，比如通过有趣的故事情节，还应有突出人物刻画的方法蕴含其中，并鼓励他们对周围世界进行思考，涵盖生活、社会乃至自然界的各种话题。为此，我们可以选择包括神话、童话、小说、历史人物传记等在内的多种阅读材料，这些内容不仅能够丰富学生的知识，为其提供阅读乐趣，而且能拓展他们的思维和视野。选择这类材料作为阅读资源，将有助于提升学生们的语文能力，如增强阅读理解和语言表达技巧。更重要的是，这种丰富的阅读体验有利于学生全面发展，促进他们在认知、情感以及道德上的多维成长。因此，在为五年级学生挑选阅读材料时，我们应该细心策划，保证其既符合教育目标又能够引发学生的兴趣，以充分发挥阅读在语文教学中的重要价值。

通过"单文本阅读+多文本阅读+整本书阅读"的多元化阅读，进一步学习与巩固人物描写，呈现出一派欣欣向荣的阅读气象。

（三）从情境到任务，具化环节要点

1. 借助"征集令"以终为始，明确单元实用性任务

围绕"毕业季"这一具有真实性的情景，整合教材内容，创设单元学习的长周期任务如下。

（1）征集毕业纪念册留言、写毕业联欢会猜人游戏文本——初试身手。

（2）征集毕业联欢会小品脚本作素材，"给小学五年最想感谢的人"书信征集、"谁是最可爱的人"班刊征文——习作。

情境的创设提升了学习人物描写的驱动力，达到积极语用、深度语用，满足生活所需的目的。

2. 概览单元六大板块，整体感知单元编排结构

（1）欣赏插图视频，统感文本中各人物形象的特别之处。单元整体激趣导入，先关注人物特点，引发关注突显特点的描写方法。图1所示为统编版语文教材五下第五单元编排结构。

（2）阅读"交流平台"，梳理人物描写的基本方法。就像写作时，我们常常会用总分总的结构，在组织单元教学的时候，也可以结合"交流平台"先做一个总的单元概览。

阅读交流平台，在梳理方法时，教师于板书中，同学生一起用思维导图的模式梳理写人的基本方法，示范和浅尝思维导图这种实用的阅读方法。未学先理，带着"怎么写"，而非仅仅"写了什么"的语文视角

来学习课文。图2所示为描写人物的基本方法梳理思维导图。

图1 部编版语文教材五下第五单元编排结构

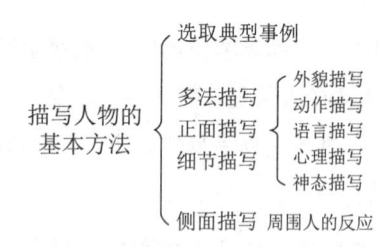

图2 描写人物的基本方法梳理思维导图

（3）组读人物形象，品赏描写方法的具体运用。主要利用圈画批注、填写学习单、绘制思维导图等实用性方法，帮助提取信息，感悟不同描写方法带来的表达效果，关注特点和方法的匹配性。图3所示为人物信息提取学习单。

人物	特点	方法

图3 人物信息提取学习单

比如,《人物描写一组》:①学习作者对小嘎子的动作描写;②《骆驼祥子》主要关注祥子的外貌描写;③选取严监生临死前仍惦记两茎灯草的典型事例;④学习作者通过描写曹小三观察师傅刷墙的细节,从崇敬到质疑再到崇敬的心理变化过程,侧面反映刷子李的高超技艺。图4所示为《他像一棵挺脱的树》外貌描写板书思维导图。

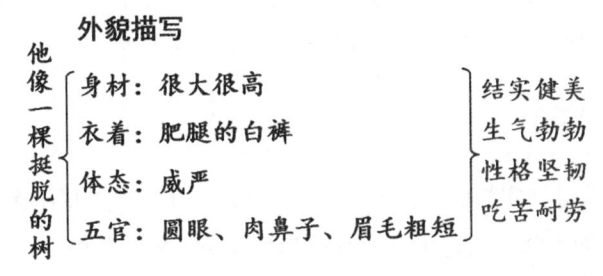

外貌描写

他像一棵挺脱的树 { 身材:很大很高 衣着:肥腿的白裤 体态:威严 五官:圆眼、肉鼻子、眉毛粗短 } { 结实健美 生气勃勃 性格坚韧 吃苦耐劳 }

图4 《他像一棵挺脱的树》外貌描写板书思维导图

(4)启整本书阅读,迁移人物描写的阅读方法。选取课本中的作家冯骥才的小说集《俗世奇人》,优化课文中的学习单为人物图鉴、摘录卡,在阅读摘录的过程中丰富写人的方法,积累生动的语言。图5所示为人物描写摘录卡模板。

(5)开展读写活动,实践中提升人物描写的能力。将教材中的"初试身手"、习作和毕业季活动整合,开展毕业纪念册留言、写人物谜面、玩猜人游戏、写小品脚本演"校园风流人物"、写信给小学五年最想感谢的人、"谁是最可爱的人"班刊征文等活动。

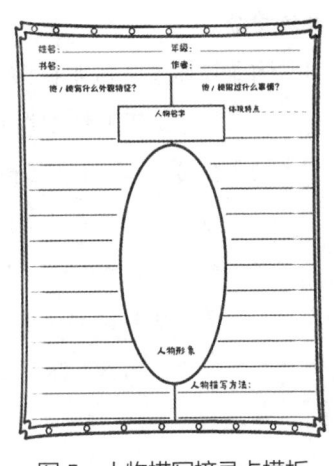

图5 人物描写摘录卡模板

在情境的驱动下，丰富了实用文体类型，从片段训练到完整习作，利用支架与资源——小学5年间精彩人物照片（用以图配文）、提纲表、学习单等，结合小组合作研究和个人实践，再加上教师的指导，从扶到放，夯实写作过程。

在综合性的活动中，丰富了交流和展示的方式，且利用口头评价、评价单评价、资料袋评价等多元化的评价方式，帮助参与者调整过程方法，提升刻画人物的能力，全面提升学生的语文素养。

四、结语

精心设计与实施的"实用性阅读与交流"任务群能够有效地提升五年级学生的人物描写能力。这种以学生为中心的教学模式，不仅加深了他们对文学作品的理解，还提高了他们的语言表达和社交交流技巧，达到积极语用、深度语用，满足生活所需的目的，从而促进学生全面发展。

参考文献

[1] 闫晶波, 郝进菲. 单元学习任务群的整体设计与教学实施：以五年级下册第四单元为例 [J]. 语文建设, 2023（2）：70—73.

[2] 项玲. "实用性阅读与交流"学习任务群的设计与实施策略 [J]. 小学语文教学, 2023（23）：34—35.

[3] 施丽聪, 黄文杼. "实用"与"实践"："实用性阅读与交流"学习任务群设计基点：以四年级下册第五单元为例 [J]. 福建教育, 2023（18）：29—31.

基于"变与不变"数学思想在小学计算教学中的运用

上海市川沙中学南校　朱丽敏

摘　要

《义务教育数学课程标准（2022年版）》进一步明确运算是数学的基本研究对象，也是数学的一种基本思维形式；通过提高运算能力，可以促进学生思维发展。本文围绕从肤浅到深入，快速联接新旧知识，在"变"与"不变"中感知知识的形成过程；从片面到全面，穿"思"导线，在"变与不变"中经历知识的探索过程；从割裂到整体，鼓励表征，在"变"与"不变"中感悟知识的应用过程，强调数学计算知识间的关联性和融合性。通过各种数学活动帮助学生形成"变与不变"的数学思想，培养学生推理能力，启迪学生解题智慧。

关键词

"变与不变思想"　知识形成　知识探索　知识应用

一、"变与不变"数学思想内涵

"变与不变"在小学数学中是一种重要的思想方法，也是数学世界里一个非常神奇的规律。伟大哲学家苏格拉底认为，世界上所有事物都在某些方面发生变化或消逝，但从某种程度上来说这些变化着的事物在某些方面却是相同的，那就是从不变化、从不消逝。世界万物局部变化，整体不变；表面变化，本质不变。"变与不变"的思想始终是一种唯物主义辩证思想，它能运用于数学教学中。

二、"变与不变"数学思想的运用和意义

大数学家毕达哥拉斯学派认为数是万物之源，数创造了万物，数产生了运算。数学运算作为数学的一种基本功，需要经过一定量的训练。《义务教育数学课程标准（2022年版）解读》一书中指出：对于数的运算要求由原来的"能熟练地口算20以内的加减法和表内乘除法、能口算简单的百以内的加减法和一位数乘除两位数。能计算两位数和三位数的加减法，一位数乘两位数、三位数，两位数乘两位数的乘法，两位数和三位数除以一位数的除法"修订为"探索加法和减法的算理与算法，会整数加减法。探索乘法与除法的算理和算法，会简单的整数乘除法。"

这种变化体现在小学数学计算教学中，即是从关注知识技能到关注学生思维形成过程的变化。《义务教育数学课程标准（2022年版）》（以下简称《数学课程标准》）明确运算是基本研究对象，也是数学的一种基本思维形式，教师需要更新原本直接让学生获得计算技能，通过大量题目的运算练习达到运算熟练的方法。《义务教育数学课程标准（2022年版）解读》中指出，通过数的运算和数量关系的学习，学生不仅学会计算和解题，更主要是理解逻辑推理的规则，形成合乎逻辑地思考问题和解决问题的思维方式。

在纷繁复杂的数学计算知识体系中，有不同符号的变化、有计算方法的变化，要找到其中的头绪，就是要抓住事物的本质，就可以不变应

万变。让学生充分感知"变与不变"的内在逻辑，激发学习关于计算的方法的研究和产生兴趣，促使学生思维发展。

三、"变与不变"数学思想的运用和实践

（一）从肤浅到深入，快速联接新旧知识，在"变"与"不变"中感知知识的形成过程

学生获取新知识不能一蹴而就，而是循序渐进，由简单到复杂的过程。数学知识往往是由已有知识触发新知识，数学又具有很强的逻辑性，能从原有知识中进行抽丝剥茧，探寻到不变的方法，观察新知识与旧知识的变化加以尝试解决问题。

比如，教学活动（沪教版三年级下册）两位数除多位数（商末尾有0的除法）例题是3780÷63，数比较大，学生一下子观察不了被除数十位和个位商的情况。本节课采用由旧知识得到的方法作为不变的规律，让学生进行知识迁移，进而学到新知识，产生思维的联结。

本节课先出两道已经学过的题目，131÷11=? 和 121÷11=? 教师问学生"这两道题怎样试商的？""两道题目的相同之处是什么？"

学生列竖式计算后发现两道题目试商的相同之处是除数都是两位数，两道题目的被除数都看了前两位数去除除数，都商到1（见图1）。

```
        1 1                          1 1
    ┌─────                        ┌─────
 1 1)1 3 1                     1 1)1 2 1
    1 1   ……10个11是110           1 1   ……10个11是110
    ───                           ───
      2 1                           1 1
      1 1 ……1个11是11                1 1 ……1个11是11
      ───                           ───
        1 0                             0
```

图1 列竖式计算 131÷11 和 121÷11

教师又出第三道题119÷11=？问学生"这时试商方法还一样吗？""看看商的情况有不同的地方吗？"

学生发现这些题都大同小异，立即跃跃欲试。他们马上发现试商方法是一样的，商的不同之处在于被除数的末尾不能除以除数了，此时应该商几？学生用以前的方法解释不够除就商0，同时用商×除数＋余数的方法加以验证结果的正确性（见图2）。

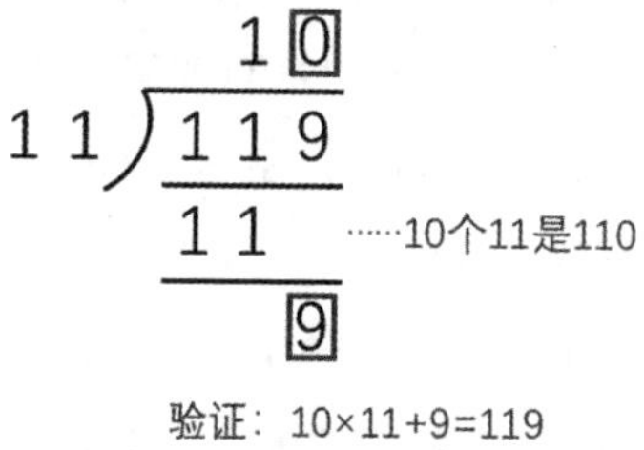

$$\begin{array}{r}1\boxed{0}\\11\overline{)119}\\\underline{11}\\\boxed{9}\end{array}$$ ……10个11是110

验证：10×11+9=119

图2　列竖式计算119÷11

以上3题商的方法不变，都是用被除数的前两位除以一个两位数；变的是商末尾产生0的情况。学生由旧知识中的商的方法迁移得到新知识题目中，得到正确的结果。接下去教师又要求学生观察三道题中出现商的末尾有0的情况跟哪个数位有关系？学生立即把目光聚焦到十位，发现十位余数是0的情况。这时学生初步发现不变中有变的蛛丝马迹。教师随即出示新例题，让学生尝试用发现的规律计算，学生通过计算立即发现这个四位数除以两位数的试商方法还是保持不变，被除数的前两位不够看前三位。此时十位出现余数为0，导致个位不够除以63，商又为0。学生立即发现情况和上一题一致，教师随即在把被除数十位由8变9，让学生再一次算一下结果，学生又发现这一题个位商也是0（见图3）。此时学生发现题目数字在变，商末尾结果不变，产生疑问"商末尾产生0还有情况？"

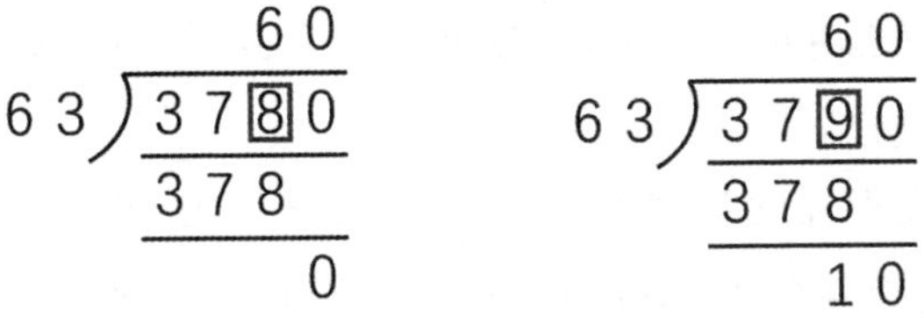

```
       6 0                    6 0
63 ) 3 7 [8] 0         63 ) 3 7 [9] 0
     3 7 8                   3 7 8
           0                      1 0
```

思考：个位商0，你发现了几种情况？

图3　商末尾产生0

学生经过讨论观察十位情况，发现十位的余数为0或十位余数小于除数十位，商一定为0。从题目中个位没有0到个位产生0，其中被除数中余数的变化让学生慢慢摸索发现产生商末尾有0的规律。

学生意犹未尽，为了进一步满足学生的探究欲望，课上可以设计如下练习。

（1）要使商的末尾有0，45□÷15，□里可填几？

（2）要使451□÷15，要使商的末尾有2个0，□可以填几？

（3）要使45□□÷15商的末尾只有1个0，□最大填几？

上述3个层次教学设计，第一层次依托原有知识，做好复习铺垫，被除数末尾小于除以除数时，让学生猜想如何商，学生学会初步验证，进一步明确算理；第二层次例题巩固算理，熟悉计算过程，观察何时会出现商末尾有0的情况；第三层次进行推理，深度思考要使商末尾有0被除数和除数有着怎样的关系。课上，3个层次的练习设计牢牢抓住计算中的思维，让学生从具体到抽象，通过计算的过程看计算的本质，追溯商末尾有0的根本原因。学生在一堂课中对一类题目有很好的整体思考，之后在研究商中间有0时学生也会发现竖式中变与不变的规律。由肤浅到深入，在"变"与"不变"中感知知识的形成过程，形成完美的思维推理链。

（二）从片面到全面，穿"思"导线，在"变与不变"中经历知识的探索过程

《数学课程标准》非常关注对学生数学思维能力的培养，要求培养学生算理、算法的探索能力，增加许多学生的感悟内容，即从学习即接受到学习即发现的学习方式的转变，通过观察、感悟、发现、反思等方式启蒙学生的代数思维。在对核心素养培养方面为我们指明了方向。在一堂数学课中，教师往往是要学生掌握一到两个知识点，学生在得到知识点之前是由教师帮助经历观察思考的过程，就好像由教师带学生进行一场探险之旅，从中始终能让学生的思维穿插跑动起来。教师带领学生发现一些数学问题和数学规律，再通过实践来感悟和运用知识。

如教学活动（沪教版四年级第二学期数学　上海教育出版社版）学习商不变的性质。教师先设计几道容易计算和容易观察的题目（见图4），让学生快速口算。

$2 \div 1 = 2$

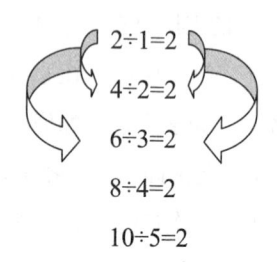

$4 \div 2 = 2$

$6 \div 3 = 2$

$8 \div 4 = 2$

$10 \div 5 = 2$

图4　容易计算和容易观察的题目

学生快速得到答案后，教师立即让学生观察式子，直接提出问题"这几道题目的中不变的是谁，变的是谁？""有规律变还是没有规律在变？"

学生说出了这几道题商不变，被除数和除数都是有规律地在变化。比如，第二题的被除数是第一题的2倍，除数是第一题的2倍；第三题

和第一题被除数和除数都是3倍关系；也有学生说第四题被除数和除数是第二题的2倍；等等。

这时趁热打铁，教师可以马上让学生用观察的结果计算下列题目。

2÷1=2

20÷10 =？

200÷100=？

2000÷1000=？

之后教师马上追问："在上述几道题目中你发现变的是谁？不变的是谁？""要使商不变，谁要有变化？""你还能写出几道商是2的除法算式？"

学生从几道题中发现被除数和除数有规律的发生变化，商依然是2。此时教师要穿针引线，马上再出几题让学生观察并说出有何规律？当学生发现此时结果符合被除数和除数同时除以或乘以一个不为0的相同数时，商不变。商不变的性质呼之欲出。"那你能根据以下题目的规律继续编下去吗？"

教师出示下列题目，问学生：

50÷5=10　　　　64÷4=16

5000÷500=？　　320÷20=？

……　　　　　　……

学生把刚刚观察到的不变的结论加以运用，编出250÷25=10，128÷8=16等题目，他们在编题中又一次穿插着"变与不变"这根思维之线得出商不变的真正含义。商不变的性质如果认识到这里，学生的知识还不够全面，为了防止片面理解，教师又可以抛出以下题目（见图5）。

师：请你看一下以下2组题商会变吗？

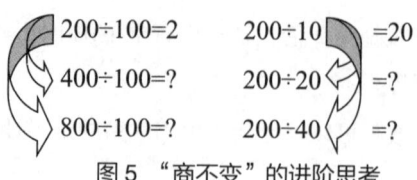

$200 \div 100 = 2$ $200 \div 10 = 20$

$400 \div 100 = ?$ $200 \div 20 = ?$

$800 \div 100 = ?$ $200 \div 40 = ?$

图5 "商不变"的进阶思考

学生陷入思考后得到结论：有两种情况，当被除数乘2，除数不变，商在原有基础上乘2得到结果；当被除数不变，除数乘2，商在原有基础上除以2得到结果。被除数和除数一个变另一个不变，商会变。

根据商不变性质，如果商有余数，情况也有变化，值得师生共同再探究，从不变的思维再一次中穿插变的思想，可以防止学生学到知识后产生固定思维。教师考虑到有余数的除法中该性质的运用，可出示下列问题，引导学生发现有余数除法中商不变性质的运用，进一步体会"变与不变"。

$3 \div 2 = 1 \cdots\cdots 1$

$30 \div 20 = （1）\cdots\cdots （10）$

$300 \div 100 = （1）\cdots\cdots （100）$

学生发现这3道题同样可运用商不变的性质，被除数和除数同时乘相同的数，商不变；但结果中的余数会有变化，通过验证，可以得到余数大小是随被除数和除数同时扩大的倍数而变化。

教师在商不变的性质的基础上设计不同层次的练习，让学生搞清楚具备什么条件商是不变的，具备什么条件商是会变的。其中抓住商不变引发的一些思考，让学生对计算性质的理解不断深化，有助于从不同角度理解弄通计算性质的真正含义。教师设计变与不变的练习，引导学生对不同题目进行观察，让学生的思维在课堂中穿插跑动，最终目的是让学生得到关于商不变的性质的清晰而又完整的概念。在学习中，学生往往会惊叹数学扑朔迷离的美，当他们发现被除数和除数一个变一个不变，商会变时，学生的知识由一组题的片面理解拓展到几组题的全面理解，领悟由被除数和除数和商之间的依存关系，过程中不乏有穿"思"导线，在"变与不变"中经历知识的探索过程。

（三）从割裂到整体，图像表征，在"变"与"不变"中感悟知识的应用过程

表征是通过某种方式来表示或展示某个事物的特征、性质和状态。数学问题的呈现情境不尽相同，但是其内在逻辑是相同的。如果能抓住数学问题的关键来构建一定的数学模型，看出现象寻本质，积极表征，从纷繁复杂的各种题型中找到根本数学问题，解题就可以轻车熟路驾驭。

沪教版三年级第二学期"乘与除"一课中，要求学生编写出"两位数乘两位数"积最大和最小的题。学生先用估算方法得出积最大时两个因数十位上一定是8和9，有83×94和84×93；两个算式到底哪个积最大呢？学生提出两种方法，算一算或分拆的方法。83×94=83×93+83×1 84×93=83×93+1×93，显然84×93的积大。得出结论，两数和不变，差越接近，乘积越大。此时，教师可以引导学生画出长方形图形进行比较面积大小，图像表征能让学生迅速发现结果。

在三年级第二学期"数学广场——谁围出的面积最大"一课中，教师给出20、24根火柴棒要求学生设计不同的长方形，学生通过摆一摆20根小棒能围出5种不同的长方形，24根小棒能围出6种不同的长方形，经过2种周长情况图形的观察，在周长不变的情况下，长和宽的数量差越接近，它们的积就越大。由所摆的图抽象出算式，学生再利用图形结合的方法进行观察得到其中变与不变的量，继而得出规律。

在学习小数乘法横式计算时，出示3道题4×26、4×2.6、4×0.26，学生通过观察找出不变的是4×26的积，变的是4×2.6积缩小至原来的

1/10，4×0.26的积要缩小至原来的1/100。如何让验证结果，学生用画图来检验结果的正确性。

在小数除法教学时，先引入横式计算，设计成如图6所示的形式，引导学生发现小数除法计算中变的是整数变小数，不变的是可以小数除法可以转化成整数除法计算，利用商不变的性质解决问题。

8.6 ÷ 0.4 = (21.5)	12.4 ÷ 0.31 = (40)	2.52 ÷ 3.6 = (0.7)
↓×10 ↓×10	↓×100 ↓×100	↓×10 ↓×10
(86) ÷ (4) = (21.5)	(1240) ÷ (31) = (40)	(25.2) ÷ (36) = (0.7)

图6 除法教学设计

四、"变与不变"思想在数学计算教学中的成效

（一）主动思考，构建知识框架

主动学习是小学计算能力素养培养的关键。通过"变与不变"的教学思想的渗透，学生上课思维活跃，经常能在从一组题中得出共同的规律之后轻松整合新知识。小学整数计算的两三位数加减和多位数加减中，横式计算中利用分拆方法是不变的，竖式计算中数位对齐后进退位方法是不变的；小数计算方法可以利用整数计算方法得到结果。小学阶段的计算存在着很多关联性，关键是教师要把知识串起来，以学生主动构建知识为中心展开，以不变应万变完整构建计算框架。

（二）主动融合，形成有序思维

有序思维，就是指思考和解决问题时遵循一定的顺序，按照特定的线索和步骤去探索的一种思维方式。数学知识是一条明线，数学思想是一条暗线。在运用变与不变的数学思想时，教师通过精心设计题目，提出观察性的问题、设计环环相扣的教学环节，为学生搭好脚手架，学生

会根据一定的逻辑观察得到"变与不变"的知识技巧。长此以往，知识和思维主动融合，学生轻松穿梭于思维的变化中，穿梭于知识体系中，真正感悟知识的发生、经历知识的辨析，容易形成有序思维，直至掌握知识的内涵。

参考文献

［1］王锡芳.小学数学"变中有不变"思想的实践与思考［J］.小学教学研究，2021（25）：72—73.

［2］史宁中，曹一鸣.义务教育数学课程标准（2022年版）解读［M］.北京：北京师范大学出版社，2022.

［3］戴曙光.简单教数学［M］.上海：华东师范大学出版社，2012.

［4］曹一鸣.新版课程标准解析与教学指导：小学数学.2022版［M］.北京：北京师范大学出版社，2022.

尺规作图在小学数学几何领域中的应用研究

上海市川沙中学南校　卢倩君

摘　要

《义务教育数学课程标准（2022年版）》在小学几何领域中新增了尺规作图的内容，尺规作图能够提高小学生的动手操作能力，也是小学生培养自身几何直观和推理意识的主要方法。只有熟悉尺规作图的解题策略，才能明白图形所反映的知识本质，从而更加深刻地理解并掌握几何知识。

关键词

尺规作图　几何直观　图形特征

尺规作图作为一项起源于古希腊的数学课题，有着悠久的历史，并且对后续整个数学学科的发展都有着极大的影响。因为几何作图更加直观，所以其内在的逻辑性远远胜过代数逻辑。古希腊人在钻研几何学时只使用直尺和圆规，因为在他们看来无论是多么复杂的图形，都可以凭借着自身的智慧，用没有刻度的直尺和圆规来完成，这样做同时也是为了更好地训练自己的逻辑思维能力。而在小学阶段的数学教学中，小学生通过用直尺和圆规作图可以让创造出的图案更加地精准，既符合了学科的严谨性，又在动手操作的过程中明白知识间的关联，加深对于几何知识的理解。《义务教育数学课程标准（2022年版）》（以下简称《数学课程标准》）也对尺规作图的课程内容提出了明确要求，见表1。

表1 《数学课程标准》尺规作图课程内容

课程内容	学段	具体内容	内容主题
内容要求	第二学段	会用直尺和圆规作一条线段等于已知线段	作等长线段
学业要求	第二学段	经历用直尺和圆规将三角形的三条边画到一条直线上的过程，直观感受三角形的周长	
教学提示	第二学段	图形的周长教学可以借助用直尺和圆规作图的方法，引导学生自主探索三角形的周长，感知线段长度的可加性，理解三角形的周长	
	第三学段	图形的认识教学要引导学生经历基于给定线段用直尺和圆规作三角形的过程，探索三角形任意两边之和大于第三边，并说出其中的道理	作三角形

一、尺规作图培养几何直观意识

"在认识线段基础上，引导学生用直尺和圆规作给定线段的等长线段，感知线段长度与两点间距离的关系。"这是《数学课程标准》在第二学段提出需要用尺规作图完成的任务。这里需要学生独立思考：有哪些方法可以画出一条与线段 a（见图1）相等的线段？

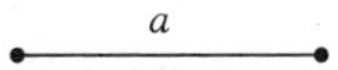

a

图1 线段 a

先让学生动手选择合适的作图工具画一画，独立完成后组内交流画法，同学们经过激烈的小组讨论得出了3种方法：方法一，用有刻度的直尺量出这条线段的长度，然后就可以画出线段；方法二，用圆规的两

个脚分别对准线段 a 的两个端点，圆规两脚顶点连出线段；方法三，用圆规比出线段 a 的长度后，选定一个端点为圆规针尖脚的位置，以给出线段 a 的长度为半径画弧，再连出线段（见图2）；然后全班一起比较和探讨这3种方法的共同点和优缺点，讨论后，学生们发现第三种方法是最好的，因为第三种方法不需要测量出线段的具体长度，让作图操作更加简便，尽可能减小了误差，并且该方法画出的线段更加精确。

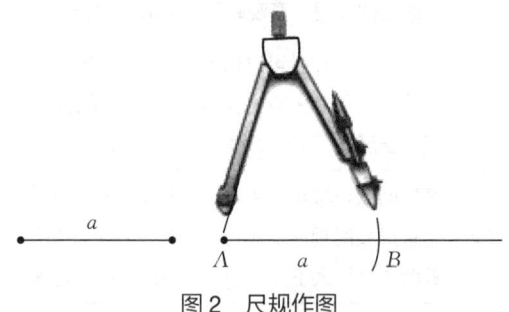

图2 尺规作图

在整个过程中让学生通过尺规作图的方法，来形成对几何图形的感觉，感受线段和点的关系。了解两点可以形成线段，直尺可以画出直线，圆规两脚可以测出线段的长度。在这个内容中，既探究了尺规在比较线段中的作用，又通过合作实验，体会到尺规作图的科学性和便捷性，也体会到了"圆规是把旋转尺"这一概念，不但能准确地画出与线段 a 相等的线段，而且能快速画出很多条一样长的线段。几何直观一直都是小学数学的主要核心素养。因此我们在教学过程中需要积极引导学生进行动手实践并且开动脑筋，让学生在对几何对象进行直观的感知的同时再学会如何用几何的方法来表达，这样的教学方式会使学生对数学有更直观的理解。在学生们亲自动手用尺规构建出各种不同图形的过程中，他们能够清晰地观察这些图形是怎样形成的，能更好地理解一些图形的特征。在整个过程当中，学生们需要不停地考虑如何选择恰当的长度、如何用直尺和圆规来验证自己的结论。这种思考的过程能帮助学生们建立一种更直观的感受，增强空间观念。

▸ 二、尺规作图加深对图形特征的理解

在"周长的认识"这块内容中有一道题目是让学生通过直尺和圆规把三角形的 3 条边依次画到同一条直线上。在做题过程中，有同学将大拇指和食指分开成三角形边 a 相等的长度。然后用相同的方法分别取与三角形边另外两条边相等的长度，然后将它们依次排在一条直线上。虽然整个过程已经足够小心谨慎，但同学们还是能感觉到用手指头这样比划的时候，手指头会因为紧张而不由自主地颤动，导致结果不是非常的准确，最终得到的线段长度会和三角形的实际周长有较大的偏差。那么究竟如何才能确保最终画出的线段与原来三角形的实际周长长度一样呢？这里我们就需要鼓励学生们尝试其他的方法和工具。在引导后，有的学生拿起圆规，用圆规的两只脚分别对准三角形某一条边的两个端点，以此确定边的长度，再移动到射线上截取一段线段（见图 3）。

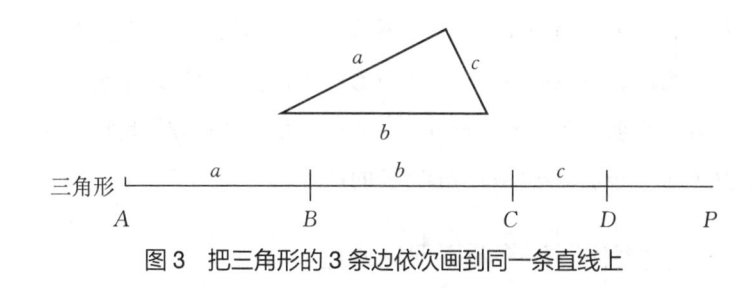

图 3 把三角形的 3 条边依次画到同一条直线上

正是因为圆规这个工具有一定的稳固性，所以在移动过程中圆规两脚之间的距离并不会改变。通过这样的一个实践探索过程，一方面学生发现用手比划是不准确的，使用尺规作图会更加的严谨，另一方面线段

是具有可加性。在学习过了用直尺和圆规作与已知线段相等长度的线段，将三角形的3条边依次画在同一条直线上后，学生们还可以自主探索其他图形的周长，如正方形（见图4）、梯形、五边形等等，直观感受图形的周长。

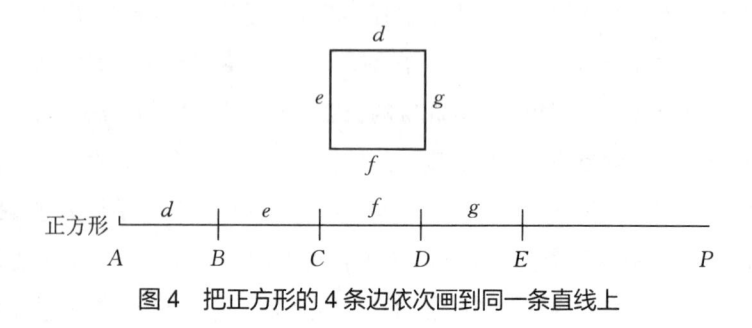

图4 把正方形的4条边依次画到同一条直线上

当学生用尺规作图构建出各种图形时，他们能够更加清晰直观地认识到图形的大小、形状和位置关系。如在画一个正方形时，学生需要保证每一条边的长度都是相等的，每个角度的角度都是90°。这样能让他们更加深入地掌握和理解正方形的特征，即正方形的四边相等、四角相等。尺规作图的过程中还能让学生看到不同图形间的转化关系。如在画一个长方形时，可以通过将一个正方形的边拉长或缩短来实现。这种过程可以让学生明白正方形与长方形之间的联系，即正方形是特殊的长方形。从而进一步加深学生对图形特征的理解。

三、尺规作图使作图原理痕迹化

作图题中的作图痕迹是学生作图过程和作图思路的体现，能有效地反映学生的作图能力和作图技巧，也能够更好地评价和了解每一位学生的作图水平，尺规作图就是能很好保留作图痕迹的一种方法。以"画三角形"为例，出示线段 a，线段 b 和线段 c（见图 5），这 3 条线段是某个三角形的 3 条边。你能画出这个三角形的样子吗？

线段 a：————
线段 b：—————
线段 c：——————

图 5　线段 a、b、c

大部分学生首先想到的方法是用一把带有刻度的直尺不断地尝试，但是由于这 3 条线段都有各自固定的长度，在这种情况下同学们很难一次性直接摆出图形，只有通过一次次细微的调整后才能让线段相交最终摆出三角形（见图 6）。

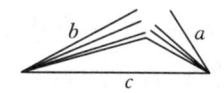

图 6　不断调整最终摆出三角形

另外一部分同学受到之前学习过尺规作等长线段的启示，联想到能够用圆规来画弧线，使用圆规的针脚为端点，线段长度为半径，所画出的两条弧线相交的交点就是三角形的另一个顶点（见图 7）。

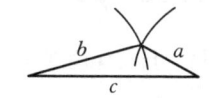

图 7　尺规作图画出三角形

在整个教学过程中，我们要通过尝试各种方法来引导学生进行思考，如何才能更准确、更迅速、更简单地去找到三角形的另一个顶点。同时要在整个过程中，提醒学生养成保留思考留痕的习惯，学生也可以通过这些保留的痕迹了解自己学习调整的过程，更方便学生进行观察比较。在图7的方法中，取线段 a 的长度作弧线，弧线上任意一点到左端点的位置都与线段 a 的长度相等，再取线段 b 的长度作弧线，两条弧线代替了一条条长度相等的线段，当两条弧线相交时，交点就是线段 a 和线段 b 相交的点，也就是三角形顶点的位置。通过对图6、图7两种方法的比较，学生可以体会到用尺规作图寻找三角形顶点的直观和精准。在作图过程中学生们还会发现，无论先画哪一条线段，最后呈现出的三角形其大小和形状是唯一的，由此体会三角形的稳定性。

在作角平分线这类题目中，作图原理的痕迹也是很重要的。学生需要用直尺画出两条相交的线，画出一个任意大小的角。把圆规的针尖脚放在角的顶点上，画出一条弧线，与角的两条边相交于两点；接着，以弧线和边相交的那个点为支点，圆规两脚之间的距离保持不变，在角的两条边之间再画出一条弧线。同理，在弧线和边相交的另一个点处也画出一条弧线，和刚才的那条弧线在角的两条边之间相交于一点。用直尺把这个点和角的顶点相连接，就得到了一条角平分线（见图8）。

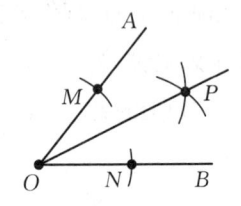

图8 尺规作角平分线

保留作图痕迹能帮助学生理解各种图形的性质和结构。通过观察作图过程中的每一个步骤和细节，学生们可以更加深入地理解图形的构造方法和性质特点。并且学生能通过这些作图痕迹检查自己之前的解题过程是否有遗漏或者不恰当的地方。在学生们交流和探讨解题的过程时，能够清楚地表达他们自己的解题思路，方便了学生自行来回顾解题策略,也方便了教师和学生之间的互动、学生和学生之间的互动,从而产生了丰富思维的碰撞,实现了思维能力和解题能力的增长。

四、尺规作图激发创造力

在整个小学阶段的数学学习中,图形与几何是非常重要的一个板块。在教学过程中,我们不能一味地让学生死记硬背一些方式方法,而是要培养他们对尺规作图的学习兴趣。尺规作图要求学生们能够运用几何知识来构造不同形状的图形,面对一个新的任务,同学们需要自己去探索路径,探索的过程也萌发了创新的思维,甚至可以尝试设计出自己的图形或者能够解决更加烦琐的问题,这种挖掘挑战困难的过程能够鼓励学生们打破常规,探索出新的解决策略,激发学生的创新思维。

在学习画角时,我们可以通过动态演示的方法,使角的大小变化过程更加生动,惟妙惟肖地展现在学生们的面前,让他们对于作图这件事情更感兴趣。在学习画圆时,我们可以把体育老师在操场上画圆的视频放给学生们看,明白体育老师的脚是圆心,体育老师的手是半径,形象地展示了画圆的动态过程,也让学生们真切地体会到几何源于生活。在学习多边形时,我们也可以拓展多边形的画法,让同学们见识到几何的精妙绝伦。

在课上如有多余时间,我们可以给学生们介绍一些尺规作图的大师和作品。比如,来自委内瑞拉的艺术家 Rafael Araujo 单靠着尺、铅笔、圆规、量角器等数学中常用到的工具,探索着数学与大自然间的奥秘。这些精密复杂、美轮美奂的画作(见图9),全都是没用任何的绘图软件,而是用双手和简单的工具画出来的。Rafael Araujo 把数学中的黄金分割率、黄金螺旋法则、斐波纳契数列等公式进行结合,绘画出了有规律而又复杂美丽的艺术图案。

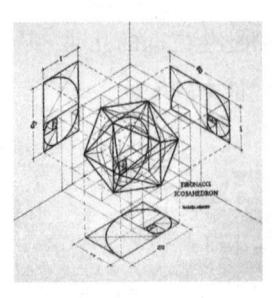

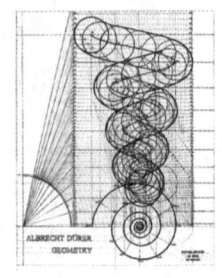

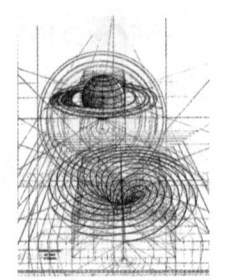

图9 Rafael Araujo 作品

学生想象出的图形变化和其构造过程，是创造性思维的重要呈现，需要在心中预想构造图形的步骤和图形的最终形态，很好地锻炼了学生的空间想象能力。尺规作图的对称性和精确性能够创造出赏心悦目的图形，这不仅能让学生们体验到数学之美，还能激发学生在创作中追求美感，促进了审美创造力的发展。在掌握了尺规作图的基本技能后，学生能够把抽象的数学概念转化成具体的视觉形式，从理论到实践的转化过程往往才是发挥创造力的重要环节。在教学过程中，我们可以给学生设置开放式的任务，鼓励他们探索不同解决方案。设置尺规作图创意比赛，进一步激发创造潜能。还可在校园内展示学生的尺规作图优秀作品，增强他们的参与感和竞争意识，激发学生的学习兴趣，提高创造力。

五、结语

尺规作图作为几何领域的经典分支，意义不局限于数学教育的基础训练，还蕴含着丰富的价值。尺规作图的过程强化了学生的几何直觉和空间想象力，也是培养学生问题解决能力和逻辑推理能力的重要途径。尺规所作的图形都具有对称性、比例美，能够激发学生的创造力和审美情趣。在用尺规作图精确构造图形的过程中，能体现数学的形式美和简洁美。虽然现代化的技术已广泛采用计算机辅助设计，但尺规作图的基本原理在现代几何设计、建筑设计、工程制图等领域中依旧是不可或缺的基础。尺规作图不仅是小学数学几何领域中的一项基本技能，更是培养学生几何直观意识、审美能力及创新能力的重要途径，其价值跨越了数学本身，延伸至文化和科技等多个领域。

参考文献

[1] 中华人民共和国教育部. 义务教育数学课程标准（2022年版）[M]. 北京：北京师范大学出版社，2022.

[2] 孙晓天，张丹. 义务教育数学课程标准（2022年版）课例式解读：小学数学[M]. 北京：教育科学出版社，2022.

[3] 梅向明，周春荔. 尺规作图话古今[M]. 长沙：湖南教育出版社，2000.

[4] 邓昌滨. 在知识联系中把握本质，在迁移运用中感悟通法："尺规作图的再认识"专题复习课教学设计与思考[J]. 教育研究与评论（中学教育教学版），2022（8）：42—47.

[5] 顾香才. 归纳来"推断"，演绎去"验证"：在"尺规作图"教学中领悟波利亚的解题思想[J]. 中学数学，2021（4）：21—22.

[6] 芮金芳. 尺规作图的教学价值新厘定及教学路径新视角[J]. 教学与管理，2022（8）：51—54.

[7] 黄幼红. 小学数学尺规作图教学中核心素养培育的"三讲究"：以"用尺规作等长线段"教学为例[J]. 小学数学教师，2023（3）：60—63.

小学劳技教学中培养学生自主学习能力策略的研究

上海市川沙中学南校 费 妮

摘 要

劳技作为一门实践性较强的学科，在学习过程中需要将学生自身的主观能动性融入自主学习和探究中，由此才能不断提高学生的实践技能。这意味着教师在教学活动开展过程中需要集中精力，做好对学生自主学习能力的培养，以此使课程的育人价值得以全面体现。这也意味着教师需要正确认识课程和学生自主学习能力的重要意义，结合目前教学活动面临的制约因素来对教学活动进行持续优化，以满足学生学习和成长的实际需要。

关键词

劳技 自主学习能力 策略

教育家波利亚指出，教师在课堂上讲了些什么并不重要，学生想了些什么重要千万倍。劳技课大多以讲解—示范—模仿的教学模式为主，很多时候忽视了学生自主学习的能力。因此，尝试着重构劳技的课堂教学，以实践、体验探究学习为基点，使学生从"学会技术"转变为"会学技术"，提高创新精神和实践能力。

一、小学劳技教学中培养学生自主学习能力的必要性

（一）激发学生创造性思维的必然要求

目前国家正在积极推进新课程改革，倡导对学生创造性思维的培养。对于学生而言，创造性思维培养是建立在学生自主学习基础之上而形成的一项能力。劳技课作为一门与现实生活有着密切联系且实践性极强的学科，在教学活动开展过程中，需要学生面对来自各方面的挑战，通过亲自动手来寻找解决各种问题的方案，在学生思考和实践的过程中，就能使学生的创造性思维得到培养和提升。

（二）培养学生解决问题能力的必然要求

在学生成长过程中，会遇到来自各方面的问题，遇到问题之后，只有通过亲自动手解决问题，才能使学生更有效地应用自己已经学过的知识。所以在教学活动开展过程中，教师要将注意力集中在培养学生的自主学习能力上，通过此项活动的开展，激发出学生解决问题的内驱动力，由此学生们就会深入到问题之中，探寻问题答案，当学生具备了相关能力之后，其解决问题的能力就能得到显著提升，为今后更好地融入现实生活奠定更加坚实的基础。

（三）增强学生自我管理能力的必然要求

自我管理能力对于帮助学生更好地融入学习和生活中发挥着重要作用。在新课程改革持续推进的背景下，教师所开展的教学活动更加注重体现学生在教学活动中的主体性地位，这就意味着学生必须要具备一定的自我管理能力，从而更好地融入教师组织开展的各类学习活动中。在劳技教学中，教师对学生自主学习能力进行有针对性的培养，可以帮助学生更好地掌握独立开展实验和研究的方法，同时也能使学生学会设定目标、制定计划、自我监督和评估进展，这些都会帮助学生不断提高个

人的自我管理能力，使学生能够积极面对未来的学习与成长，所以教师在教学过程中要不断加大对学生自主学习能力的培养，帮助学生适应新形势下的学习需要。

二、小学劳技教学中培养学生自主学习能力面临的问题

（一）学生的参与程度

劳技教学中培养学生自主学习能力需要学生积极参与形式多样的教学活动，尽管在目前的教学实践中，教师对于激发学生参与教学活动的积极性给予了高度关注，但是开展的各类教学活动都存在着趣味性不足的问题，很多教师习惯于围绕教材中的内容和项目来组织开展教学，没有充分融入现实生活中的相关内容对活动进行改造。在此背景下所组织开展的实践活动就很难吸引学生的积极参与。由于这些问题在教学实践中普遍存在，所以学生参与相关活动的积极性受到了很大影响，这一情况在目前已经成为严重制约学生自主学习能力培养的因素，需要教师认真对问题进行分析，并在此基础上探索提升教学活动趣味性的方法，以适应当前的教学需要。

（二）教师的教学设计

教师的教学设计也会从不同层面影响学生自主学习能力的培养。劳技是一门实践性较强的综合性学科，在教学活动开展过程中需要教师结合学生的心理认知特点来做好教学设计，以培养学生的创新意识和动手能力；也需要教师创设不同的教学情境，为学生提供丰富多彩的教学资源，满足学生学习的实际需要。但是在当前所开展的教学实践中，教师的教学设计存在着教学情境创设方面的不足，导致学生很难在问题情境中深入展开探索，对学生自主学习能力的形成，产生了不利影响。

（三）教学的评价方式

教学的评价方式会极大地激发学生自主学习的积极性。在目前的劳技教学实践中，多数教师都习惯于以教师评价为主，不仅评价方式过于单一，而且围绕劳动成果对学生展开教学评价，这种教学评价方式过于注重结果，忽视了对劳动过程的关注，导致学生在实践过程中的精彩表现很难在教学评价中予以体现。这会导致部分学生自主学习的积极性受到打击，同时制约教师教学活动的开展，所以这些问题需要引起教师的高度关注，需要积极采取措施加以改进。

三、小学劳技教学中培养学生自主学习能力需要遵循的原则

（一）实践导向原则

在劳技教学活动中培养学生自主学习能力，必须要遵循实践导向原则，要借助这一原则的有效应用使教师组织开展的教学活动更具实践性，通过这种方法的有效应用，才能为学生设计出更多与现实生活息息相关的实践项目，使学生在实践中各方面能力都得到培养和提升。教师要积极对教材内容进行深入挖掘，以实践为导向，对教学设计进行持续优化，以适应教学活动开展的最新需要。

（二）问题驱动原则

在教学实践中，教师需要遵循问题驱动原则来展开教学设计，在教学活动开始之前教师可以围绕教学主题设计出有针对性的问题，使学生围绕具体的问题来开展劳动实践，通过这种方法的有效应用，能够使学生的求知欲和好奇心得到充分激发，在此基础上就能帮助学生不断提升自主学习能力，并融入形式多样的劳动实践活动中，使学生能够借助自主学习来解决各种问题。

（三）跨学科融合原则

劳技属于综合性学科，在实践过程中可能会涉及各个学科的知识点，所以教师在教学过程中，需要立足于跨学科融合的原则，不断丰富教学内涵，鼓励学生在实践过程中充分运用自己所学到的各科知识来对问题进行全面分析，通过自主学习来寻找解决问题的方法，并在相互学习和相互借鉴中开展有针对性的合作学习，互相借鉴学习经验，使自身能够更有针对性地开展教学活动。通过跨学科融合，学生就会在实践中综合运用多学科知识，使自身的自主学习能力得到培养和提升。

四、小学劳技教学中培养学生自主学习能力的实施策略

（一）激发兴趣，引起学生主动参与

兴趣是学习之母，是学习的动力。皮亚杰曾经说过："一切有效的工作必须以兴趣为先决条件。"兴趣是学习的先导，教师要充分挖掘，精心设置适宜学生的内容，让学生对学习的内容产生兴趣，调动学生自主学习的积极性，才能取得事半功倍的效果。

比如，在教学四年级第一学期"定量茶叶盒"这课时，我先让学生玩个倒茶叶的小游戏，分别给两个大小相同的杯子里倒茶叶，要求往每个杯子里倒一次，进去的量要一样（见图1）。小游戏引发兴趣，下面的学生纷纷举手跃跃欲试。结果，上来的学生倒了很多次都以失败告终。正当大家在失望的时候，我拿出本课要求学习制作的茶叶盒（见图2），举高倒给学生们看，一下子成功了，学生们惊叹不已。"你们想不想知道为什么它这么神奇？我们能不能从书上找到答案？"一连串的发问，又引发好奇心，学生的兴趣顿时又高涨起来，纷纷打开书本翻书寻找。在这过程中有学生说出自己的想法并找到了原因。这时我加星鼓励回答问题的学生，并进一步调动其他学生的积极性，"看，我这里还

有很多闪亮的星星，你们要继续动脑筋，想想在我们制作的过程分别要注意些什么呢……"学生的好奇心一旦被打开，自然乐于面对智慧的挑战，并且自信满满地找到了确切的答案。

图1　倒茶叶小游戏　　　　图2　定量茶叶盒

教师在培养学生自主学习能力的过程中，要将激发学生学习兴趣放在首位，以此设计出充满趣味性的教学活动，在设计相关教学内容的过程中，要结合学生的现实生活以及知识点的趣味应用来对劳技的具体内容进行优化设计，着力提升实践活动的趣味性，以此就能使学生在兴趣的驱使下，更好地参与形式多样的教学实践活动，在积极参与的过程中学生就能更好地开展自主学习，充分感受到学习的乐趣。

（二）营造环境，助力主动探究意识

在教学过程中，教师应创建让学生主动参与的教学环境，营造轻松的课堂气氛，使学生能够在这样的氛围中获得学习的动机，主动地参与学习活动。这意味着教师在教学实践中要将营造良好的自主学习环境作为教学活动的重点，可以围绕培养学生主动探究意识来做好教学情境创设，结合具体的劳动实践项目和问题情境，吸引学生积极参与探究活动。

比如，我经常让学生把他们做得好的且有难度的作业留在教室里（见图3），营造良好的环境氛围给后面的学生带来学习的积极性。学生一进教室就眼前一亮,看到桌上一个个漂亮的作品展现在他们面前,嘴里不由得发出阵阵惊叹声:"哇,谁这么厉害?做得好美、好精致呀。""几班的呀?小手真巧呀……"此时,教室的布置把学生们深深地吸引住了。我也及时抓住他们此刻羡慕的心情,趁热打铁地告诉他们今天就来制作桌子上的作品,眼前的作品做得好吗?有没有信心做得比桌上的更好?因为有了很多作品的比较,他们会认真观察研究,在自己动手制作时会胸有成竹;又因为认真观察他们会发现到一些问题,提前进行改进,当学生发现自己完成的作品比桌上的更漂亮时,个个露出了兴奋的笑容。

图3 留在教室里的作业

通过这些措施的有效应用,学生就会改变对课程的认识,教师也能以此为契机引领学生充分融入形式多样的实践活动中。学生通过亲自动脑、动手参与实践,体验到自主学习的快乐。

(三)创造条件,提升自主探究能力

对于小学生而言,他们对探索现实生活中的各种趣味问题充满了兴趣,传统的教学实践活动之所以无法取得理想效果,主要原因在于教学活动没有为学生创造主动探究的条件。在大多数情况下,都是借助教师讲解的方式直接告诉学生问题的答案。在这种教学模式下,学生并不会主动深入到对问题的探究过程中,也很难体验到探究的快乐。

比如，四年级第二学期"防风衣架"这课，上课时，我先让学生把之前做好的普通衣架挂在教室里的绳子上，然后，我故意跟他们说教室里太闷，把风扇开到了最大。大风一吹，把学生们制作的衣架一个个吹到了地上。这时，我假装着急地问他们，遇到这种情况，该怎么办？有什么办法让衣架不掉下来呀？学生们看着掉落一地的衣架，场面一下子安静了。突然，一个学生兴奋地举起小手，说出了他的改进方案，"我可以改进挂钩，在挂钩上装一根铁丝封住挂钩。"此话一出，其他学生恍然大悟，就如一石激起千层浪。这时，许多小手纷纷举了起来，争先恐后地说出了自己的想法。看到学生们兴奋的神情，那种自主探究的时刻到了，此时此刻是让他们把自己想到的防风衣架画出来的最佳时间。于是，我跟他们说："接下去，检查你们美术课上学到的本领，把你们的想法画出来吧……"听到画画，学生的学习积极性更高了，跨学科教学在此时也实现了完美融合（见图4）。

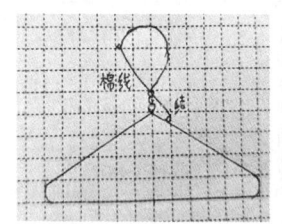

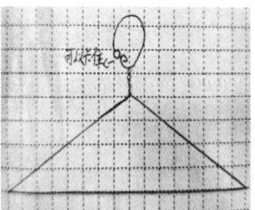

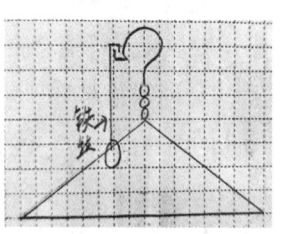

图4 学生画出的防风衣架

教师将注意力集中在为学生探究活动创造条件上，在学生探究的过程中，为学生提供有针对性的学习支持和丰富多彩的学习资源，同时在不同时间点对学生进行有针对性的指导，使学生能够在教师的帮助下解决瓶颈问题，当我们的学生在自己主动参与下获得成功时，他们心情愉悦、精神振奋，创造意识会增强，就会产生强大的内部驱动力。

（四）多样评价，促进自主学习发展

对学生开展教学活动，培养学生自主学习的过程中，教师要充分认识到教学评价对于强化引领的重要性。针对这一情况，教师在教学活动开展过程中，要积极转变教学评价方式，在教学活动开展的不同环节要充分运用如教师的评价、学生的自评和互评、图表评价等方式对学生作出恰当的评价。

比如，以往的课堂评价多以教师为主。教师经常以"你真棒""你还需要在哪里改进"等这些笼统、只关注结果的方式，学生的学习积极性也会因枯燥乏味的激励方式而降低。新颖的、有创造性的评价形式既能让学生得到学习成功的满足，又能提高学生学习的方向。以五年级第一学期木工"笔架"为例，学生通过前面的课已经掌握一定的锯割技术，在这节课即将结束时，我请学生相互评价。在这互评环节，学生们热情高涨，俨然一副小老师的样子，他们围绕着对方的作品仔细观察、研究并进行点评，如"看，你笔架这边锯得真直呀，但这个地方拉锯速度放慢点可能会更直""你的笔架摸上去有点粗糙，可以再打磨一下""你的锯割水平真高，若设计再新颖点，那就更好了……"通过同伴间的面对面评价，评价者能发现自己作品存在不足之处，促使自己及时的调整和改进，被评价的同学能更清楚地了解自己学习成果，知道锯割速度减慢作品的边就会更直、打磨要有耐心、设计的作品要与众不同

图5 学生互评并改进作品

等，从而调整自己的学习策略（见图5）。

通过不同形式的评价在不同环节有效应用，使教师与学生、学生与学生之间建立起良好的互动关系。同时学生也会以更加积极的态度参与课堂活动，在师生的共同努力下，更好地引领学生融入自主学习和探究中。

五、培养学生自主学习能力策略的成效与思考

（一）培养学生自主学习能力策略的成效

1. 成功激发了学生参与教学活动的积极性

在劳技课程教学过程中，激发学生参与教学活动的积极性是教学活动取得理想效果的前提。在具体教学探究的过程中，通过情景的创设、环境的布置等，使学生能够将自己在现实生活中的知识和经验进行有效迁移，通过这些方法，使学生充分感受到学习所带来的乐趣，从而使学生参与教学活动的积极性得到了充分激发。

2. 积极为学生自主探究和参与各种评价创造机会

这些方法的有效运用，加强了对学生自主学习能力的培养，同时也为学生参与教学评价创造了机会。学生不仅能够聆听到其他同学提出的建议，而且能站在教学评价者的角色来对其他同学的作品进行评价。更重要的是，使学生进一步了解了评价的标准，为下一步教学活动的开展奠定了坚实基础。

（二）培养学生自主学习能力策略的思考

在研究的过程中，通过多种方法来对学生的自主学习能力进行培养，也取得了良好的教学效果，但是结合对目前教学活动所作的反思依然可以发现，教学活动存在着一些问题和不足。因此，在下一步的教学活动中我将进一步丰富课程教学的内涵，融入学生感兴趣的趣味化资

源。进一步加强教学活动与现实生活的联系,不断加大对教学资源的整合力度,使学生能够在生活化教学情境中学习更多与现实生活息息相关的劳动技能。同时,强化过程评价力度,完善评价指标,及时发现学生在学习过程中存在的问题和不足并做好教学反馈,从而借助过程评价来及时发现学生存在的问题,并指导学生有针对性地加以改进。

六、结语

在劳技课上培养学生自主学习能力,对教师而言是严峻的挑战,也是适应新课程改革的必然要求。教师在教学过程中要对此项教学活动予以高度关注,认真做好对目前教学活动的反思,在教学设计过程中着力提升活动的趣味性,给学生自主学习和自主探究创造条件。同时也要认真对教学评价方式进行优化和改进,使学生成为教学活动的主体,由此学生就能在主动参与实践活动的过程中不断提升自身的综合能力。

参考文献

[1] 陈韬春.中小学劳动教育的现状与提升:基于大规模调查数据的分析[J].教育研究,2022,43(11):102—112.

[2] 金芳琴."五育并举"理念下的新时代小学劳动教育创新实践与研究[J].读与写:上旬,2022(12):52—54.

[3] 马志颖,刘霞.核心素养视域下的小学劳动教育研究[J].教学与管理,2023(6):22—26.

[4] 马志颖,张娜.新时代中小学劳动教育课程的功能定位与实践反思[J].教育导刊,2022(10):45—52.

[5] 李群,王荣珍.中小学劳动教育课程体系建构的策略与方法[J].教育家,2022(47):30—31.

基于核心素养构建小学低年级数学作业新样态
——以一年级数学第二学期《我是度量小能手》综合实践作业为例

上海市浦东新区东港小学 吴凤芬

摘 要

《义务教育数学课程标准（2022年版）》将数学核心素养定义为"三会"，即会用数学的眼光观察现实世界；会用数学的思维思考现实世界；会用数学的语言表达现实世界。在小学阶段，核心素养主要体现在数感、量感、运算能力、符号意识、几何直观、空间观念、数据意识、推理意识、应用意识、模型意识、创新意识。随着"双减"政策的落地，国家课程改革持续深入，彰显出了国家对教育去产业化的决心，也凸显了教育要回归本质的初心。对于教师而言，落实"双减"政策的重心就在于作业设计，其中"减负""增效"成为两个关键词，"创新""优化"成为两个关键环节。特别是低年级数学不能有书面回家作业后，更是对数学教师提出了更高的要求，而综合实践作业作为一种与教学活动和学生生活密切相关的作业，对学生数学核心素养的培养具有积极的作用。因此，作为教师要与时俱进地更新教学理念，丰富教学方法，严格落实新课标要求，创新设计综合实践作业，在有效减轻学生作业负担的同时，提升学生的数学核心素养，从而实现深度学习的目标。

关键词

核心素养 "双减" 综合实践作业

一、从"度量"内容的一次学生作业说起

上一届一年级第二学期第五单元"几何小实践"的"度量"这一内容让我记忆犹新。我知道"度量"这一内容对于学生来说比较抽象，这又是帮助学生建立"量感"意识的重要内容。因此，为了使学生更好地掌握度量知识，知道长度单位米、厘米、毫米之间的关系，我深入研读教材，精心制作课件。课堂上让学生经历了比一比、摸一摸、估一估、量一量等一系列实践活动。课后，我设计了填写合适的单位、单位换算、测量长度等巩固练习，但是作业反馈却让人啼笑皆非，小明身高145米，大树高5厘米，手帕边长28毫米……这样的学生占了一大半。在课堂时间有限的情况下，作业作为融合课堂与课后的桥梁，显得尤为关键。

本学期我接触到了"综合与实践"这一新的课题，理解了"综合与实践"的构建方式，明白了"综合与实践"应该让每一个学生都能成为自由思考的学习者。显然，与之相比，我只是设计了基础知识练习，把学生限制在了题海战术之中，忽略了让学生在课后可以继续体验有价值的学习实践活动，从而导致作业质量不理想。那么我们应该如何优化并创新作业设计？这是我要在接下来的基于核心素养构建小学低年级数学作业新样态中要解决的问题。

二、核心素养视域下的综合实践作业

《义务教育数学课程标准（2022年版）》（以下简称《数学课程标

准》）指出，综合与实践是小学数学学习的重要领域。学生将在实际情境和真实问题中，运用数学和其他学科的知识与方法，经历发现问题、提出问题、分析问题、解决问题的过程，感悟数学知识之间、数学与其他学科之间、数学与科学技术和社会生活之间的联系，积累活动经验，感悟思想方法，形成和发展模型意识、创新意识，提高解决实际问题的能力，形成和发展核心素养。

综合实践作业是指通过创设问题情境，为学生提供需要综合运用数学知识、技能和方法解决问题的任务。这类实践作业需要以真实的情境、较为复杂的问题为基础，设计恰当的挑战性任务，以"思"为核心，以"情"为纽带，以解决问题为途径，让学生在思考、探究中提升学科能力和核心素养。对于一年级的学生来说，"长度"是一个非常抽象的概念。如何让抽象无趣变得生动有趣？怎样才能在学生的脑中建立起"长度"的量感意识呢？我以一年级第二学期第五单元"几何小实践"中的"度量"学习为契机，把综合实践作业的主题确定为"我是度量小能手"，以期在课后活动中实现学生的观察、思考、阅读、表达、记录，外显内隐的思维过程，实现深度再学习。

作业一：寻找生活中的度量工具

1. 作业目标

（1）能选用不同量具去量实物，并能用量数来表达物体的长度。

（2）体会数学知识在日常生活中的广泛应用，明白度量工具对生活的重要性和必要性。

2. 作业设计

"寻找生活中的度量工具"作业设计如图 1 所示。

3. 设计意图

在没有尺的情况下，学生有使用熟悉的生活物品进行度量的意识，

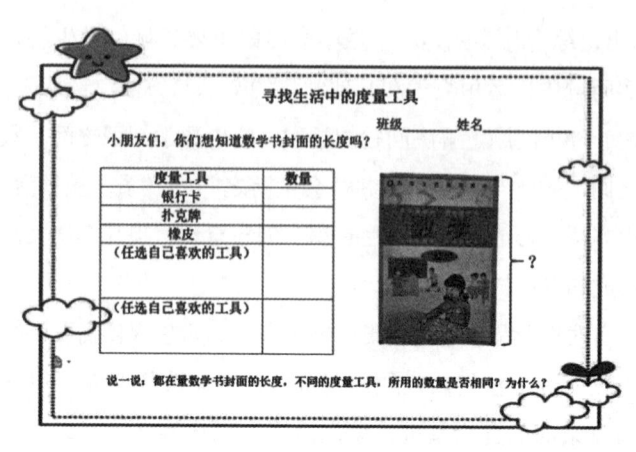

聚焦 课标新视角
——上海市浦东新区观澜教育联盟教育改革实践探索

图1 "寻找生活中的度量工具"作业设计

因此我设计了这样的预习作业,引发学生思考下列问题:度量的工具是什么?当我们身边没有尺的时候,又该如何度量数学书封面的长度呢?学生们带着疑问,开展了"寻找生活中的度量工具"的实践活动。在使用许多种类的物体进行度量中,学生会逐渐发现度量工具不同,所用的数量也是不相同的,要使度量的结果一样,那么统一度量工具非常有必要。如此就能为后续更深入学习度量知识打下基础。在这个过程中,学生也能更真切地感受到度量在日常生活中的广泛应用,认识到数学与生活的紧密联系。

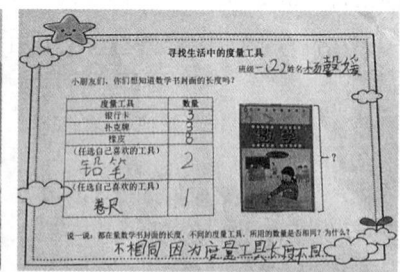

图2 "寻找生活中的度量工具"作业分享

126

4. 作业分享

"寻找生活中的度量工具"作业分享如图 2 所示，在使用银行卡、扑克牌、橡皮这些工具的基础上，学生们还使用了荧光笔、一元硬币、牛奶盒等，真的是要为他们的奇思妙想点赞。

作业二："身体尺的秘密"

1. 作业目标

（1）通过合作，测量"一拃""一步""一庹""一步"等身体尺的长度，提升合作交流能力。

（2）借助身体尺进行估算，提高估算能力。

（3）认识长度单位米（m）、厘米（cm），能用尺度量长度。

2. 作业设计

"身体尺的秘密"作业设计如图 3 所示。

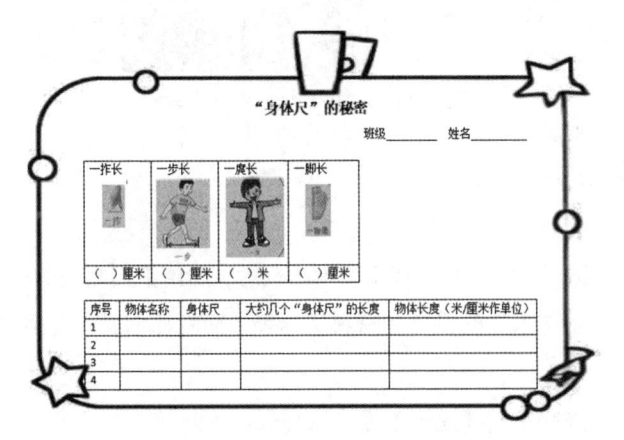

图 3 "身体尺的秘密"作业设计

3. 设计意图

让学生深入探究自己的"身体尺"，能加深他们对自身与度量关系的认知，明白自己的身体也可以作为一种天然的度量工具，体会到数学知识就在身边。测量自己的一拃、一步、一庹、一脚到底有多长？物体大约有几个"身体尺"的长度。学生在完成作业后与他人交流分享自己的成果中，发现虽然都是用"身体尺"度量，但不同的人身体部位大小各不相同，量出的结果也会不同，从而凸显出统一度量标准的重要性。只有统一标准后测量出的结果数值才会是一样的。这样，在提高观察能力和分析能力的同时有助于培养学生的合作与交流能力。

4. 作业分享

"身体尺的秘密"作业分享如图4所示，学生们纷纷用自己的身体尺估测了书本、水杯、地砖、平板、窗户、电视等的长度，忙得不可开交，学习的积极性得到了大幅提升。

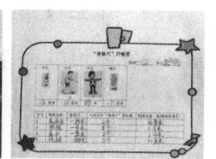

图4 "身体尺的秘密"作业分享

作业三：DIY 米尺

1. 作业目标

（1）巩固1米、1厘米和1毫米的概念，厘清它们之间的关系。

（2）在制作米尺的设计和材料选择等方面发挥创意，发展创新思维能力。

（3）精确标出刻度线和刻度，体会到数学的严谨性。

（4）融合运用数学、劳技、美术等多学科知识和技能，全面提升核心素养。

2. 作业设计

"DIY 米尺"作业设计如图5所示。

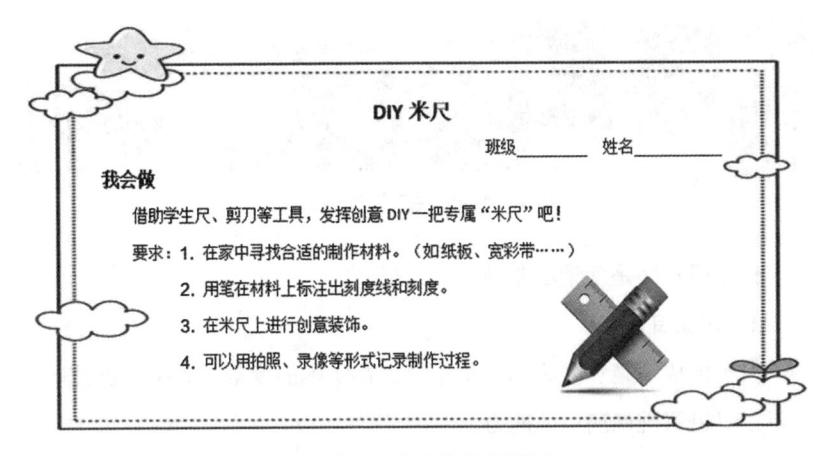

> **DIY 米尺**
>
> 班级_____ 姓名_____
>
> **我会做**
>
> 借助学生尺、剪刀等工具，发挥创意DIY一把专属"米尺"吧！
>
> 要求：1. 在家中寻找合适的制作材料。（如纸板、宽彩带……）
>
>   2. 用笔在材料上标注出刻度线和刻度。
>
>   3. 在米尺上进行创意装饰。
>
>   4. 可以用拍照、录像等形式记录制作过程。

图 5 "DIY 米尺"作业设计

3. 设计意图

通过学习，同学们已经知道了 1 米等于 100 厘米，1 厘米等于 10 毫米；但是对于部分学生来讲，他们的认知只是停留在记住，于是我设计了 DIY 米尺的作业，让学生在实际操作中切实感受一米的长度到底有多长，在精准标出刻度的过程中深刻体会到 1 米中有 100 个 1 厘米，1 厘米中有 10 个 1 毫米，这有助于学生养成严谨认真的态度。同时有效融合劳技学科和美术学科，不仅锻炼了学生的动手能力和创造力，同学们还发挥出自己的想象力和实践力 DIY 了一把属于自己的专属米尺。在完成作业的过程中，学生体会到将理论知识应用于实践的乐趣和成就感，进一步激发他们对学习数学知识的兴趣。

4. 作业分享

"DIY 米尺"作业分享如图 6 所示。学生们化身小小设计师，巧妙构思、学以致用，利用硬材质、木材、废旧材料等，精心设计了一把把外观好看、刻度精准的专属米尺。

图6 "DIY米尺"作业分享

作业四：我是度量小能手

1. 作业目标

（1）形成清晰、准确的度量概念，在实际的度量活动中，提升运用度量工具进行准确测量的能力。

（2）体会到度量知识在日常生活和其他学科中的广泛应用，增强应用意识。

（3）能够对自己和同伴的度量结果和表现进行评价和反思，从而不断改进。

2. 作业设计

"我是度量小能手"作业设计如图7所示。

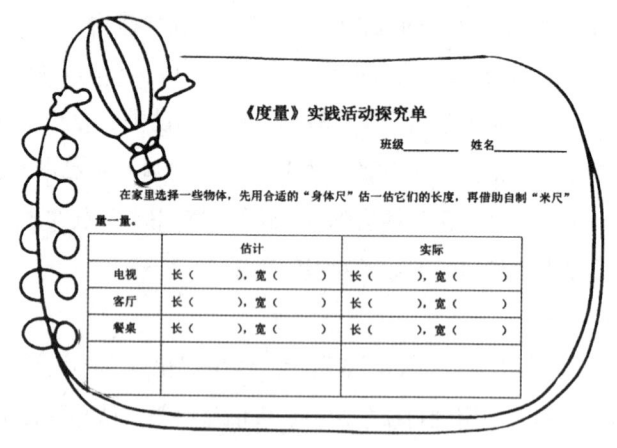

《度量》实践活动探究单

班级_____ 姓名_____

在家里选择一些物体，先用合适的"身体尺"估一估它们的长度，再借助自制"米尺"量一量。

	估计	实际
电视	长（　），宽（　）	长（　），宽（　）
客厅	长（　），宽（　）	长（　），宽（　）
餐桌	长（　），宽（　）	长（　），宽（　）

图7 "我是度量小能手"作业设计

3. 设计意图

先让学生运用已有的"身体尺"知识，对物体长度进行大致判断，锻炼他们的空间感知和直觉思维能力。通过让学生使用自制米尺进行测量活动，可以进一步巩固他们对长度单位"米"的认识，同时增强他们对自制工具的成就感和使用热情。在使用米尺的测量过程中，学生还需要思考如何准确测量、如何记录数据等，有时还可与同伴合作，学生的实践能力得到有效提升，对长度单位米、厘米、毫米的感知也更加深刻。通过实际测量作业，学生对周围事物的长度有了更具体的认知，建立起了数学与现实世界的联系，明白了数学在生活中的广泛应用。

4. 作业分享

"我是度量小能手"作业分享如图 8 所示，可以看到，教室、黑板、栅栏，这些都成了学生们的测量对象。除了校园，家也是学生们大展身手之处。电视机有多长多宽？平时吃饭的餐桌有多高？学生们有的用身体尺，有的用自制的米尺，在家里量得不亦乐乎。

图 8 "我是度量小能手"作业分享

三、综合实践作业的主要成效

1. 巧用学习单，搭建支架

本次综合实践作业的开展，教师巧用 4 张学习单为一年级学生搭建了有效的学习支架。学生成功完成了寻找生活中的度量工具、身体尺的秘密、DIY米尺以及我是度量小能手等一系列实践活动。每张学习单都根据学生的认知水平和兴趣特点进行设计，既有明确的指导语和操作步骤，又留有足够的探索空间，让学生在实践中逐步掌握度量知识和技能。不仅培养了学生的观察能力、动手能力和度量意识，还让他们在轻松愉快的氛围中感受到了学习数学的乐趣。

2. 跨学科融合，发展量感

本次综合实践作业的开展，突破了单一学科的界限，将数学、劳技、美术等多学科进行有机融合，让学生在跨学科的探索中，全面发展量感，提升核心素养。如鼓励学生美化学习单，并将学习单装订成册，激发了学生的创造力和审美能力。又如在DIY米尺中，学生一个个化身小木匠、小裁缝，积极投入到米尺的制作过程中。他们运用所学的度量知识，仔细测量材料长度，精心剪裁、拼接、固定，最终制作出一把把精美的专属米尺，动手能力得到大大提高。最重要的是为学生建构量感意识打下了坚实的基础。让我印象深刻的是，在填合适的单位小明身高145（　　），大部分学生都填正确了，当我问学生你们为什么不填145米时，全班哄堂大笑，说"教室的门高大约2米，填145米，那小明是巨人了吗？"能够有意识地选择参照物进行比较，这让人十分欣慰。学生们经历了一次完美的度量之旅。

3. 评价多元化，促进发展

本次综合实践作业的开展，不仅关注学生的学科知识掌握情况，还注重学生的实践能力、创新能力、情感态度等方面的表现。如在填写合适的单位、单位换算、测量长度等练习时，学生的正确率较之以往大大提高，通过本次活动，对度量知识的掌握很扎实。同时，将装订成册的学习单向小伙伴展示，让他们感到满满的成就感。在DIY米尺后，同学们根据评价表从米尺的材质、外观、刻度标记等维度对自己的米尺和他人的米尺进行了自评和他评。在评价体系的支持下，学生更积极地投入探究过程中了。

蒙台梭利说："我听了，就忘了；我看了，就记住了；我做了，就理解了。"本次数学综合实践活动以学科素养为导向，从学生的兴趣入手，将数学和生活紧密联系起来。学生们通过一系列综合实践作业，化身"度量小能手"，积累了丰富的度量经验，深刻体会到长度在实际生活和数学中的意义价值。学生的学习因活动而精彩，因体验而深刻。总之，基于核心素养构建小学低年级数学作业新样态是一项具有深远意义的举措。这不仅能提升学生的数学素养，更能为他们的未来发展奠定坚实的基础。让我们共同努力，不断探索和创新，让数学作业成为学生快乐学习、茁壮成长的有力支撑。

参考文献

［１］邓翠云．基于核心素养的小学数学作业设计实践研究［Ｊ］．读写算，2024（13）：14—16.

［２］郭杉杉．小学数学综合实践作业的设计与实施：以"'数学大富翁棋'我来做"综合实践作业为例［Ｊ］．教学月刊小学版（数学），2023（12）：44—48.

［３］徐晓君．核心素养导向下的小学数学实践活动作业研究［Ｊ］．新课程研究，2023（22）：92—94.

角色扮演教学法在小学道德与法治课上的应用

上海市浦东新区东港小学　祝夏蝶

摘　要

本文对角色扮演教学法在小学道德与法治课上的应用进行了阐述，通过背景分析、概念定义、分类、作用和不足之处进行探讨。笔者认为王爱芬对角色扮演教学法的分类比较适合在小学道德与法治课上的应用，她将其分为模拟、再扮演、预演及角色倒置4类。角色扮演教学法能激发学生的学习兴趣，帮助学生理解知识，提升学生的交际能力，促进教师的专业发展，但也有可能占用过多的课堂时间，脱离教学目标，学生缺乏充分参与的机会。

关键词

角色扮演教学法　小学道德与法治

一、背景分析

习近平总书记2019年3月18日上午在北京主持召开学校思想政治理论课教师座谈会并发表重要讲话。习近平总书记强调要做到"八个统一"，其中之一即是理论性和实践性相统一。为落实习近平总书记重要讲话精神，开展体验式课堂教学法在小学思政课上的应用研究就显得十分必要。

笔者阅读了一些关于体验式教学法的文章，发现众说纷纭，难以统一。经过比较和分析，发现由于学科特点的不同，体验式教学法中涵盖的具体方法有许多，如角色扮演、实地参观体验、反思对比、朗读、小组讨论等，总有一种说不清道不明的感觉。因此，本文选择一种方法，一门学科来做专门阐述，即角色扮演教学法在小学道德与法治学科中的应用。

二、概念界定

在确定"角色扮演教学法"的定义前，还是先明确"角色扮演"这个词的意思。

对于"角色扮演"，笔者看到有几种不同的解释。一部分学者认为角色扮演是教师必须提供一个真实的情境，让学生扮演其中的角色，来达到某个教学目标。笔者认为，这种定义过分强调了情境的真实性。其实，在教学中，教师可以根据教学需要设置一个虚拟的情境，这样也可以进行角色扮演。还有一部分学者认为角色扮演是一种为学生提供机会练习口语、表演以及在课外他可能需要实际角色的课堂活动。这种定义应该是站在语言学科上的一种解释，而本文所指的角色扮演是在小学道德与法治课上的应用。

综上，笔者认为，角色扮演教学法是指在道德与法治课上，学生在教师的指导下，在某种特定的情境下来扮演某种角色，以此来理解某种观点或表达某种价值观的一种教学方法。

三、分类

国内外对角色扮演教学法的分类有很多，如威廉·利特尔伍德（William Littlewood）把角色扮演教学法分为表演背诵法、符合实际的演习、提示性对话、角色扮演及即兴表演5种。笔者认为，这种分类方法比较合理，但不适合道德与法治学科，比如表演背诵法。欧阳喜敏认为角色扮演教学法可以分为角色的表演、两人对话的表演、单独一人的表演及朗诵式的表演。笔者认为，这种分类方法的分类维度是不一致的，有点杂乱。相较而言，王爱芬的分类方法比较合理，她根据扮演形式把角色扮演教学法分为模拟、再扮演、预演及角色倒置4种类型。这种分类方法也比较适合道德与法治学科的特点，因此，这里就借用这种分类方法来阐述角色扮演教学法在小学道德与法治课上的应用。

（一）模拟

模拟是指学生根据教师给的某个主题或要求，挑选或创设一个情境，编写剧本，撰写台词，由一人或多人扮演的一种方式。

如我在执教统编版二年级下册道德与法治第一课"挑战第一次"第一课时的时候，在导入部分，希望通过一个故事让学生明白我们应该敢于挑战第一次，在不断的挑战中获得成长，从而导入新课。我请学生提前去挑选一个符合这个主题的故事，最终，根据商量，选择《小马过河》这个故事。《小马过河》是一个童话故事，如果要把这个故事演出来，需要一定的加工和再创作。由于二年级的学生年龄较小，自主创作剧本和排练的能力还不够，所以由我来根据故事改编成剧本，然后由学生自主报名，挑选自己喜欢的角色。角色定下来后，又相继排练了4次，最终在课堂上呈现。有了这样一个表演，不仅顺利导入新课的学习，还激发了学生的兴趣。整堂课学生的思维非常活跃，有助于教学目标的达成。

（二）再扮演

再扮演是由学生重新演绎一个已经发生的真实事件，使他们真切感受到某个观点。

如统编版一年级上册道德与法治第二课"手拉手交朋友"一课中，我给学生讲了一个关于小猴子和小兔子的故事。

小猴子和小兔子是好朋友，可是，小猴子对小兔子一直没有礼貌，如犯了错不向小兔子道歉，做游戏的时候不遵守游戏规则，看到小兔子摔倒了不但没有扶起她，还嘲笑她。因此，小兔子非常生气，不理他了。

听完故事，我提问学生："你们觉得小猴子哪里做得不对？""应该怎么做？"讨论完这两个问题，我觉得还是不够，于是，我请两位学生上台演一演这个故事，一人扮演小兔子，一人扮演小猴子。一年级的学生举手非常踊跃，都想上台来一展身手，于是我选了3组学生，分别以故事中的3个情境来演一演。虽然之前已经讨论过，小猴子应该怎么做，但是在实际扮演的过程中，还是会出现不足之处，如第一组学生的表演，小猴子把小兔子扶起来了，但是一句话也没有说，显然是不够的，于是，我提醒到，小兔子现在很伤心，你有什么话想和她说吗？此时，学生才想起来要安慰小兔子。可见，角色扮演有助于学生达到"知行合一"。

（三）预演

预演是让学生演绎一个将来可能发生的事件。

如统编版三年级上册道德与法治第八课"安全记心上"一课中，为了让学生能深入了解遇到交通安全问题时，该如何正确应对，我创设了一个生活中可能遇到的情境：一天早上，丽丽睡过头了，她急急忙忙去上学。在一个十字路口，她担心迟到，不想等红灯，看路上没有车辆，就要过马路。同学安安正巧看到，拦住了她，进行劝告。学生乐乐的扮演者说："丽丽，你不能着急，就算现在没有车通过，我们也要遵守交通规则，说不定下一秒就有一辆车经过，不注意撞到我们怎么办？我们

聚焦课标新视角
——上海市浦东新区观澜教育联盟教育改革实践探索

还是等绿灯再过马路吧!"

通过真实的情境预演,使学生产生思考,从行动上有效落实"知"与"行"合一,具备判断是非对错的能力和遵守法律法规的意识,把安全记于心上。

(四)角色倒置

角色倒置是让学生转换角色,成为他人,真切体会他人的所思所想。

如统编版四年级上册道德与法治第十三课"说话要算数"一课中为了让学生了解失信对自己和对他人带来的不良影响,我设置了这样一个环节:我们的生活中,有这样一位"爱保证"同学,他经常失信于人,如向老师保证上课认真听讲却屡次不改,向妈妈保证再也不玩手机游戏,却躲在被子里偷偷地玩,和同学约好周六上午9点在小区公园见面,却迟迟未到……假如你是他的老师、朋友或家人,你会怎么做呢?分角色演一演。通过角色倒置,学生感受到了生气、失落,甚至失望。这为达成教学目标"学会做一个讲诚信的人"奠定了基础。

四、作用

(一)激发学生的学习兴趣

兴趣是最好的老师,一部分学生本来就对学习有兴趣,因此他具备内驱力,能积极主动地学习。也有一部分学生,对某些学科,或者对学习缺乏兴趣,他的学习处于被动的状态,这时候,就需要教师在课堂上调动他的情绪,吸引他的注意。角色扮演教学法就是有效方法之一。因为他需要学生参与表演中,发挥他的主导力,而不是被动式的记忆。当学生一旦对本堂课产生了兴趣,他就会有积极的学习态度,怀着愉悦的心情学习。

（二）帮助学生对知识的理解

我们发现，某些情况下，有些知识点用传授式的教学，学生难以记住，或者就算记住了也较容易遗忘。此时，我们可以根据教学目标，借助角色扮演教学法，为学生创设一个适合的情境，促使冲突的发生，促进学生的思考，调动学生的思维，而课堂上积极的思维为学生理解知识增加了可能性。

（三）提升学生的交际能力

角色扮演的过程中，需要学生和同伴沟通。比如，有时候需要前期的排练，学生之间需要协商剧本的选择、角色的确定、商讨排练的时间等，这些都需要将自己的想法用规范的语言准确地表达出来，同时，也需要耐心倾听别人的想法。在这个过程中，学生将面临许多问题，如意见不一致怎么办，如何说服同伴采用自己的想法等，他们的人际交往能力能够得到一定的锻炼。

（四）激发学生的创造力

根据课堂的需要，有时候需要学生提前撰写剧本，为了使剧本有趣，吸引人，又要符合课堂的要求，学生需要发挥自己在写作上的创造力。在表演前，有时候学生还需要选择服装，制作道具，这也需要学生发挥自身的创造力。在表演的过程中，学生的表演要符合剧本，符合人物设定，符合情节需要，这时就要发挥表演方面的创造力。因此，角色扮演教学法能培养学生多方面的创造力。

（五）增强学生的团队精神

角色扮演前，学生之间需要一起商讨剧本的撰写、角色的定位、道具的制作、服装的选择、表演时的走位等，这些都需要互相讨论，互相协调。有时候，学生之间意见不一致，甚至会有所牺牲，此时，需要学生发扬团队精神，少数服从多数，一切以保证表演顺利完成作为前提。

（六）有利于促进教师的专业成长

据笔者观察，教师鲜少在课堂上运用角色扮演教学法，其实，作为一种教学方法，教师可以也有必要去了解去运用，在运用的过程中，产生反思，这有助于教师更好地掌握和运用角色扮演教学法。这样，教师根据教学目标，在课堂上又多了一种教学方法可以选择。角色扮演教学法也有助于教师更全面地了解学生。学生是一个活生生的个体，他具有多面性，角色扮演教学法给学生提供了一个展示自己的平台，让教师发现学生的另一面，教师可以根据学生的不同特点，在今后的教学中因材施教，这有助于教师提高课堂的效率，促进教师的专业发展。

五、不足之处

（一）容易占用过多教学时间

有时候，角色扮演需要前期进行准备，如剧本的选择和排练，有时甚至为了达到更好的效果，需要准备道具和服装，这都需要占用学生大量课余的时间。即使在课堂上，也有可能出现意外，如学生忘记台词或因为紧张导致无法顺利进行，占用了过多的课堂教学时间，导致原本准备的教学内容无法按时完成，耽误了教学进度。

（二）可能会脱离教学目标

教师传授式的教学方法，以教师为主，教师会紧紧围绕某个教学目标进行教学活动，学生根据教师的指导和要求进行训练和巩固，过程是可控的。而角色扮演教学法学生的自主性更大，学生在课堂上有较大的自由度和发挥空间，有时候学生有可能在扮演的过程中偏离教学目标，导致无法达到预期的效果。

（三）学生缺乏充分参与的机会

在一所普通的公办学校，一个班级一般都有三四十名学生，由于角色扮演教学法需要耗费较多的时间,因此一节课上,不可能让一个班中所有的学生都参与其中,而未参与表演的学生,他们对知识点的理解有可能就低于表演的学生。

参考文献

[1] 杜威.杜威教育论著选[M].赵祥麟,王承绪,译.上海:华东师范大学出版社,1981.

[2] [捷]夸美纽斯.大教学论[M].傅任敢,译.北京:人民教育出版社,1984.

[3] 蔡敏."角色扮演式教学"的原理与评论[J].教育科学,2004,20(6):28—31.

[4] 欧阳喜敏.课堂教学中学生表演的作用与形式[J].现代中小学教育,2002(5):15—16.

[5] 王爱芬.浅析角色扮演法及其在学生心理发展中的意义[J].教育理论与实践,2007,27(增刊2):91—93.

农村小学英语教学德育渗透三步法

上海市浦东新区六团小学 唐夏芸

摘 要

在《义务教育英语课程标准》中指出，基础教育阶段英语课程的任务是帮助学生了解世界和中西方文化的差异，拓宽视野，培养爱国主义精神，形成健康的人生观，为他们的终身学习和发展打下良好的基础。作为教师，在传递知识的同时更要注重思想品德教育。立德树人是每位教师的职责，农村小学英语教师同样也肩负着落实德育教育的重任。

关键词

德育渗透　农村小学　英语教学　三步法

在农村小学英语教学中渗透德育是必要的，也是可能的。在农村小学，英语教师在学生心目中有着较高的地位和影响力。英语教师既深知中国文化，又熟悉外国文化，对于中西方文化的交融起着重要的作用，英语教师的优势对实施德育教育是极为有利的。英语教材中没有直接说教式的内容，而是通过在文本中呈现的单词、句型等具体的载体，使学生了解外国的风土人情，学习外国的优秀文化，培养学生一定的开阔的视野。在英语教学过程中，教学形式丰富多彩、课堂氛围生动活泼，通过师生在课堂教学中的交往，使学生掌握相关的英语知识，促进师生的情感交流，实现智育、德育的同步发展。我在多年的农村小学英语教学实践中，逐步摸索出了"一寻二展三整"的德育渗透三步法，主要做法如下。

一、寻

寻找一切可以实施德育教育的元素。英语教学的德育教育要点不像其他学科一样明显直接地呈现在眼前，而是蕴含在文本以及英语教学的整个过程中，教师需要用教育的眼光，根据所在学校所教学生的现实情况去寻找知识与德育、文本与现实之间的联系。

1. 研究文本，寻找契合点

上海版牛津英语教材给我们提供了丰富的德育教育素材。英语教师要在教前仔细研读文本，寻找最能吸引学生的内容。通过课中演绎内容，教后反思效果，找到文本与德育教育的最佳契合点。教师可以通过引导学生欣赏多义的单词、变幻的句型来感受英语语言的丰富多彩；通过介绍国内外的风俗人情等让学生感受中外文化的包罗万象。但是我们不能生搬硬套，而是要寻找到符合学生年龄特征，适合学生未来成长需要的教育内容。如学习 5AMU1 The Double Ninth Festival 一课时，我让学生观看他人在重阳节的活动，尝试让他们自己描述对长辈的态度与思念之情。通过演讲描述，敬老爱老之情在学生心中得到了升华，而学生在欣赏文本的过程中，也得到了启发，美化了情怀，达成了德育教育。对文本的内涵的挖掘是必要的，教师要用课文中生动的内容感化学生的心灵，培养学生形成正确的人生观、价值观、审美观，从而达成德育智育的双赢。

2. 引导迁移，激活兴趣点

兴趣是激发学习的动力，也是德育教育渗透的支点。教师要运用已有知识开展新知识的教学,既保证知识的连贯性,又保证德育教育的持续性。教师在教学过程中,可通过变化教学方法,制作教学教具,创设教学情境,结合教师精彩的肢体语言等多种方式,因时因地制宜地激活学生的兴趣点。当学生积极投入学习状态中时,他们的学习效果是良好的,影响是持久的。如 3AM3U2 Shopping 一课,我提前设置了 shopping 的购物场景,学生很快兴趣激昂地进入学习状态。学生自己罗列 shopping list,邀约同学参与 shopping 的活动,我也与学生进行角色互换。在整个过程中,学生运用已有知识结合新知参与整个学习过程。在教学过程中,教师在完成知识点的传递与迁移的同时,要注重充分调动学生学习积极性,这样才会起到扎实有效的德育教育效果。

3. 家校联动,扩大辅助点

学生的德育教育需要家校共同联手,才能更好地获得德育教育的最大效果。农村家长中蕴藏着开展德育教育的巨大资源,对于学生的德育教育起着补充与延伸的作用。我校近期开展了"开门式办学"的课题研究,利用这个契机,我们邀请家长走进我们的校园,观看学生上课,了解学生在校的英语课堂学习表现;聘请家长为我们的学生上英语微课,拓展学生的知识范畴;发函邀请家长参与学生的英语演讲比赛等活动,体验学生丰富的英语活动。我们也建议家长带着孩子走出校园,可以带领着孩子去逛逛 Nanjing Road—A busy road in Shanghai,共同感受上海的海派文化与国际文化相结合的韵味。家长的陪伴及与孩子的沟通是家校同心共育的最佳态势。家校携手,不仅能帮助学生更好地进行学习,更能拓宽德育教育的渠道,增强德育教育的有效性。

二、展

展开是一种大规模的教学活动,是知识点的延伸与德育的进一步渗透。针对农村学校学生的特点，教师要根据教材和学生的发展特性来开展教学。

1. 依循准则，持续展开

牛津英语教材的内容具有递进性、连贯性和循环性。从词汇的扩展到文化的延伸，教师都要遵循循序渐进的原则，根据学生的年龄段，通过逐步增长的知识点来展开德育教学。上海牛津英语课本每一学期上册的第一课内容都是礼仪教育。针对一年级的学生，教师可以从简单的问候 Hello, Good morning 见面交际礼仪教育开始；二年级可以让学生进行简单的自我介绍，获得初步对自我的认同感；三年级学生则可以在自我介绍的基础上让他们学会适时地询问他人状况，进行情感表述；四年级则加强对学生自我感受和家庭观念的感知；五年级的学生可以详细具体地进行礼仪交际教育。教师要在遵循学生知识能力发展的基础上，与持续性的礼仪教育相辅相成，形成连贯的、系统的、完整的德育教育。

2. 依托教材，重点演绎

牛津英语教材是一本生动形象、有活力的教材。它的信息覆盖面广，内容涉及天文地理，有表达风土人情的，也有直接叙述经典故事的。教师要在有限的课堂教学时间里抓住重点，突出精彩，师生全身心进入学习的状态中。根据不同的教学内容，教师可以设计不同的教学方法，让学生通过表演、朗读、调查等不同的方法和手段来演绎教材重点。在 5BM1U2 Watch it grow 一课中，课文的重点是结合 butterfly 的变化过程教授过去时态。因为身处在农村，学生们有着天时地利的有利条件，他们了解 silkworms 的蜕变过程，熟知 tadpole 的成长演变过程。我在教授过去式语法结构的同时重点引导学生将这些生活经验与常识娓娓道来。虽然农村学生的阅读量和见识度稍逊于城市的学生，但是教师可以利用农村特有的地理优势，让学生亲自参与体验，直接观察感受，围绕丰富的教材内容来开展有针对性的德育渗透教育。

3. 依靠评价，师生互动

在英语课程评价中，教师需要关注的是学生个体的进步和多方面的发展潜能，包括学生在课堂上师生互动、自主学习、同伴合作中的行为表现，参与热情、情感体验和探究、思考的过程等。教师不光要对学生学习进行评价，更要对学生现实成长的德育发展进行评价。课前的对话互动，课中的游戏合作，课后的反馈评价对学生来说是一种激励，也是一种增进师生感情的有效途径。在教授 1BMU1 Toys I like 一课时，我拿着我自己喜欢的玩具来到课堂和学生交流，和学生互动评价对方的喜好，共同演绎 shopping at the toy shop，并及时告知他们 shopping 的礼仪规则，课后和学生 do a survey 来检测今天的课堂效果，及时给予他们评价。评价不是一句简单的 Very Good，而是要让学生在评价中感知教育的力量与德育的魅力。在小学英语学科教学过程中对学生的德育教育渗透到知识的教育与师生互动过程中，使得德育教育的效果会更有效。

三、整

在农村小学英语课堂中实施并渗透德育教育，把知识作为德育的载体，把德育贯穿于整个教学过程中，整合教学活动，提升学生能力，才能使德育教育获得最佳的效果。

1. 传授知识，正面引导

教师在教学过程中要把直接经验与间接经验、知识与德育教育相整合。整合要兼顾，不能偏颇，整合要有艺术，需要教师不断地进行揣摩。上海版的牛津教材中出现了很多生活常识性的内容，英语教学除了教授基本的词汇、语法等知识点之外，还有一个任务是要实现三维目标的有效达成。教师在学生掌握知识技能的同时要使他们的思想、品德、能力得到提高。比如，4BM3U2 Time 一课中教授的是时间的表述方式，学会运用 past 和 to 表述整点、半点、15 分和 45 分。教师可在学生学会熟练运用的基础上，引导学生学会合理安排时间，合理利用时间。又如，4AM2U2 中重点是职业介绍，要求学生掌握 doctor、teacher、firefighter、cook 等职业分类的单词。教师可在教会这些单词，拓宽学生眼界的同时，顺势引导学生感悟职业不分贵贱，三百六十行，行行出状元。总之，英语教材中出现类似的内容，教师要正确的传授知识，顺势利导地进行德育教育。

2. 联系学科，齐抓共管

任何学科教学只是相对独立的。在农村小学英语教学中，教师要整合、利用其他学科以及相关教师的资源，形成教育合力，让学生能够全面发展。如上英语课之前的 warming-up 以及组织教学过程阶段经常会出现的音乐（sing a song）、体育（do activites）、美术（draw and say）等元素，它们以各自学科独有的特性呈现在英语课堂中。多学科资源的整合对学生成长起着促进作用。英语教师可以邀请其他学科教师走进英语课堂，用英语的方式来表达其他学科特性。这种多学科整合的方式有别于纯粹的英语课堂教学，学生能充分享受音乐中的艺术美、运动中的动感美、美术中的色彩美。教师之间相互合作的团队精神与面貌、状态等，对学生本身也是一种德育教育。

3. 组织活动，寓教于乐

英语教学中的德育教育与其他学科一样，要善于将德育教育整合在喜闻乐见的活动当中。英语是一门对外的学科，组织的活动要和对外活动相结合。这些活动能让学生充分运用他们所学的知识，吸引大多数学生参加其中。近期，我校开展了"一带一路通关"活动。"一带一路"是与世界相联系的，英语学习的过程也与中外交流相关联。在活动过程中，学生学习了解了世界各国的名称，知晓了这些国家具体的地理位置，在一些简单的问答过程和练习活动中初步了解各国典型的礼仪形式，学会了大胆开口说英语，并在说的过程中了解外国文化。教师可以研究不同国家的相同点和不同点，通过创设情境、角色扮演、互动交往等方式组织开展活动。让学生在感受外国异域文化的同时，也对比自己国家传统的文化。组织活动中可以充分发挥学生的聪明才智，让学生大胆表达自己的想法。活动中要注重全员参与，教师要照顾到每一位学生，及时给予点评，充分调动感官，提升学习积极性。在这些具体的、直接的活动中，学生会留下深刻的记忆，增进师生的情感，培养团队合作能力，使得学生的知识和德育同步提升。

在实践中，"一寻二展三整"三步法的德育渗透方式，使得英语课堂教学氛围轻松愉悦，教学效果比较良好，收到了有效的德育教育成果。德育渗透三步法让我深刻体会到农村小学英语教学的德育内涵是非常丰富的，它的手段不止于此，还可以更加多样。在以后的实际教学中，我要不断探索和完善，要在实践中将德育更有效地渗透到农村小学英语教学中去。

参考文献

[1] 中华人民共和国教育部. 义务教育英语课程标准解读. 2011版[M]. 北京：北京师范大学出版社，2012.

依托小学数学项目化学习培养学生量感的实践与思考

上海市浦东新区六团小学　项子寅

摘　要

本文探讨了依托小学数学项目化学习来培养学生量感的实践与思考。首先，介绍了项目化学习的内涵及其在教育中的优势，同时阐述了量感培养在小学数学教育中的重要性及其培养目标；接着，引入"锦绣园围栏设计采购招标会"这一情景，通过"围栏设计采购"这一具体项目化学习案例，详细阐述了对于沪教版数学三年级下册第七单元几何小实践中"周长""长方形、正方形的周长"是如何运用项目化学习方式来培养学生量感，如何设计项目化学习目标，如何设计驱动问题，并依托操作实践等项目活动让学生的学习力自然生长；此外，还强调了师生共同设计评价活动建构评价标准的重要性。通过这一实践过程，学生不仅能够在项目化学习中有效培养空间量感，发展学生核心素养，为未来的数学学习和综合素质提升奠定坚实基础。

关键词

小学数学项目化学习　量感培养　核心素养

聚焦 课标新视角
——上海市浦东新区观澜教育联盟教育改革实践探索

一、量感与项目化学习

（一）量感

随着新课程改革的不断深入，小学数学教育越来越注重培养学生的综合素质，《义务教育数学课程标准（2022年版）》（以下简称《数学课程标准》）确立了核心素养导向的课程目标，即"会用数学的眼光观察现实世界，会用数学的思维思考现实世界，会用数学的语言表达现实世界"。小学阶段核心素养主要表现为数感、量感、几何直观、空间观念等11个具体内容。其中"量感"这一核心概念为本次新增。量感，主要是指对事物的可测属性及大小关系的直观感知，主要包括3个具体表现，见表1。

表 1 量感的具体表现

表现一	知道度量的意义，能够理解统一度量单位的必要性
表现二	会针对真实情境选择合适的度量单位进行度量，会在统一度量方法下进行不同单位的换算
表现三	初步感知度量工具和方法引起的误差，能合理得到或估计度量的结果

建立量感有助于养成用定量的方法认识和解决问题的习惯，是形成抽象能力和应用意识的经验基础。因此，教师可以从"事物的可测量属性"和"事物的大小关系"两个维度把握教学，让学生深入理解量感内涵。

（二）项目化学习

项目化学习是一种有别于传统的课堂学习方式的新型学习方式，其重点在于设计一个真实的问题情景，通过精心设计的项目和一连串任务，让学生在复杂、真实和充满问题的学习情境中持续探索和学习，激发学生的积极参与，凸显学生在教学中的主体作用，将各种资源进行有机的结合，以探究、实践、合作为主要学习方式，将学生个性化、多元化的学习与发展需要融入小组协作学习之中，这种学习方式有助于培养学生的问题解决能力、批判性思维、合作精神和自我管理能力等综合素养。

项目化学习强调学生的主体性。在项目化学习中，学生不再是被动地接受知识，而是成为知识的探索者和实践者。他们需要自己去发现问题、分析问题、解决问题，并在过程中不断反思和调整。

项目化学习有助于培养学生创新思维和解决问题的能力。项目化学习往往需要学生综合运用所学知识来解决问题。学生在解决问题的过程中，需要不断尝试、调整和完善方案，这有助于培养他们的创新思维和实践能力。

项目化学习有助于提升学生的团队协作和沟通能力。在项目化学习中，学生通常需要分组合作，共同完成任务。这要求他们学会倾听他人的意见、尊重他人的观点，并在讨论和协商中达成共识。通过团队协作，学生可以锻炼自己的沟通、协调和领导能力，为未来的工作和生活奠定良好的基础。

项目化学习具有诸多优势，将项目化学习与量感培养相结合，不仅有利于提高学生的空间想象力，还能培养学生的创新意识和实践能力，同时可以有效提高教育的实效性。

二、培养策略

沪教版三年级下册第六单元"几何小实践"中主要内容有"周长""长方形、正方形的周长"，利用学校现有的种植探究园——"锦绣园"为资源,创设了为锦绣园设计围栏并采购这一现实情景,并对其进行教学。本项目以"为锦绣园设计围栏"这一现实情景为切入点,将学生的注意力集中在"周长"这个数学概念上,在解决问题的同时,在对图形周长的概念理解与度量计算中,培养学生的量感,从而提高他们的核心数学素质。

(一)项目介绍

本项目是围绕沪教版小学数学三年级下册第六单元"几何小实践"为学习内容而开展的,本单元有"周长""长方形、正方形的周长"两课,周长在生活中的应用十分广泛,为了让学生更直观地理解什么是周长,学习周长如何进行测量和计算,我们围绕"周长"开展了一次的数学项目化学习活动,通过"锦绣园围栏设计招标会"的方式,提出为锦绣园设计和采购围栏的问题,学生通过这个实际问题来探索周长的"小秘密",逐步积累操作的经验,解决实际问题,形成量感和初步的几何直观,同时提升核心素养。

(二)具体策略

1. 确立项目化学习目标

《数学课程标准》更多地强调了"素质本位"的教学目标,这与"项目化学习"的基本追求相契合。项目目标就是要确定项目的核心概念(要清楚关键概念的表现形式和内涵),然后设置学段项目目标(学业要求),制定课时项目目标,对学生的数学能力进行分解和执行。

(1)在实际问题的解决中掌握周长的概念和计算周长的方法。逐步积累操作的经验,形成量感和初步的几何直观。

(2)能够运用三年级上册"单价数量总价"的学习内容来计算总价,巩固学生的知识。

(3)在实践活动中拓宽获取知识的能力,引导学生学会上网查找信息，在网络查询中获取各种围栏的材料的优缺点，了解围栏的价格，通过用户的评价来选取优质材料。最后形成一份招标计划书，参加招标会。

（4）提高学生合作意识和解决实际问题的能力，形成和发展核心素养。

（5）培养学生参与学校管理的意识和热爱校园的情怀。

2. 设计项目驱动性问题

好的项目化学习尤其关注于有针对性的问题的设计。一个好的引导性问题应该具有目的性、开放性、情景性及挑战性。目的性，就是要清晰地围绕着核心能力、理念进行设计；开放性，就是引导性的问题要少一些，表现形式要开放，要能够反映出知识的综合性；情景性（兴趣），就是要把问题设计得贴近学生的生活，让学生能置身于熟知的生活情景之中，这样才能提高他们的分析、解决问题的主观意识；挑战性，就是要鼓励学生使用高层次的解决方案，如问题解决、综合应用、创意等。本项目的问题设计如下。

（1）本质问题。

什么是周长？图形的周长怎样计算？

（2）驱动性问题。

锦绣园的草地和种植区经常有被小朋友们踩踏的现象，我们该怎么办呀？是呀，安上围栏就能保护他们了。围栏该怎么设计呢？围栏要买多长呢？你有什么好办法？学校的锦绣园围栏设计采购招标会开始啦，赶紧来参加。

（3）子问题。

1）需要在哪里装围栏，既防止踩踏又能省材料？（周长的概念）

2）需要购买多长的围栏，如何测量和计算？（周长的测量及计算）

3）选择什么样的款式和价格比较合适？

3. 依托实践操作项目活动让学习力自然生长

（1）入项活动。让学生置身于现实情境中进行学习的方法，有助于提高学生的学习兴趣和积极性。我带领学生参观学校锦绣园，发现部分农作物及草坪被学生踩踏，该如何防止这样的破坏呢？学生提出需要搭建围栏。由此，我引导学生思考搭建围栏需要解决哪些问题？让学生在解决实际问题的过程中自然地理解和掌握周长概念，进一步培养他们的量感。

学生分成小组，在小组讨论、探究中，引出驱动性问题：需要多长的围栏，如何测量？选择什么样的材质的围栏合适？选择什么样的款式和价格比较合适？然后分组去探索，合作学习。进行分组合作学习可以增强学生之间的互动和交流，提高他们的学习积极性。在分组合作学习中，学生可以互相讨论、解答问题，共同完成周长测量、计算等任务。这种方法有助于学生在实践中加深对周长概念和量感的理解。

（2）实践活动。量感在周长认识中的体现主要包括对长度单位的理

图1 学生实地观察、分组探究

解、对周长概念的把握以及对不同形状的边长与周长的关系的认识。这些方面的理解和认识有助于学生在解决实际问题中灵活运用周长概念，从而提高数学素养。所以我设计了以下 3 个子任务。

子任务一：探究哪里需要搭建围栏。

1）通过实地观察，观察探究哪些地方需要搭建围栏。

2）认识周长的概念，找寻生活中的周长，通过描一描、画一画巩固什么是周长。

将学生带到实际环境中进行实地考察，是培养量感的有效途径。在周长认识的教学过程中，教师可以利用为锦绣园种植区搭建围栏的实际问题帮助学生更直观地理解周长的概念。其间还可以让学生通过摸一摸、描一描锦绣园中的落叶（见图2），找一找身边物体表面的周长，牢固建立周长的表象，又通过媒体演示、绳子围一围等操作活动，理解周长的本质是线段的长度，从而加深学生对周长概念的理解，确立周长的可测量属性。这种实践体验可以帮助学生直观地感受到周长的意义，同时锻炼他们的量感。

图2 摸一摸、描一描落叶，感知周长

子任务二：学习测量方法，测量并计算所需围栏的长度。

1）认识不同的测量工具，通过实践操作感知不同的周长可以用不同的工具进行测量。

2）通过"化曲为直"的思想，初步感知曲线的测量方式。

3）会通过将图形所有边加起来的方法计算周长，在实践中感知根据图形的特征采用巧妙的计算方法。

学生分组进行实地的测量，测量的过程即是培养量感的重要途径。学生先用"身体尺"对种植区的菜地进行估测，学生组内商量，运用脚掌、脚步、臂展等感知各块菜地每条边的长度（见图3），在实践中体会需要运用工具才能实现精准测量。在使用工具测量的过程中，学生会

图3 学生用身体上的"尺"估测菜地一条边的长度

图4 学生感知"化曲为直"思想

图5 学生数据记录单

遇到困难，如边为弯曲时该如何“化曲为直”（见图 4），由此再次感知周长的意义，在测量的过程中培养量感。通过估测与精准测量的比较，可进一步深化学生对长度的感知，发展学生的量感。最后将各边长度相加，计算出图形的周长，教师利用动画展示周长计算过程，有助于学生更加清晰地理解周长计算的步骤和方法。动画还可以通过形象地展示不同形状的变换过程，让学生更好地掌握周长的性质。学生数据记录单如图 5 所示。

子任务三：选择合适的围栏，计算围栏总价，形成招标计划书。

学生通过网络选择、组内讨论，确定本组的围栏材质及单价，学会分析选择的原因，根据子任务二中的围栏长度计算出总价，形成招标计划书（见图 6）。

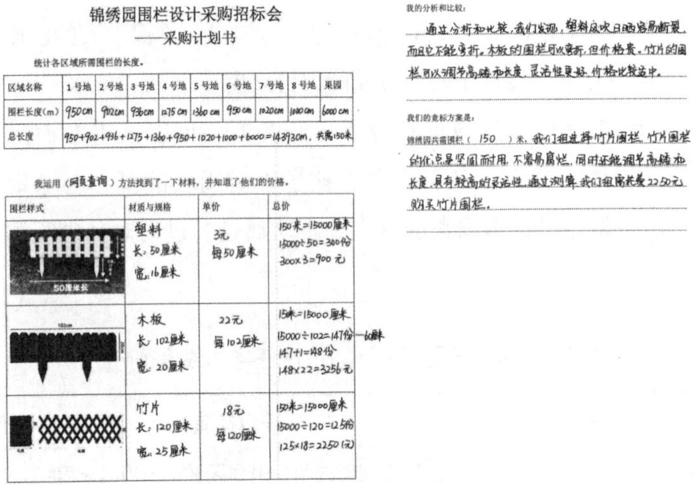
锦绣园围栏设计采购招标会

——采购计划书

统计各区域所需围栏的长度。

区域名称	1 号地	2 号地	3 号地	4 号地	5 号地	6 号地	7 号地	8 号地	果园
围栏长度(m)	950cm	902cm	936cm	1275 cm	1360 cm	950 cm	1020cm	1000cm	6000 cm
总长度	950+902+936+1275+1360+950+1020+1000+6000=14393cm，共需150米								

我运用（网页查询）方法找到了一下材料，并知道了他们的价格。

围栏样式	材质与规格	单价	总价
50厘米长	塑料 长：50厘米 宽：16厘米	3元 每50厘米	150米=15000厘米 15000÷50=300份 300×3=900 元
102cm	木板 长：102厘米 宽：20厘米	22元 每102厘米	150米=15000厘米 15000÷102=147份……6厘米 147+1=148份 148×22=3256 元
	竹片 长：120厘米 宽：25厘米	18元 每120厘米	150米=15000厘米 15000÷120=125份 125×18=2250（元）

我的分析和比较：

通过分析和比较，我们发现，塑料风吹日晒容易断裂，而且它不能弯折。木板的围栏可以弯折，但价格贵。竹片的围栏可以调节高矮和长度，灵活性更好，价格比较适中。

我们的竞标方案是：

锦绣园共需围栏（ 150 ）米，我们组选择竹片围栏，竹片围栏的优点是坚固耐用，不容易腐烂，同时还能调节高矮和长度，具有较高的灵活性。通过测算，我们组需花费2250元购买竹片围栏。

图 6　锦绣园围栏设计采购招标会招标计划书

在这一任务的完成过程中，学生通过网络平台，搜寻各种围栏的材质和价格信息，在数学学习中融入信息技术能力，跨学科学习能力得到了培养。在比价过程中，学生还可体验到选择合适的围栏，要如何做到物美价廉。物价的比较往往是通过单价进行的，有时也需要适当的换算，由此学生可以进一步体验单价、数量、总价之间的关系，同时在此过程中培养对货币的量感。

（3）出项活动。最终学生根据实践活动结果，形成一份招标书进行出项汇报，参与招标活动。锦绣园围栏设计采购招标会公开展示及最终选择最为合适的作为学校围栏的设计方案并由学校落实改建。

4. 师生共同设计评价活动建构评价标准

在评价过程中，学生既是受评者，又是评价的主体；评价可以是老师、学生本身，也可以是同学。评估的依据既有规范的规定，又有针对专题的知识，也有师生在项目产品的基础上进行的。在评估的过程中，学生可以了解自己的喜好标准，可以更好地控制自己的学习行为，并适时地调整执行策略，力求达到良好的学习效果，确保学习的深度与效率。"围栏设计师"设计了两个方面的评价尺度。

（1）知识性任务达成度得分表（见表2）。该表是用来检测学生对周长知识的掌握程度的，旨在验证学生对周长的概念有一定的认识，能够抽象并概括出周长的概念和本质属性，进而对其进行测量并计算。

表2 锦绣园围栏设计知识性任务达成度得分

达成目标	评价标准	得分
知道周长的含义	能指出图形的周长是封闭图形一周的长度	1分
能分辨哪些图形有周长	能准确识别是否有周长	1分
掌握规则图形的周长的测量和计算方法	能测量出规则图形的周长并能用优化算法计算特殊的图形的周长	3分

(续表)

达成目标	评价标准	得分
掌握不规则图形的周长的测量方法	理解"化曲为直"方法的使用	3分
能准确辨识图形周长的大小	能运用"平移"等方法比较图形周长的大小	2分

（2）锦绣园围栏设计采购招标计划评价量表（见表3）。该表适用于教师和学生的共同评估。通过教师与学生之间的合作，形成了项目化学习教学模式下的设计与实施下的评价标准，即"通过本项目的研究，提出了一套科学、合理、美观的围栏设计方案，选择出更为合适的围栏材料，选出最好的设计方案"，并以此为依据评价，以提升学生的学习成效。

表3　锦绣园围栏设计采购招标计划评价量表

评价标准		评价等级		
一级指标	二级指标	自评	互评	总评
我会测量	☆☆☆能选择合适的方法测量锦绣园各地块的周长 ☆☆能找到方法测量锦绣园各地块的周长 ☆知道锦绣园各地块的周长但不知道方法	☆☆☆	☆☆☆	☆☆☆
我会计算	☆☆☆能正确计算锦绣园各地块的周长，计算方法合理，思路清晰 ☆☆能计算锦绣园各地块的周长，思路正确，但结果出错 ☆对于锦绣园各地块周长计算没有清晰的思路	☆☆☆	☆☆☆	☆☆☆

(续表)

评价标准		评价等级		
一级指标	二级指标	自评	互评	总评
我会选择	☆☆☆能自主通过各种渠道获取围栏的价格、材质有效信息，进行比较，合理选择 ☆☆能在帮助下获取围栏价格、材质等信息，会比较，较难作出合理判断 ☆能在帮助下获取围栏价格、材质等有效信息，比较和选择均存在困难	☆☆☆	☆☆☆	☆☆☆
我会合作	☆☆☆提供思路、方法、建议，与同伴合作完成测量、计算、报告，分工明确，参与小组间的展示交流 ☆☆能帮助协助完成测量、计算、报告，推动小组工作 ☆虽然有参与讨论，但参与度不高	☆☆☆	☆☆☆	☆☆☆

三、结语

通过对小学数学项目化学习培养学生量感的实践与思考，我们深刻认识到项目化学习在促进学生综合素质发展中的重要作用。通过"锦绣园围栏设计采购招标会"这一具体项目化学习案例的实施，学生不仅在数学知识和技能上有所提升，更重要的是他们的量感得到了有效的培养。在项目化学习中，学生成为学习的主体，他们通过自主探究、合作学习等方式，积极参与到项目的各个环节中。这种学习方式不仅激发了学生的学习兴趣和积极性，还培养了他们的创新精神和实践能力。同时，师生共同设计评价活动建构评价标准，使得评价更加客观、公正，也更能反映学生的实际学习情况。然而，我们也意识到项目化学习在实施过程中还存在一些挑战和不足。比如，如何确保项目的趣味性和挑战性相平衡，如何更好地整合跨学科的知识和资源，以及如何更有效地利用信息技术支持项目化学习等。这些问题都需要我们在未来的实践中不断探索和完善。

参考文献

[1] 中华人民共和国教育部.义务教育数学课程标准（2022年版）[M].北京：北京师范大学出版社，2022.

[2] 平国强."量感"及其培养[J].教学月刊小学版（数学），2023（1/2）：27—31.

基于核心素养下的小学英语故事阅读教学实践
——以牛津英语 4AM2U3P4 The lion and the mouse 为例

上海市浦东新区实验小学　鲍佳薇

摘　要

故事阅读通过引人入胜的故事情节、有趣的角色对话、画风迥异的插图等,激发学生的阅读兴趣,提高他们的阅读能力和语言水平,培养想象力与创造力,同时还能让学生养成良好的思维品质。本文以牛津英语 4AM2U3 I have a friend 第四课时 The lion and the mouse 为例,阐述如何在小学英语故事阅读教学中落实核心素养的培育。

关键词

小学英语　故事阅读　核心素养

阅读课型在单元整体教学中起着重要作用,阅读的过程是语言和思维交互作用的过程,故事阅读则通过引人入胜的故事情节、有趣的角色对话、画风迥异的插图等,激发学生的阅读兴趣,提高他们的阅读能力和语言水平,培养想象力与创造力,同时还能让学生养成良好的思维品质。本文以牛津英语 4AM2U3 I have a friend 第四课时 The lion and the mouse 为例,阐述如何在小学英语故事阅读教学中落实核心素养的培育。

一、注重语言实践活动，发展学生语言能力

语言能力指运用语言和非语言知识以及各种策略，参与特定情境下相关主题的语言活动时表现出来的语言理解和表达能力。英语语言能力的提高有助于学生提升文化意识、思维品质和学习能力，发展跨文化沟通与交流的能力。语言能力表现在以下 3 个方面：感知与积累、习得与建构以及表达与交流。

1. 感知与积累

感知与积累是语言能力的基础。在本课的语音学习部分中，在引导学习辅音字母组合 br-/br/ 和 cr-/cr/ 的发音时，通过视频演示、箭头标示语调等方法让学生感知字母组合的发音，学生们通过模仿、跟读和朗读来确保准确性，并感受语句中的韵律和特色。通过这种方法，学生能够更深入地感知和体验音调的变化。

在学习"狮子与老鼠"的故事中，学生们通过观看视频、图片等不同形式的活动，积累更为丰富的语言结构和内容。在这些活动中，学生能有效自主地提取有用信息、感知语篇中的不同情绪情感。

2. 习得与建构

在导入环节，学生通过对上课时故事的表演，巩固了这个单元的核心词汇，如 T-shirt、shoes、trousers 等，同时也对朋友的意义有了更进一步的理解，为引出今天的动物朋友的故事做了自然的铺垫。当狮子大声吼叫时，图片中的文字描述为 ROAAAR! I'm big and strong.，这帮助学生关联起吼叫的动作和 big and strong 这样的描述性词汇。故事中的动态视频和有表情的角色图像用更加生动和实用的方式，使学生更容易判断说话者的情绪和态度。比如，当狮子放走老鼠时，其温柔的眼神和友好的动作为学生提供了有关狮子宽容和友善态度的线索。通过这些信息，学生在获取信息的同时，能更进一步地理解故事中角色的情感表

达，为自己描述事物的语用能力打下了扎实的基础。

3. 表达与交流

老鼠与狮子这个生动有趣的故事，为学生提供了丰富的交流机会，让他们可以进行简单的交流，通过角色的互动，表达角色的情感。同时也表达出自己对友情的理解和珍视。学生不仅可以通过简单的句子来描述或复述故事情节，还可以通过深入的阅读策略提取更多的故事细节。学生在课堂上习得的语言能力同样体现在课后任务的实施中。在作业中，要求学生画一画自己的动物朋友并描述一下它，这是基于课堂上学生对于狮子和老鼠的外形特征以及能力的描述的学习的基础上的。

二、挖掘语篇育人价值，落实文化意识培育

《义务教育英语课程标准（2022年版）》（以下简称《英语课程标准》）提出，在英语教学中要落实文化意识的培养，要注意优秀文化全方位、全过程的融入与渗透。文化意识核心素养不仅仅指知道一些文化知识，了解一些文化现象和情感态度价值观，还包括评价、解释、比较语篇反映的文化传统和社会文化现象。教师在教学过程中，应充分挖掘语篇的文化内涵和育人价值。通过深度学习和活动，在培养学生语言能力的同时，培育学生对优秀文化的鉴赏能力，促进积极的情感态度和正确价值观的形成。

1. 依据课标，明确单元主题意义

本单元属于"人与社会"范畴下的"人际沟通"，子主题内容为：同伴交往，相互尊重，友好互助，该单元的育人价值是感受朋友的特点（着重服饰的不同），体会朋友的友谊，理解朋友间需要互相帮助。

2. 依据教材，解读单元主题意义

本单元 I have a friend 主要学习 coat、shirt、blouse 等服装类词汇，

进而用 He/She has... 描述朋友的特点（着重服饰），第四课时的寓言故事 The lion and the mouse 看似与核心内容关联不大，其实契合了"朋友"这个单元主题。图 1 所示为单元主题内容框架。

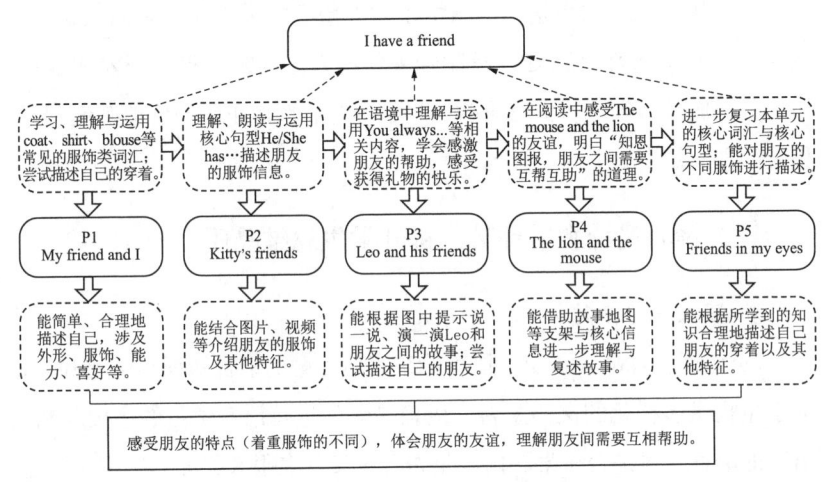

```
                          I have a friend
   ┌──────────┬──────────┬──────────┬──────────┬──────────┐
   │          │          │          │          │          │
学习、理解与运用  理解、朗读与运用  在语境中理解与运  在阅读中感受The   进一步复习本单元
coat、shirt、blouse等  核心句型He/She  用You always...等相  mouse and the lion  的核心词汇与核心
常见的服饰类词汇；  has…描述朋友  关内容，学会感激  的友谊，明白"知恩  句型，能对朋友的
尝试描述自己的穿着。 的服饰信息。  朋友的帮助，感受  图报，朋友之间需要  不同服饰进行描述
                          获得礼物的快乐。  互帮互助"的道理。
   ↓          ↓          ↓          ↓          ↓
   P1         P2         P3         P4         P5
My friend and I  Kitty's friends  Leo and his friends  The lion and the mouse  Friends in my eyes
   ↓          ↓          ↓          ↓          ↓
能简单、合理地  能结合图片、视频  能根据图中提示说  能借助故事地图  能根据所学到的知
描述自己，涉及  等介绍朋友的服饰  一说、演一演Leo和  等支架与核心信  识合理地描述自己
外形、服饰、能  及其他特征。  朋友之间的故事；尝  息进一步理解与  朋友的穿着以及其
力、喜好等。          试描述自己的朋友。 复述故事。       他特征。
   └──────────┴──────────┴──────────┴──────────┘
         感受朋友的特点（着重服饰的不同），体会朋友的友谊，理解朋友间需要互相帮助。
```

图 1　单元主题内容框架

3. 通过教学活动，渗透育人价值

开始阅读之初，比较狮子和老鼠的外形特征差距明显，狮子可以轻松吃掉老鼠。但是从最初老鼠看见狮子时瑟瑟发抖，到狮子仁慈放过老鼠。从这个环节中，学生感悟到不能欺凌弱者，每个生命都有其内在的价值，也不能过于自大，要用一颗善心对待世间万物，将语言学习与感悟做人、做事的道理相结合。

通过角色阅读，让学生体会不同角色的心情。当有一天，狮子被困在网中，几个身形比老鼠大数倍的动物都无能为力，狮子陷入绝境时，身材小巧的老鼠勇敢搭救，小小的身材和大大的能量形成鲜明对比。狮子得救了，两个力量悬殊的动物成了好朋友。这正是培养了学生要发挥优势、互帮互助的品格。

文化意识作为核心素养的重要方面，凸显了英语课程立德树人的价值导向，教师在英语教学中应不断引导和帮助学生感悟中外优秀文化的精神内涵，形成正确的价值观和良好品格。本课时，学生不仅学习了核心单词和核心句型的表达，也感悟了做人做事的道理，同学们认识到，在生活中每个人都有长处，不能轻视任何人。同时，我们需要相互合作、共同成长，生活才更有乐趣。对学生今后形成正确的价值观起到了积极的导向作用。

三、精心设计教学环节，提升学生思维品质

1. 深入学习语篇内容

《英语课程标准》指出，语篇承载表达主题的语言知识和文化知识，为学生提供多样化的文体素材。语篇是学生进行语言学习的主要材料，语篇的语言材料是否科学、内容是否有意义，在很大程度上决定了学生能否通过语言学习得到思维品质的培养。本课时的语篇是一个经典故事，改编自著名的寓言故事《狮子和老鼠》。这是一个情节丰富、趣味性强的故事，作为本单元的语篇知识，处于教学知识内容和技能整合的阶段，蕴含丰富的具有创造性思维和创造意识的素材。

在教材中，该故事是以叙述性的语言形式呈现的，笔者在教材的基础上，予以进一步优化和完善，充分利用故事文本，深度解读教材，并设计自制的绘本故事书，既赋予了故事学习较为真实的学习环境，也使得内容学习更有意义。

改编后的文本（见表1）相较于原来教材上的叙述型故事文本，语言更为丰富、内容更为多样，并且使故事的推进更为合理，对学生的比较、分析、判断等思维能力进行了训练，从而达到了培养学生思维品质的目标。

第一章 学习方式新实践

表 1 教材内容与改编语篇

教材内容	改 编 语 篇
	Scene 1 **The lion:** ROARRR! I'm big and strong. I have big teeth, and I can run very fast. I am the king of the forest! This is a lion. It is big. It is strong. It has big teeth. It can run. **Scene 2** **The mouse:** Squeak! Squeak! I'm small, but I have sharp teeth. I can bite very fast. This is a mouse. It is small. It has small but sharp teeth. It can bite. **Scene 3** **The lion:** ROARRR, Little Mouse! **The mouse:** Please let me go, Mr Lion! One day, maybe I can help you! **The lion:** HAHA…You are too small. You can't help me. Go! Go! Go! **The mouse:** Thank you! The mouse sees the lion. It is afraid. It is too small, so the lion lets it go. **Scene 4** **(A few days later)** **The lion:** Oh, my god! A net! H-e-e-elp! The lion is in a net. It is afraid. Many animals come, but they can't help the lion. **Scene 5** **(The mouse comes. He is afraid.)** **The mouse:** Squeak! Squeak! I can help you, Mr Lion. **The lion:** You? Help me? **The mouse:** Yes, I can. Look at me. The mouse has small but sharp teeth. It can bite the net. It helps the lion. **Scene 6** **The lion:** I have a new friend. He's small, but he's so nice. The lion and the mouse are happy. They are friends now.

167

2. 设计丰富的课堂活动

要通过英语教学培养学生的思维品质，除了使教学文本内容本身体现逻辑思维性之外，课堂中的教学活动也很重要。

由语音儿歌自然过渡到故事书；从封面阅读中提取故事基本信息，如人物、背景等；观察故事图片并排序，形成初步印象；故事开始，利用默读、快读等阅读技巧，帮助学生获取信息；在角色扮演中加深体验；故事中间，狮子的再次嚎叫引发学生思考，通过提取关键词，问答交流，思考故事情节；同时，通过图片观察、问题思考、图景感受等，理解故事内容，推进故事学习；学好故事后，学以致用，借助板书复述故事，厘清故事脉络，提高学生的语言表达能力及思维能力。

3. 设计精准的课堂提问

"故事阅读前"，用 Who are they? Where are they? 这两个问题，点明故事的人物和背景。"故事阅读中"，鼓励学生带着问题阅读，获取关键信息。一个个问题推动着故事情节的发展。"故事阅读后"，让学生自主发挥，用 I like the... It is... It has... It can... 等句型说一说自己喜欢的角色的理由。开放式的问题不仅加深了学生对故事的理解，也进一步突出了在故事教学过程中对语篇的主题意义和观点做出正确的理解和判断，达到语义和思维的有机整合。通过语言、思维、情感同步发展，使得教学自然而然达到本课时的情感目标。

语言是外显的，思维是内隐的。人与人沟通是通过语言为载体的思想交流。因此，小学英语教学不能只关注单一的语言知识和技能目标，而要在此基础上重视对学生思维品质的培养，关注学生核心素养的发展。

四、综合语用输出，提高学生学习能力

《英语课程标准》对学习能力做了如下界定：学习能力指积极运用

和主动调适英语学习策略、拓展英语学习渠道、努力提升英语学习效率的意识和能力。学习能力的发展有助于学生掌握科学的学习方法，养成良好的终身学习习惯。

在英语教学活动中，要提升学生的英语学习能力，就要注重培养学生对英语学习的兴趣。本课时学习材料为英文原版绘本故事 The lion and the mouse，是四年级学生熟悉的动物题材，符合学生的认知水平。

在导入环节中，引导学生观察绘本封面，找到人物和标题，提取故事基本信息，从而对故事进行预测，吸引了学生的注意力，学生的阅读兴趣和学习兴趣得到了增强。随后，通过对故事情节画面进行排序，验证了学生的猜测，强化了学生对英语学习的信心和动力，有利于优化学生的学习行为。

在泛读环节中，为学生设定了阅读标准，从 accuracy（准确性）、fluency（流利性）、emotion（情感性）3 个维度进行分项评价。评价标准的设立为学生明确了本节课的阅读目标，学生自主阅读时，会根据这样的目标指向注意阅读的准确性、流利性和情感性，从而更好地参与课堂活动。注重过程性评价，关注学生在阅读过程中的表现和努力，及时给予反馈和指导。鼓励学生自我评价和互相评价，培养学生的自我认知能力和团队协作能力。

在精读环节中，为学生设置了引导问题，提供了阅读技巧，学生带着问题去阅读，更容易抓住阅读材料的关键信息，提高学习的效率。reading tips 的指导也是引导学生掌握正确的阅读技巧，找到适合自己的英语学习方法。在正确的方法的指引下，学生也会在找到答案时，增强学习的信心，做到乐学善学。

在分角色朗读和角色扮演环节中，学生通过与他人交流合作，直面学习中的困难，共同完成学习任务，培养了合作意识，提升了协作能力。

在复述故事环节中，学生认真思考，主动探究，尝试运用板书（见图2），通过结合故事画面和关键词来回顾故事，解决语言学习中的困难。

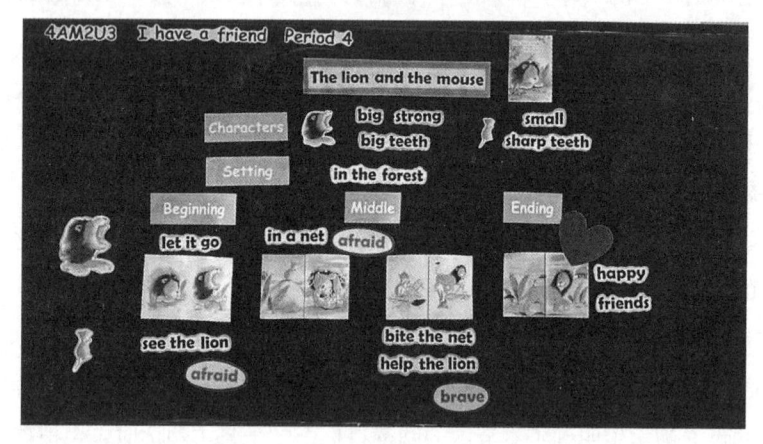

图2 本课时板书

本节课，在教师的引导和启发下，学生们培养了较为浓厚的兴趣，能积极参与课堂活动，注意倾听，大胆尝试用英语进行交流，在学习过程中学会运用正确的阅读方法和策略，开展自主学习、合作学习和探究学习，学习能力得到逐步提升。

五、结语

基于核心素养下的小学英语故事阅读教学实践，应以学生为中心，注重培养学生的语言技能、思维能力、文化素养和情感态度，教师需要采用多样化的教学活动和教学方法，如可以利用多媒体手段创设生动的教学情境，通过小组合作、角色扮演等方式提高学生的参与度，通过游戏、竞赛等方式激发学生的学习兴趣。同时，教师还应注重因材施教，根据学生的个体差异和学习需求，灵活调整教学策略和方法，确保每个学生都能在故事阅读教学中获得发展和提高，促进学生的全面发展。

参考文献

［1］李素玲.李丽佳.在小学低年级英语教学中发展语言能力的实践：以培养学生"看"的技能为例［J］.小学教学研究.2023（23）：43—44.

［2］陈锋.浅析英语学科核心素养背景下中学英语教学中跨文化交际能力的培养［C］//北达资源中学"语文、英语教育论坛".2017：123—126.

运用传统文化在小学思政教育中开展浸润式教育

上海市浦东新区实验小学　陈　晨

摘　要

随着社会的不断发展，对学生个人思想素养的要求越来越高，这也就使得小学思政课在整个教育系统中越来越重要，根据《中华优秀传统文化进中小学课程教材指南》中"3+2+N"全科覆盖的要求，把中华优秀传统文化全面融进德育、智育、体育、美育和劳动教育的课堂教学，使中华优秀传统文化能够充分地融入思想教育中，实现"课课承文化""人人讲思政"的课程育人。众所周知，中华文化有五千多年的历史，它不仅凝聚了几千年来中国人民的智慧，也体现了几千年来中国人民的团结精神。因此，在小学思政课堂中融入传统文化教育，能够激发学生的民族自豪感，增强学生对中华文化的认同感，从而更好地实现教育的目的。

关键词

小学　思政教育　传统文化

在实施思政教育时，学校和教师可以利用多种教育模式，让学生在学习的过程中提高对传统文化的认知。此外，教师还可以根据学生的兴趣爱好设计教学方式，从而加深学生对传统文化的印象以及在日常生活中的实践运用,这对学生思想的树立都具有很重要的意义。此外,教师通过多种方式为学生灌输他们不熟悉的中华文化,以此来培养学生良好的道德素养,有利于为学生未来的发展打下坚实的基础。

一、目前小学传统文化教育的现实问题

随着课程改革的逐渐发展和深入,对小学教师如何在思政课堂上渗透中华传统文化教育也提出了更高的要求。小学阶段是学生学习中起到最关键作用的阶段,但是由于传统课堂的影响,导致这个阶段的学生对一些传统文化的了解不深,思想的形成也并不成熟。因此,在小学教育中将传统文化融入课堂就显得尤为重要。

然而,学校对于传统文化教育在小学课堂中的实施情况还存在很大的问题,在传统的教育模式中大多是教师面对面传授思政课本中的传统文化知识,并没有让学生亲自对传统文化进行实践,这样不仅不能让学生主动地参与传统文化知识讨论,还有可能使学生丧失对传统文化的兴趣,课堂也会变得没有特色。

另外,在教师讲解传统文化之类内容时,并不会主动提问学生一些问题,而是一直自己讲述书本上死板的内容,降低学生积极性和主动性的同时,还会导致一部分学生对传统文化产生淡漠的态度,并不利于激发出学生对传统文化的兴趣。小学生是祖国的花朵,是民族的未来和希望,学校和教师要利用符合学生兴趣爱好的教学方式,在小学思政教育中不断渗透传统文化,并对学生感兴趣的部分进行鼓励和激励,这样才能树立学生正确的人生观和价值观,使其长大之后为祖国的发展贡献出一份力量。

二、在小学思政课中融入传统文化教育的重要性

（一）促进学生综合素质的发展

中华文化是世界上留存最为悠久的文化，它具有的丰富的文化内涵和优良的道德习俗，非常值得后人学习和传承。此外，教育是人类文明的延续，也是促进社会发展的主要方式，传统文化则是一个民族延续和发展的重要方式，对培养国家栋梁之才发挥着很重要的作用。

因此，在小学思政教育中渗透中华传统文化不仅可以激发出学生对学习的兴趣，还可以增添课堂的吸引力，丰富课堂的学习内容，活跃学生的学习氛围，有利于增强学生内心对民族的认同感，提高学生对传统文化的认知。

（二）帮助学生了解民族文化

《新时代爱国主义教育实施纲要》明确指出："爱国主义是民族精神的核心。"我们的民族传统文化是丰富多彩的，无论是哪个地区都有自己特定的习俗和环境，这就需要教师带领学生了解各个地区的民族文化和风俗习惯，而学生通过了解可以更加公平地对待不同地区的习俗，养成良好的判断能力，还可以培养学生养成良好的素养，而不是一味地跟随大众的思想，从而丧失自主表达思想的能力。

此外，帮助学生了解传统文化，还可以让学生从各个地区的角度了解各个民族文化的发展情况，增强学生的社会责任感，激发学生对中华传统文化的兴趣，从而树立民族自豪感。

三、传统文化融入小学思政教育中的实践研究

（一）利用传统节日增强学生兴趣

众所周知，传统节日在我们的日常生活中是最为重要的节日，每当

传统节日到来的那一天，家家户户都会齐聚一堂，准备一些这一天应该吃的食物。教师就可以以此来激发出学生对传统节日的兴趣，让学生在回想过节的同时，了解节日的由来，这样不仅可以增强学生对传统文化的理解能力，还可以拓展学习范围，对学生加深节日印象有着重要的作用。

除此之外，教师还可以根据思政教材里关于节日的内容为学生进行知识的讲解和拓展，同时让学生联系生活，自主讨论一下在这一天都发生了什么有趣的事情，这样不仅有利于调动学生的积极性和主动性，还能够增强学生与伙伴之间的感情，从而更利于教师教学目的的达成。

比如，在讲到《道德与法治》一年级上册第四单元"天气虽冷有温暖"中第15课"快乐过新年"的这一课内容时，教师可以提前制定关于元旦的教学目标，将元旦这个主题带到课堂上让学生自由讨论，引导学生们了解公历新年、元旦的来历。学生在课堂上容易被节日习俗的多种形式所吸引，而难以深入了解节日的来历。所以，在教学中，教师可以利用多媒体，通过视频讲解元旦的来历："传说上古的尧舜时代，实行禅让制，在位者为公为民，很受百姓爱戴，到大禹时，祭祀先帝尧舜，大家就把那一天当作一年之始，成为'元旦'或'元正'，汉武帝时定孟喜月为正月，此月第一天即夏历正月初一被称为'元旦'，统一了规范，直到清末辛亥革命胜利后，孙中山先生为了'行夏正，所以顺农时，从西利，以便于统计'，定正月初一，也就是古代的'元旦'为春节，公历1月1日为新年，也就是现在的'元旦'。"

接下来教师就可以组织学生在班中进行迎元旦活动，学生们可以根据自己的喜好，如准备一个元旦联欢会节目、发挥自己的创造力动手剪剪窗花、在门上贴对联等方式庆祝元旦，以此加深学生对元旦节的印象。这样不仅激发出了学生对传统节日的兴趣，还调动了学生在课堂上的积极性，有利于学生更好地理解传统文化。

（二）利用多样化的教学方式增强传统文化的渗透

随着时代的不断发展，人们生活水平变高的同时却让学生的活动范围日益减少，学校的操场成为学生唯一可以娱乐的场所，这也就导致小学生的积极性无法被挖掘出来。

众所周知，小学生对一切新鲜的事物都十分好奇，这个时候就需要教师可以熟练地运用各种教学方式引导学生融入课堂的教学中。在制定教学目标时，教师可以根据学生的兴趣爱好自然地将传统文化引入进教学内容，在带给学生新鲜感的同时，还可以增强学生对传统文化的认知。

目前，有很多城市开始了新一轮的传统文化遗迹整合，让许许多多丢失的传统遗迹、遗址重新展现在了大众的眼前，教师就可以依据这个机会将传统文化做成课件或者动画，供学生观看和讨论，让学生在观看的同时感叹于中华文化的博大精深。

除此之外，教材上面的内容也是不容小觑的。教师可以提前展现出内容的基础，吸引学生关注和本章相关的传统文化现象，这些对学生了解传统文化都具有很重要的实际意义。

比如，在讲到《道德与法治》一年级上册第四单元中"美丽的冬天"这一节内容时，可以播放音频带领学生合唱歌曲"冬天来了"，然后教师可以出示冰雕的图片带领学生欣赏冰雕，让学生知道每到1月5日，哈尔滨就会举办国际冰雕节，引导学生了解冰雕艺术能够展现人类与自然的互动关系，是冬季旅游的重要组成部分，能够丰富文化底蕴，并促进当地经济发展。

这样一来，活跃学习气氛的同时还能让学生在感受歌曲和演唱歌曲的过程中明白二十四节气中冬天的文化底蕴。此外，除了歌曲之外，教师可以选择一些不同地域冬天的图片或者视频供学生们观看,让学生了解中国的辽阔,感受祖国不一样的冬天,从而了解祖国各地不同的冬季特征。

(三)组织学生参与传统文化实践

正所谓实践才能出真知,如果只是一味地用枯燥无味的课本内容让学生了解传统文化,往往达不到真正的教学目的。因此,教师可以组织学生进行传统文化实践,带领学生来到户外进行传统文化宣传,并时刻关注街道边还存在的手艺人,帮助学生与手艺人交流,让学生有更加深刻的认知。

此外,教师还可以选择在教室里举办传统文化讲座或者定期的读书俱乐部,然后可以做一个传统文化简单的问卷调查,鼓励学生主动回答在了解传统文化后的感想和感受,这些不仅可以增强学生的理解能力,还可以提高学生的文学素养,对思政课未来的学习都起着十分重要的作用。

比如,在执教传统文化这一课时,学校可以请一位非遗传承人来到学校为学生们讲述传统文化的出来和经过,让学生在听讲的过程中主动向非遗传承人提问一些问题,有了这些初步的思考,学生会不自觉地参与到讲座中,有利于激发出学生对传统手艺的兴趣。

此外,非遗传承人还可以将作品带到思政课堂,让学生更加真实地体验到传统文化的存在,并从中感受到传统文化的魅力,对传统文化有更深层次的了解,从而树立学生的民族自信心和自豪感,有利于促进学生全面发展。

(四)建立传统文化家校合作机制

在小学教育的过程中,最不能缺少的就是家校之间的合作,小学生与中学生有一定的区别,小学生并没有很强的自制力和意志力,这就需要教师的努力，家长也应该做出配合，这样才能有利于学生的发展。小学思政课中最为常见的美德便是"孝"，孝是我国传承千年，经久不衰的优秀传统美德，在每个国人的认知中，有"孝"才为大。因此，教师可以将"孝"这个主题带到课堂上，让学生加深对中华传统美德的理解，为学生未来的发展打下坚实的基础，家长也会因为学生的进步而感到欣慰。

比如，在讲到《道德与法治》一年级下册"我和我的家"这一节内容时，教师就可以通过创设环境引发学生的思考："同学们，家是什么样子的呢？对我们来说家有什么意义呢？"学生在听到这个话题时就会表现得非常活跃，"在家里父母是如何关爱自己，保护自己的？""你们最想和父母说些什么呢？"通过一系列的问题让学生自己思考，有利于提高学生的自主思维能力。

此外，教师还可以引入小故事丰富教学内容，如"望云思亲"这种小故事，这样都有利于学生更深层次地了解中华优秀传统美德，让学生能够正确地认识父母对自己的关爱，而不是错误地认为这是理所应当，从而培养学生养成尊敬父母、爱护父母的优良品质。

课程结束后，教师可以让学生自主举办关于"孝"的文章竞选，并在课下与父母积极交流学到的知识，然后通过日常生活中的事情对父母表达感激之情，进而加深学生对中华传统美德的印象，促进学生全方面的发展。

四、结语

总之，传统文化是我国最为宝贵的财富，将传统文化融入小学思政课堂中不仅可以增强学生的爱国情怀，还可以加强学生对传统文化的认知，从而树立学生民族自信心。此外，教师还需要不断完成自我素养的提升，在小学这个关键时期开展传统文化的教育，这不仅能够加深学生对知识的沉淀，还能够培养学生的人文情怀，促进学生各方面的发展。

参考文献

[1] 陈燕.浅析中华优秀传统文化融入小学思政课的教学路径[J].青海教育，2023（7/8）：70.

[2] 涂红芳.中华优秀传统文化融入小学思政课教学的机制探索[J].求知导刊，2023（9）：35—37.

[3] 王晖.小学思政课融入中华民族传统文化资源的探索研究[J].试题与研究，2022（31）：79—81.

[4] 焦红英.浅谈中华优秀传统文化融入小学思政课的教学路径[J].新课程，2022（7）：108—109.

基于学生数据素养培养的项目化学习活动
——以三年级数学"我是小小分析师"项目化学习活动为例

上海市浦东新区实验小学 孙丹洁

摘 要

项目化学习是一种以学生为中心的教学方式,在这种学习方式下,学生的学习活动是围绕特定的研究项目进行的。"我是小小分析师"项目化学习活动将学科知识与学生生活实际相联系,利用数学知识解决实际问题。项目化学习活动充分发挥了数学学科在促进学生发展中的作用,不仅能够促进学生综合能力的发展,还能激发学生探索问题和解决问题的兴趣,培养学生探究能力和合作精神。本文以三年级数学"我是小小分析师"项目化学习活动为例,通过创设真实情境,让学生在做中学;搭建合作平台,让学生在做中研。培养学生发现问题、解决问题的能力,通过成果展示、汇报交流、反思提升等环节,使项目化学习活动真正落地生根。

关键词

小学数学 数据整合 项目化学习

《义务教育数学课程标准(2022年版)》(以下简称《数学课程标准》)中指出:"数据意识主要是指对数据的意义和随机性的感悟。知道在现实生活中，有许多问题应当先做调查研究，收集数据，感悟数据蕴含的信息；知道同样的事情每次收集到的数据可能不同，而只要有足够的数据就可能从中发现规律；知道同一组数据可以用不同方式表达，需要根据问题的背景选择合适的方式。形成数据意识有助于理解生活中的随机现象，逐步养成用数据说话的习惯。"项目化学习以学生为中心，学生可以主动设计自己的探究计划，围绕一个或多个问题展开研究。它是以问题为主线，以学生为主体，将学生置于具体的、具有一定挑战性的学习情境中，让学生通过亲自参与、亲身体验、合作交流、自主探究等方式来获取知识和应用知识，发展解决问题的能力。条形统计图以其直观易懂的特点，是小学数学统计教学中的重要组成部分。教材详细讲解了条形统计图的基本要素，帮助学生理解并认识条形统计图在表示数据时的优势。本次项目化学习活动将学科知识与学生生活实际相联系，利用数学知识解决实际问题。以"我是小小分析师"为主题，开展基于项目的学习活动，能够有效地培养学生的数据素养，并且使学生在解决问题的过程中逐步形成实事求是的科学态度和勇于探索的创新精神。

一、项目驱动，让素养可视化

数据统计、分析是数据时代最基本的能力之一，能够清晰、直观的显示某一问题的相关数据，并分析解决措施。学生通过学习，经历统计的全过程，进一步学习收集、整理和描述数据的方法，认识条形统计图的特点，掌握条形统计图的绘制方法。因此，结合学校放学时交通拥堵的问题，引导学生通过自主开展调查、收集数据、分析数据并选择合适方法解决真实问题。学生根据数据作出合理性的判断和预测，感受数据蕴含的信息，发展数据意识。

《数学课程标准》将数学核心素养表述为"三会"，即会用数学的眼光观察现实世界、会用数学的语言表达现实世界、会用数学的思维思考现实世界。结合第三单元"统计"的学习,将其与生活实际紧密结合,以增加教师教学指导性,发展学生最优化思想为目标,展开项目化学习。以"如何解决放学时的交通拥堵现象"作为驱动型问题,提升数据收集能力、动手操作能力、实践运用能力、合作交流意识、审美艺术等,形成和发展面向未来社会和个人所需要的核心素养,即有眼光发现、用语言表达、善思维解决。

二、巧设"问题链",制定项目方案

学生从"问题是什么""有哪些解决方法""如何利用数学知识解决现实问题"这3个角度出发,分别设计相应的项目任务,在项目化学习活动中不断思考、讨论、实践、总结,真正体验数学与生活的紧密联系。在三年级数学"我是小小分析师"项目化学习活动中,本质问题为"如何利用收集的数据制作条形统计图,并分析解决放学时校门口交通拥堵现象?"在本质问题的基础上设计驱动型问题"放学时的校门口交通总是非常拥堵,现在也请你收集班内数据,制作一份条形统计图,根据条形统计图中的信息,思考如何才能够解决交通拥堵的现象吧!"同时提出以下4个子问题。

子问题1:观察放学时校门口交通拥堵现象,你已经知道什么信息?

子问题2:分析放学时校门口交通拥堵现象,你还需要知道什么信息?

子问题3:如何整理数据、绘制条形统计图?

子问题4:根据绘制的条形统计图,你能提出一些解决拥堵现象的建议吗?

基于以上"问题链"的创设,可以确定三年级数学项目化学习主题是"我是小小分析师"。在确定项目化学习主题后,学生根据自己的兴趣特长、个人认知水平,选择了三年级的同学作为研究对象,开展"我是小小分析师"项目化学习活动,意在让每一位三年级学生都能体验到数学学习的乐趣,真正成为数学学习的主人。项目启动后,三年级的同学们积极讨论、开展了一系列自主探究活动。

三、组织多元活动,助力成果生成

(一)跨界融合,明确主题

项目化学习的实施,需要在教师的指导下,基于学生的兴趣和特长,以"跨学科、跨领域"为主线,整合运用各学科知识和技能,才能更好地实现学生核心素养的提升。因此,在项目化学习实施前,教师要帮助学生明确项目化学习的目标。为了让学生了解项目化学习的意义和价值,我们选择了"交通拥堵"这一现实生活中的问题作为切入点,开展"我是小小分析师"项目化学习活动。

在很长一段时间里,放学时校门口的交通状况总是让人感到混乱和拥堵。私家车占了大部分的道路,电瓶车和行人毫无秩序地穿行,导致通行变得异常困难,同时也带来了很大的安全隐患。为了解决这一问题,学生们在上学、放学的过程中开始留心观察交通拥堵的现象,并在校内进行小组讨论,探讨需要搜集哪一类数据以及如何搜集数据。

通过深入思考和讨论,学生们意识到校门口交通拥堵的主要原因是私家车、电瓶车和行人的无序混杂导致的。为了解决这一问题,他们认为需要搜集关于车流量、行人流量以及道路状况的数据。

经过小组讨论,学生们在明确了需要搜集的数据类型和搜集方法后,开始进行实地考察和数据收集。他们利用上学、放学时间,采用观察、计数和拍照等方式,记录下校门口的车流量、行人流量以及道路状况等相关数据。通过这些数据的分析,他们发现校门口的交通拥堵主要是由于私家车占据了大部分道路,而电瓶车和行人的无序穿行也加剧了交通的混乱程度。

(二)查找资料,收集数据

确定了项目化学习的主题之后,同学们就开始在网络上搜索与自己主题相关的信息,寻找与之相关的书籍。在了解到要想真正地解决校门口交通拥堵的问题,我们还需要搜集大量的数据之后,同学们决定将调查数据进行分析整理,从而得出有效结论。

在这次活动中,同学们展现出了极高的热情和积极性。他们互相启发、交流,通过集思广益的方式,总结出可以从放学时使用的交通工具方面入手进行调查统计。他们认为,通过分析造成校门口交通拥堵现象的主要原因,可以为解决这一问题提供有力的数据支持。

在确立了需要搜集的内容后,学生们开始了数据收集工作。他们非常细心地制作了放学使用交通工具情况统计表(见表1),将交通工具分为轿车、自行车、助动车、步行、公共交通5类。各班根据自身情况,完成了统计表的数据收集工作。这一过程不仅锻炼了同学们的团队协作能力,也让他们更加深入地了解了交通拥堵问题的实际情况。

表1 三( )班学生放学使用交通工具情况统计

交通工具	轿车	自行车	助动车	步行	公共交通
人数/人					

在数据收集过程中,学生们表现出了极高的责任感和专注度,他们

仔细地对各种交通工具进行了分类和统计。这个过程不仅需要他们具备一定的统计知识，还需要他们充分了解交通工具的种类和特点。通过这一活动，学生们对数据的查找、收集、整合有了亲身经历，还对交通拥堵问题有了更深入的认识。

亲历活动过程，学生们成功地搜集到了关于放学时交通拥堵现象的数据。他们用实际行动证明了，只要我们肯去观察、去思考、去实践，就能够找到解决问题的方法。这一项活动在提高同学们的观察能力、思考能力和实践能力的同时，也为解决校门口交通拥堵问题提供了一份宝贵的参考。

（三）合作协同，共促项目推进

在项目推进的过程中，学生们充分发挥了团队合作的力量。他们根据各自的特长和兴趣，分成了不同的组别，分别负责数据收集、整理、分析和提出解决方案等任务。

在数据收集组，同学们通过观察和调查，获取了校门口交通拥堵的相关数据。他们将数据整理成表格，清晰地呈现了车流量、行人流量以及道路状况等信息。

在数据分析组，同学们利用学过的数学知识，对收集到的数据进行深入分析。他们通过计算车流量、行人流量的数据，找出了交通拥堵的主要原因。

在解决方案组，同学们根据分析结果，提出了多种解决交通拥堵的方案。他们提出可以增加道路通行能力、限制车流量、推广公共交通等措施，以改善校门口的交通状况。

在项目推进的过程中，学生们还注重跨学科的知识整合和实践应用。他们不仅运用了数学的知识，还涉及了美术、信息学科的知识。这种跨学科的学习方式，让学生们能够更好地理解和应用所学知识，提高了他们的综合素质。

通过这次项目化学习活动,"小小分析师"们取得了丰硕的成果。学生们通过实践操作和团队合作,不仅提高了解决问题的能力,还培养了创新精神和批判性思维。他们的成果为学校解决校门口交通拥堵问题提供了重要的参考。

(四)整理数据,绘制条形统计图

在项目化学习活动中,学生们进行了多次实践,既获得了丰富的数据信息,又对数据进行了分类整理。在此基础上,学生们提出了绘制统计图的想法。他们在设计表格的过程中,遇到了一些问题,比如,有的

图1 放学时使用的交通工具条形统计图

表格内容比较多，有些表格中的数字需要进行进一步整理；有的表格中部分数据不够清晰；有的表格需要多次修改；等等。针对这些问题，学生们提出了自己的想法和建议。学生们通过交流发现，要解决这些问题，他们需要从不同角度去思考，大家相互启发，相互合作，最终确定了一个合理、可行的统计图绘制方案。在此基础上，学生们又进行了二次实践活动。其间，学生们利用所学的统计知识，整理了关于放学时使用的交通工具的统计表，并将其绘制成了条形统计图（见图1）。

在绘制过程中，学生深入探讨了条形统计图的5个基本要素，即标题、项目名称、一格表示几、直条、单位名称。他们认识到，要将统计表转化为条形统计图，除了已提供的信息外，必须明确规定一格代表的数量。在自主设计并装饰统计图的过程中，学生们亲身体验到了使用条形统计图呈现数据的优势，这进一步激发了他们动手绘制条形统计图的热情。

（五）分析数据，成果分享

在经过一番努力后，学生们根据各班情况完成了条形统计图，并向其他小组的成员展示和解释他们的成果。他们希望通过这些图表，能够探究出为什么有些车辆会在校门口停留，为什么校门口会出现交通拥堵现象，以及可以为校门口的交通拥堵提出哪些解决方案。

当他们向其他小组的成员展示自己的统计图时，每个人都聚精会神地听着、看着。有些图表清晰地呈现了不同时间段内车辆的停留情况，有些图表则展示了校门口交通拥堵的原因。每个小组都对自己的图表进行了深入的解释和讨论，大家都被这些精美的图表和深入的分析所吸引。根据绘制的条形统计图，学生们化身为一个个小小分析师，热火朝天地交流讨论着从图中发现的种种问题和可能的解决方案。最后，学生们针对校门口交通拥堵的现象，提出了一些策略（见图2）。

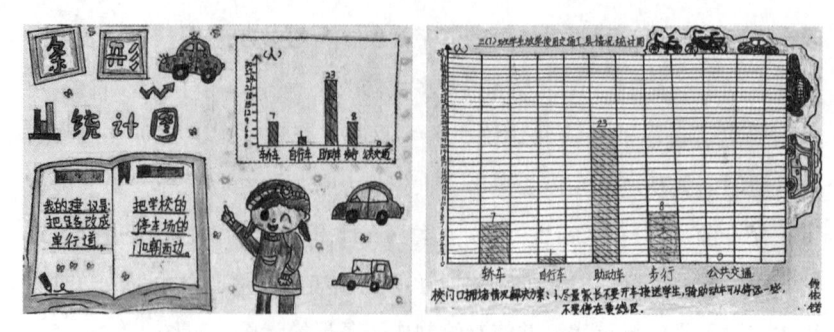

图2　校门口交通拥堵现象解决策略

（1）针对数量最多的电瓶车和摩托车，可以将其停放在非机动车停车场，这样可以大大减少它们在道路上占道的情况，从而给机动车和行人留出更多的空间。

（2）对于机动车停车场，可以倡导文明开车，如驾驶员们可以交替通行，在出口处留出禁止停车区域，这样不仅可以方便直行车辆通过，还可以提高交通流畅度。

（3）对于步行的学生和家长，可以引导他们沿着一号桥路的两边通行，避免在机动车之间穿梭，这样可以保障他们的安全，同时也能减少交通拥堵。

（4）最后，对于校门外十字路口的停车问题，可以倡导不随意停车，避免占据车道。这样可以确保交通的顺畅，同时也能避免可能的交通事故。

这些建议都是学生们根据统计图的信息和他们的观察得出的，可以看出他们对于解决校门口交通拥堵的问题充满了热情和责任感。

四、结语

总而言之，数据意识的培养对学生数学核心素养的形成具有积极的促进作用。通过收集和分析数据，有助于提升学生的思维能力。基于本次数学项目化学习活动，学生们将抽象的数学学习内容与生活实例相结合，亲身体会到了数据的必要性，有助于培养学生的创新意识和实践能力，让学生在真实情境中发现问题、提出问题，在探索、实践和反思的过程中解决问题。在未来，教师将继续探索项目化学习在小学数学教学中的应用，不断提高学生解决问题的能力，培养学生数学核心素养。

参考文献

［1］熊姿，李茜.促进学生"学以致用"的小学数学单元项目化学习设计：以"我是小小预算员"为例［J］.教育科学论坛，2023，（22）：45—47.

［2］王长莉.项目化任务群：大概念视域下小学数学大单元教学新样态［J］.天津教育，2023（18）：66—68.

［3］苏娜，林彬，章勤琼.小学数学项目化学习的实践路径［J］.小学数学教师，2023（6）：41—46.

［4］张婷.小学数学项目化教学中学生数感培养分析——以《认识100以内的数》一课为例［J］.求知导刊，2023（5）：95—97.

幼小衔接中情绪教育的跨领域融合与实践

上海市浦东新区新城小学　沈丽丽

摘　要

在幼小衔接情绪教育的跨领域融合与实践中，探索了一种创新模式，旨在帮助学生在从幼儿园过渡到小学的关键阶段中更好地理解、表达和管理自己的情绪。项目以"情绪觉察"课程为中心，围绕跨界协同的核心理念，将教育者、心理学家、家长以及多方面的专业资源紧密联结起来，为幼小衔接情绪教育构建了一个高效、可推广的情绪共育模型，实现了幼儿园与小学的跨学段合作。通过这样的合作与创新，有效助力学生情感与学业的双重成长，为构建更健康的教育环境做出了积极贡献。

关键词

幼小衔接　情绪教育　"情绪觉察"课程　联合教研　家校合作

一、共育之桥：幼小衔接的合作契机

学生的成长旅程中，幼小衔接时期显得至关重要。这一时期不仅标志着学业发展的过渡，更是情感认知和发展的关键节点。在教育领域迅速发展的今天，跨界协同成为提升教育质量的关键策略。

学生从幼儿园踏入小学，经历着学科知识的更替和学习环境的变迁，面对新的学习环境、陌生的同学，伴随着情绪波动和适应压力，其中的挑战不容小觑。

共育不仅是在挑战中找到问题的解决方案，更是在问题中找到共同的契机。跨越学段的情绪共育不仅是对学生情感进行引导与疏导，创造一个温暖、理解和支持的成长环境，更是教育者、家庭和学生共同建构的情感支持网络，在幼小衔接中充当着桥梁的角色，连接着学生的幼小经历与未来的学业生涯。

本研究旨在深入探讨幼小衔接时期学生的情绪认知和需求，通过构建情绪共育模式为其提供更全面的支持。我们希望通过研究，为教育者、家庭和决策者提供有益的启示，促进学生在这一关键时期更好地适应新的学习环境，实现情感与学业的双丰收。

二、共育之本：幼小衔接的情绪认知与需求

在幼小衔接时期，学生的情绪认知和需求呈现出独特的特征，为更好地引导学生和构建情绪共育模式提供了关键的认知基础。

（一）情绪认知在跨学段衔接中的核心地位

在幼小衔接的过程中，学生经历了从幼儿园到小学的关键转变。这一时期，情绪认知的发展扮演着核心的角色。学生需要逐步认知并理解自己的情绪，学会有效表达情感，并适应新的学习和社交环境。情绪认知的提升不仅关系到学生对内心世界的掌控，也直接影响到学业和人际交往的质量。

（二）跨学段情绪挑战：从幼儿园到小学的过渡

学生在幼小衔接时期面临着多重情绪需求和跨学段的情绪挑战。首先，他们需要适应小学的学科体系、学习方法和学习节奏，这可能引发焦虑、不安等情绪。其次，新的社交环境使学生需要重新建立同伴关

系，这涉及情感的表达和理解。再次，学生在这一时期还可能面临自我认知的挑战，不同情境对情绪表达的需求各异，这需要学生更深入的情绪认知。

三、交融之道：跨界协同的情绪共育模式

在幼儿园和小学联合教研的框架下，我们引领了一场情绪共育的变革，构建了一套创新性的情绪共育模式，如图1所示，以"情绪觉察"课程为核心载体。这一模式通过跨越学段的多方面努力，深度融合了教育专家、心理学家和教师的智慧，以及家长的积极参与，旨在实现全方位的情绪教育，促进学生情感发展的连续性和稳健性。

图1 情绪共育模式

（一）团队协同推动情绪教育的创新

在情绪共育模式中，教师团队通过联合教研，以"情绪觉察"课程为研究对象，包括课程设计、教学方法到评估策略等全方位的内容。通过协同努力，教师们共同提升情绪教育水平，使学生在不同学段都能够得到贴心的情感支持。

联合教研中的工作坊，促进了教师团队对"情绪觉察"课程的深入理解。教师们共同研讨并制定针对不同年龄段学生的情绪教育策略，

在保持课程一致性的基础上，更好地满足学生在不同发展阶段的特殊需求。

幼儿园和小学教师形成紧密的联合教研团队，通过共同的目标和理念，深入挖掘不同学段学生的情感需求。这种协同创新在情绪共育模式的构建中发挥了关键作用，确保了模式的针对性和实效性。

（二）整合专业资源促进情绪教育的全面发展

我们倡导专家与教育者之间的深度合作。这种跨界合作不仅在课程设计初期提供了系统性、专业性的指导，还确保了课程内容符合学生的实际需求。通过学科专业知识与情绪教育专业知识的有效整合，为学生提供更为全面和深入的情绪教育。

在这一模式中，我们邀请了心理学家与教育专家参与教师培训，为他们提供了关于学生情感发展的理论支撑。这种专业资源的整合不仅提升了教师的情绪教育水平，也确保了"情绪觉察"课程在理论和实践上的科学性。

（三）家长的角色与参与，构建全方位的情绪支持

情绪共育需要学校和家庭之间的通力合作。通过定期的家长培训，我们向家长传授情绪教育的知识和方法，使其能够更好地理解和支持孩子的情感发展。通过家校协同，我们将学生的情绪教育延伸到了家庭环境，促使学生在不同场景中形成更加稳固的情绪认知和表达能力。

在家长培训中，我们提供了一系列实际操作的建议，使家长能够在日常生活中更好地与孩子进行情感沟通。比如，分享一些简单而有效的游戏和活动、沟通技巧、如何陪伴孩子等，帮助家长与孩子建立更紧密的情感联系。这种全方位的家校合作确保了情绪共育的贯彻始终，不仅仅局限于学校的教学环境中。

（四）模式的实际运作与跨界协同的全面体现

在实际运作中，我们的情绪共育模式通过以下方面充分体现了跨界协同的理念。

1. 信息共享（information sharing）

教师团队通过联合教研实现了信息的实时共享，确保了不同学段的教学理念和方法之间能够衔接得更加顺畅。每位教师都能够获取到关于其他学段的有效实践和经验，从而更好地调整和改进自己的教学方法。

2. 资源整合（resource integration）

我们不仅整合了教育专家和心理学家等资源，而且在课程设计中融入了不同领域的专业知识。这种跨学科的资源整合为情感支持提供了更加科学和全面的依据，确保了"情绪觉察"课程的专业性和实用性。

3. 共同目标（shared goals）

在跨界协同的框架下，教师、学校和家庭形成了共同的发展目标。共同的目标使得各方在情绪教育方面更密切地合作，为学生提供更有针对性和全面性的情感支持。

通过情绪共育模式的建构，我们努力打破学段的界限，实现学生在不同阶段的情绪发展的无缝衔接，将为学生创造更加健康、积极的学习和生活环境。这不仅仅是一个理论框架，更是在实际运作中践行的教育理念，为学生提供更为全面的支持，培养他们更为自信和稳定的情绪能力。

四、智慧共筑：情绪教育课程的协同创新之路

（一）共创幼小情绪教育联合教研团队

1. 需求分析与目标制定

教师团队首先进行了对学生情绪发展需求的深入分析，确立了共同

的目标。在这个过程中，跨学段的教师相互分享了各自学段学生的情绪特点和需求。

2. 课程设计工作坊

通过组织课程设计工作坊，促使幼儿园和小学的教师团队共同思考课程的整体设计。工作坊包括形成共识、讨论关键元素、明确教学目标等环节，确保整个团队对课程目标和内容有清晰一致的理解。

3. 跨学科融合

在形成阶段，我们注重学科与心理专家的跨界合作。学科专业的教师与心理专家进行深入的磋商，将学科知识与儿童心理学相融合，确保课程既有学科专业性，又符合学生情绪发展的实际需求。

4. 实践验证与调整

在课程实施初期，教师们进行实践验证，观察学生的反应和效果。通过定期的反馈会议，团队共同分析实践数据，进行课程的调整和优化，形成了一个循环的改进机制。

通过这一形成的过程，教师联合教研团队逐渐形成了共同的理念和实践基础，为后续的协同创新奠定了坚实的基础。

（二）跨学段情绪教育的整体规划

在幼小学生阶段，情绪教育的关键性愈发凸显。为满足学龄前和学龄期学生情绪发展的特殊需求，我们的幼小教师团队通力合作，倾力打造"情绪觉察"课程。

1. 幼儿园"情绪觉察'小达人'"

在关注学龄前学生时，我们特别注重简化情绪表达方式，通过可视化的方法使幼儿更容易理解和表达情绪。

（1）情绪名称。在有趣的环境中学到更多的情绪名称。

（2）情绪视觉印象。通过引导幼儿想象情绪的颜色、形状和大小，帮助他们建立情绪的视觉印象。

（3）简化情绪表达。利用简单而生动的方式，让幼儿更轻松地表达他们的情绪，培养初步的情绪表达能力。

（4）任务手册设计（幼儿园）。帮助幼儿认识并表达更多种类的情绪，提高幼儿对自己和他人情绪的敏感性。

1）情绪表情卡片。准备一系列卡片，每张卡片上有一个表情图标和相应的情绪名称。

2）情绪探险地图。地图上标有各种不同的情绪，如开心、惊讶、生气、害怕等。进行掷骰子游戏，每个点数对应一个情绪，孩子在落点处描述相应情绪。

2. 小学"情绪觉察大行动"

对于学龄期学生，微课程更深入地挖掘不同情感的根源和表达方式，培养对于更为复杂情绪的觉察和理解。

（1）引发情绪的事件描述。增加引发情绪的事件描述，帮助学生理解情绪产生的具体原因，并学会适当表达。

（2）情绪的比喻表达。引导学生将情绪与生活中的事物进行比喻，培养他们对于复杂情感的觉察和巧妙表达。

（3）任务手册设计（小学）。在任务手册中加入更具深度的练习，鼓励学生在课外时间运用所学情绪觉察和表达技能，深化应用。

1）情绪解读。帮助学生深入理解各种情绪的特征。

2）情绪表达实践。学生根据情绪发生的情境，模拟或创造性地表达相应的情绪，包括书写、绘画、戏剧表演等方式。可在任务手册中记录他们的表达作品。

3）情绪变化记录。学生可以记录自己各种情绪变化，使用准确的情绪词汇命名感觉，清晰地表达情绪变化的原因。

3. 幼小教师团队的情绪教育协同创新

在"情绪觉察"课程的实践中，教师团队的协同创新为幼小学生的情绪支持提供了生动而丰富的经验。通过多种形式和实际案例分析，教师们共同提升了对学生情绪需求的理解和应对能力，实现了理论到实践的无缝衔接。

（1）课程反哺教研

1）幼儿园教师以丰富的幼教经验为基础，通过观察幼儿的实际反应，深入了解他们在情绪表达方面的特点。这些教师为小学阶段的同事提供了实际案例和观察结果，促进了两个学段之间的碰撞和启发。

2）小学阶段的教师通过幼儿园教师的反馈和案例分享，深刻认识到学龄期学生在情绪认知和表达方面的挑战。他们运用这些见解，对课程进行灵活调整，确保更好地适应学生在学龄期的新需求。这种反哺教研机制使得两个学段的教师能够在教学实践中互相启发，形成更加生动的课程设计。

（2）任务手册的实践验证

1）幼儿园教师通过实践验证任务手册，深入了解幼儿对于情绪表达任务的理解和反应。他们记录下每个幼儿的情绪表达过程和变化，为小学阶段的教师提供了详尽的数据，促进了更深入的讨论。

2）小学阶段的教师则在收到来自幼儿园教师的任务手册实践验证结果后，能够更准确地预判学生的情绪认知水平。他们借助这些信息，优化小学阶段的任务手册设计，确保更好地满足学生在学龄期的情绪发展需求。

（3）学科整合的拓展

1）幼儿园教师在联合教研中强调学前阶段学生的多样化学科需求，提供了关于语言表达和社交技能等方面的实际案例。他们从学科整合的角度促使小学教师思考情绪教育在不同学科中的延伸和应用。

2）小学阶段的教师通过学科整合的拓展，更好地理解学生在不同学科中的情感需求。他们将这些跨学科的理解融入课程设计，确保情绪教育更贴近学科实际，为学生提供更全面的支持。

通过以上方式，教师联合团队在协同创新的过程中形成了一个充满活力的合作体系，实现了信息的共享、经验的互相启发。这不仅促进了整体课程的协同发展，也提升了教师在情绪教育方面的专业水平。

五、共育之潮：幼小衔接情绪模式的延伸与升华

"情绪觉察"课程的成功推广离不开学校和教育部门的大力支持和积极参与。于 2023 年 6 月 25 日，浦东新区教育发展研究院教学研究指导部主办、观澜教育联盟和蒲公英教育集团协办，新城小学和西门幼儿园承办的"聚焦关键经验　促进儿童连续发展"——浦东新区幼小衔接活动展示成功举办。此次活动为浦东新区幼儿园和小学提供了珍贵的教育经验和学习资源，同时进一步加强了教育实践的交流和合作。

（一）拓展覆盖范围

通过成功的活动展示，团队在协同努力中拓展了课程的覆盖范围，将其受益范围扩大至更多的学校和幼儿园。这突显了团队在项目推广中的共同努力，为更多学生提供了情绪教育的机会，实现了幼小衔接的全面支持。

（二）优化课程内容和方法

在成果展示中，团队详细呈现了经验的提炼和课程的优化，提升了对幼儿和小学生的关键经验的关注。这种创新有助于更好地促进儿童的连续发展，体现了团队对不断改进的承诺，以确保其在不同学段的实际效果。

（三）家校合作和教育部门支持

通过加强家校合作和获得教育部门的全面支持，形成了有力的推动。成果展示中详细阐述了家校合作模式的构建和教育部门的支持措施。

（四）共享与成长

学校、教育部门和社区共同努力，为教育事业注入新的活力，促进了共同体的共同进步。在成果展示中，团队强调了共享经验的重要性，并提供了具体的合作模式，鼓励其他教育机构参与共同体建设。

通过这次成功的成果展示，团队不仅在本地区得到了认可，也为情绪共育模式的推广奠定了坚实基础。这一成功经验将被推广至更广泛的范围，为更多学校和教育机构提供有效的情绪教育方案，共同致力于学生全面发展的目标。

六、共育辉煌：跨界协同的成功与展望

通过对幼小衔接期情绪共育模式的深入研究，我们不仅更深刻地理解了学生在这一时期的情感认知和需求特征，也成功构建了以《情绪觉察》课程为核心的情绪共育模式。这一模式凝聚了专家、教师和家长的协同智慧，致力于实现全方位的情绪教育，促进学生情感发展的连续性和稳健性。我们通过创新的课程设计和协同教研团队的努力，为学生提供了贴心的情感支持，助力他们在学习和生活中更好地理解、表达和管理情感，更好地适应学习和社交环境。

在实践中，我们将持续优化课程内容和方法，更深度地整合专业资源，加强家校合作，以确保模式的实效性和可持续性。同时，积极借鉴和吸收国际先进经验，为幼小衔接的情绪教育贡献更多有益的理念和实践。期待通过不懈的努力，为构建更加健康、积极的学习和生活环境贡献我们的力量。

参考文献

[1] 爱新觉罗梅.浅析幼小衔接教育存在的主要问题与解决对策[J].教师,2020,(11):97—98.

[2] 杨钰.小学一年级"语言运用"的幼小衔接困境与对策研究[D].贵州师范大学,2022.

[3] 田慧.小学心理健康教育中的家校合作策略解析[J].科学大众(科学教育),2019(6):75.

聚焦"双减",发展思维
——"双减"背景下的小学语文大单元作业改革策略

上海市浦东新区新城小学 杨 蓉

摘 要

"双减"政策通过减轻中小学生的课业负担和提高教育质量,旨在改善学生的身心健康和兴趣培养状况。该政策强调教师应科学优化语文单元作业设计,使其更加简洁和高效,同时保证学生有充足的体育锻炼和社会实践时间,在实施过程中,教师需要创新教学与作业设计,以支持学生的自主探究、独立思考和技能发展。单元作业设计应基于发展学生核心素养的理念,紧扣学习目标,并通过系统化、多样化的实践活动提升学生的语文能力,确保"双减"政策的核心目标"减负提质"能有效实施,促进学生的全面发展。

关键词

双减 语文 单元 作业

"双减"政策是教育部为缓解中小学生课业负担、改善身体素质和兴趣培养状况而推出的一项重要措施,面对当前学生课业重、课余活动时间少、身体素质下降及探究兴趣减退的问题,该政策鼓励教师根据其科学导向,积极探索更有效的教学和作业设计方法,特别是在语文教学中，教师应通过策略创新和教学过程优化，在减轻学生负担的同时提高教学效率，从而为学生提供更高质量的教育资源和更有效的作业设计，以支持学生全面而均衡的发展。这不仅有助于提升学生的学业成绩，更重要的是促进他们身心健康和综合素养的提升。

一、单元作业的内涵及特点

在语言教学系统中，单元作业是学生进行信息处理、巩固知识、拓展视野和能力培养的重要手段，为此，教师们开始在"双减"的指导下，积极探索新的教学设计方式，主动地为小学生提供更好的智力启蒙与方法导引，助力小学生的主体认知建构，为小学生创造一个有指导、有设计、有方向、有创新的品质化作业探究环境。

（一）立足整体视域

传统的教学模式针对单一知识点进行教学，很容易使学生陷入重复练习知识点和能力点的恶性循环，无法使教材更好地发挥其优越性，在学习过程中，学生们在教材上花了很多的时间，但他们很少自觉地去建立知识的内部联系，难以对单元内容有整体的认识与把握。单元作业的设计，一是要将单元人文主题、语言元素、文本内容、助读系统等有机结合起来，计划作业的类型，建立知识联系，将事实、概念、程序、元认知等知识有机地结合起来。二是要正确地把握本课程的教学重点，把握在教材和学段中的位置，整合内部和外部的资源，建立起知识前后的联系，充分利用单元作业促进对学生的迁移应用能力的培养，让学生体验解决问题的过程，产生高质量的学习结果，从而加深对单元核心知识的认识。

（二）注重单元层次

小学语文单元作业不仅要注重对基础知识和基本能力的培养，也不能忽略对单元内容的整体认识。单元作业要遵循从低年级到高年级螺旋式上升的发展规律，综合考虑单元主题、语文要素、课文特点、教学计划、学习时间、学习方法等因素，让学生在学习过程中形成一个有机的、系统的、整体的学习过程。

（三）强调实践导向

语言教学是一种实践活动。尽管小学生拥有丰富的形象思维，但是他们的抽象思维还处于发展的阶段，因此，从抽象的角度去学习语言并不符合他们的认知特征。传统的语言教学过分强调老师的输出，忽视了学生主体的参与，这与核心素养下的课堂教学改革的要求相违背。培养语文核心能力，要求学习者以现有知识和经验为基础，在实际的语言使用环境中，通过主动的语言实践活动来进行自我建构。以培养学生的语文核心素质为目标的单元作业，应该是以语文实践为主线，以进阶式的学习任务为载体，让学生可以在语言实践中不断地挑战自己，掌握新的知识，用知识来解决问题，从而逐渐建立起对单元核心知识的认识。

二、单元作业的类型

《义务教育语文课程标准（2022年版）》将学习任务群作为课程内容的核心载体，进而将其细分为基础型、发展型和拓展型三大类。相较于传统的侧重单篇文章的作业形式，单元作业更加全面，不仅重视基础学习，还强调发展性和拓展性，全方位落实学科核心素养的培养。具体到单元作业的设计，应包括3个层次：基础性作业主要围绕加强学生对语文知识的积累和梳理，打牢语言运用的基础；发展性作业则侧重于融入学习策略，促进学生思维能力的增长，引导学生向自主学习转变；拓展性作业旨在通过实际应用提升学生的审美和创造力，进一步增强他们的文化自信。这3种作业类型虽各具特点，但构成了一个互补且相互联系的有机整体，共同推动学生能力的多维度发展。

（一）基础性作业

基础性作业是语文教学的基石，是以学生基本学科知识的掌握和学科基本能力的训练为目标的任务。重视基础性作业不等于重回教学本位的老路，在"双减"的背景下，可以尝试让学生在课堂中完成或部分完成基础性作业，让基础性作业和课堂教学融为一体，辅助提升教学质量和效率。

（二）发展性作业

发展性作业可以激发学生对作业的热情。着眼于单元整体的发展性作业，要避免单一、重复的训练，形式可以丰富多样，如观察体验类、信息集成类、实践操作类、专题创意类等。

（三）拓展性作业

拓展性作业是学生实现对单元核心知识深度理解的关键。在拓展性语文作业的设计和运用中，教师需要充分利用生活中的语文教学资源，优化语文学习环境，努力构建校内外联系、课内外联系、各科间融合的语文教学体系。让学生在生活中感受语文、体会语文，提升语文素养。

三、"双减"政策对语文单元作业设计的实施要求

单元作业设计是教师在统筹考虑教学任务、教学范畴、教学方式的基础上，为学生提供主题化、拓展化和系统化的任务。第一，在语文单元作业的设计中，要注意把握单元作业的数目，使其量少而质精，注重提升学生的作业品质性、体验性和实效性，从而尽可能缩短学生完成作业的时间，提升学生从作业中的收获，改善学生的课余生活。第二，"双减"政策要求语文单元作业的设计要严格控制难度，不能超出小学生的认知、思维和综合能力，保证学生能独立思考，并具有一定的探究

性。因此，要准确地控制单元作业的难度，以达到学生的自主思维和自主认识，并发挥学生的主体性来完成作业。第三，"双减"政策要求语文单元作业在内容上要做到高质量、高层次、高价值，并能提供给小学生生活化、实践化、主体化等多种形式的体验，从而实现语文单元作业的提升和创造性的发展。

单元作业的设计应该遵循由封闭型向开放型的转变，以激发学生的情感共鸣和提升他们的主动参与度。比如，在学习新字词的任务中，传统的抄写练习虽是基础性作业，但仅限于表面的词汇记忆，未能深入激发学生的学习兴趣或理解。相对的，如果教师引导学生使用这些新学的词汇编写故事，不仅能够连接学生的日常生活体验，还增添了作业的开放性和实践性。这种方法促使学生通过创意表达深化对词汇的理解，并实际应用所学知识。

检验单元作业的科学性最有效的方式是通过实际的教学实践。教师需要在课堂实践中不断检验作业设计的效果，观察作业是否促进了学生进行富有成效的探究活动，是否激发了学生的思考、讨论乃至争辩，以及是否引导学生对关键问题进行深入思考。如果现有的作业设计未能达到这些教学目的，教师应当进行调整和优化，确保作业能有效地实现学科核心素养的培养，促进创造性思维的发展，从而使单元作业成为培养创新人才的有效工具。

四、实践：指向学科核心素养的小学语文单元作业设计

随着教育改革的不断深入，培养学生的学科核心素养已成为现代教师的关键教学任务。语文教学的核心素养主要涵盖 4 个方面："语言的建构和运用"，即教育学生正确而富有创造性地使用语言；"思维的发展和提升"，旨在培养学生的逻辑思维、批判性思维和创新思维能力；"审

美的鉴赏和创造"，鼓励学生在文学作品的阅读、欣赏中提升个人的审美和创造力；以及"文化的理解和传承"，这不仅要求学生理解和欣赏中华文化的深厚底蕴，也鼓励他们在实践中传承并发展这一丰富遗产。通过系统地对这些核心素养的培育，语文教学将更加注重深度和实效，助力学生全面而均衡地发展。

（一）识记类作业的设计策略——游戏激趣法

根据心理学家皮亚杰的理论，6到7岁的儿童正处于认知发展的"前运算阶段"，在这一阶段，儿童的思维方式倾向于形象化和直观化，且对游戏兴趣浓厚。因此，针对这一年龄段儿童的识记类作业设计应充分利用现代教育技术，创造多样化和互动性强的游戏类作业，以增强学习的趣味性和有效性。

以小学一年级语文上册第一单元为例，可以设计如下几种游戏化作业。

1. 词语打擂台

通过竞技游戏的形式，让学生在轻松的氛围中识记新词语。学生通过读对所有词语来"通关"，这种方式不仅提高了学生的学习动力，还增加了挑战成功的成就感。

2. 字词闯关小游戏

利用希沃白板等智能教学设备，设计寓教于乐的识字游戏，如"摘苹果"和"吹泡泡"，在游戏中完成字词的学习和复习，让学习变得更为生动和有效。

3. 妙笔生花书写秀

在练习书写生字的过程中，教师将学生的书写作品通过投影展示，邀请同学们进行互评，评出每个作品的星级，并给出具体的改进意见。同时，组织限时书写比赛，评选"书写小明星"和"书写小能手"，并定期举办班级书写作品展览，增强学生的书写兴趣和成就感。

4. 读背实力派

鼓励学生采用自己喜欢的方式朗读课文，如拍手读、配乐读、接龙读、分角色读、亲子合作读和表演读等，使读书活动变得更加生动有趣。此外，还可以举办"我是朗读小能手"比赛，涵盖儿歌和绕口令等内容，全面提升学生的朗读技能和表达能力。

通过这些创新的作业设计，不仅能有效提升学生的学习兴趣和参与度，还能在实践中加深对课堂内容的理解和掌握，进一步落实教学目标，促进学生全面发展。

（二）创意表达类作业的设计策略——情境创设法

在设计创意表达类作业时，教师需依据单元的核心任务，结合学生的具体学情，并创设基于真实场景的作业内容。这样的设计不仅能够激发学生的学习动力，还能有效提升其创造性思维和解决问题的能力。

以小学一年级语文上册第一单元为例，我们可以探索《日月水火》这一课程内容，通过"汉字博物馆奇妙之旅"的主题来进行创意表达类作业设计。具体来说，当学生完成第一课时后，他们可以通过绘画的方式，创作出与象形字"日""月""火""石"相关的图画，这种方式不仅有助于学生加深对这些汉字的形象记忆，还能促进他们对汉字美学的初步感知。

继续深入到第二课时，学生可以通过制作微视频或绘制日记画的方式，来讲述他们对某个感兴趣的象形汉字的故事。这种活动使学生在复习字形的同时，还能融入自己的生活体验和语言积累，让学习过程更加生动和个性化。

从实施效果来看，这种创意表达的作业设计不仅帮助学生迅速识记了相关生字,还让他们在学习中发现了汉字字形的演变过程。学生不仅能够阐述汉字的起源,还能将所学内容与自身的生活知识结合起来,进行深入的探索和讨论。此外,学生在遇到疑问时,还能自主利用工具书进行求证,展现了良好的学习主动性和研究能力。

总之,通过这样层次分明且富有创造性的作业设计,教师能够有效地实现教学目标,同时培养学生的语文核心素养,促进他们的全面发展。

(三)综合实践类作业的设计策略——跨学科整合法

综合实践类作业是一种跨学科的教学策略,旨在通过整合语文与其他学科知识,全面提升学生的综合能力。这类作业不仅涉及阅读、写字和绘画,还包括动手实践能力,是对学生多方面技能的综合考查。在设计这类作业时,将其与单元作业、节假日作业等相结合,可以更好地检验学生对多学科知识的掌握与应用。

以五年级学生综合实践作业——"读古典名著 品百味人生"为例,此项作业设计与养成"多读书,读好书,会读书"的好习惯相结合,激发学生们阅读名著的兴趣,提升民族文化底蕴。在阅读名著的过程中,学生们将自己的发现与感悟,绘制成了条理清晰、内容丰富、风格各异的思维导图。充分发挥自己的想象力和创造力,用手中的画笔,巧妙地将图画和文字结合在一起,制作了形式多样、丰富多彩的连环画。随着深入阅读,名著中一个个人物走进孩子们的心中,他们精心设计,为名著中自己喜欢的人物做了一张张独特的"人物名片"。学生们漫步在中国古典名著的长廊中,体验《西游记》中险境迭出的取经之旅,领略《三国演义》中风云变幻的壮阔历史,感受《水浒传》中梁山英雄的豪情壮志,体会《红楼梦》中大观园里的人世百态,从历史和人物的身上得到人生的感悟和智慧。

五、结语

"双减"政策为教师在优化语文单元作业设计方面提供了坚实的立足点和明确的指导原则。该政策有效地推动了语文课堂教学及单元作业设计走向科学化、规范化和高效化,极大地优化了小学生的课外学习环境。基于此,教师应积极响应,采取创新的设计方法,为小学生的自主探究、独立思考和技能培养提供有力支持。

在具体实施中,小学语文单元作业的设计应以促进每个学生的全面成长为核心,立足于发展学生的核心素养,紧密结合单元和课时的学习目标。通过设置层层递进的体系化单元作业,教师可以引导学生在多样化且实践性强的语文活动中提升语文能力。通过这样的系统设计,"双减"政策的核心目标——"减轻学业负担,提高教育质量"能够在实际教学中得到有效实施,从而根植于教育实践之中。

参考文献

[1] 龙宝新.中小学学业负担的增生机理与根治之道:兼论"双减"政策的限度与增能[J].南京社会科学,2021(10):146—155.

[2] 黄雅芝.低年级小学语文单元作业设计策略初探[J].教育界,2020(43):24—25.

"高标高质"之教育智慧

——以五年级语文"小叶子魔法毕业季"项目为例

上海市浦东新区新城小学 范豪杰

摘 要

在上海市教育质量持续关注的背景下,上海市浦东新区观澜教育联盟通过实施一系列创新教育实践,探索提高教育质量的有效策略。本文基于联盟成员校新城小学的具体实例,分析了班级管理创新、文化建设及项目化学习在实际操作中的成效与挑战,以及这些措施如何促进学生的全面发展和教师的专业成长。研究发现,结合学生生活和情感需求的教育活动设计,显著提升了学生的学习动力和教育效果。文章建议,未来教育改革应继续深化个性化和技术整合应用,以实现教育的高质量发展。

关键词

教育改革 班级文化 项目化学习 实践探索 学生发展

一、引言

在教育领域,追求"高标准、高质量"已成为教育工作者和政策制定者的共识。随着教育改革的深入,如何有效提升基础教育阶段的教育质量和成效成为了重大挑战。上海市浦东新区观澜教育联盟作为浦东新区教育改革的先行者，通过实施创新的教学策略和管理措施，探索了有效的项目化学习，为浦东新区教育改革提供了有价值的参考。本研究旨在对观澜教育联盟的教育改革实践进行全面分析，探讨其成功的关键因素及对其他教育实体的启示。

（一）教育背景与地方创新

现如今，教育系统不仅需要培养学术上有成就的个体，还需要社会和情感上有能力的人。因此，上海许多区都启动了教育改革。然而，不同地区独特的社会经济和文化背景需要定制化的方法。观澜教育联盟对这些挑战的应对提供了一个个引人注目的案例研究。

该联盟实施了多项开创性的举措，旨在提升教育质量和效率。这些措施包括在教学中集成前沿技术、采用全人教育方法和培养持续改进的教育和学习文化。

（二）观澜教育联盟的创新实践

观澜教育联盟所采用的教育实践特征是传统价值观与现代教学理论的结合。联盟在推动重视学生为中心的学习、项目化学习方法和教育中信息通信技术的融合方面发挥了先锋作用。

联盟特别强调个性化学习环境的重要性，其中认可并培养学生的个别化需求。这种方法不仅增强了学生的参与度和动机，还改善了学习成果。此外，联盟通过专业发展计划促进教育者之间的协作，这些计划鼓励分享最佳实践和持续学习。

（三）挑战及其克服

尽管取得了成功，教育改革的道路充满挑战。这些挑战包括利益相关者的抗拒变革、新技术的整合以及确保所有学生都能平等获得高质量教育。观澜教育联盟通过包容性政策制定和培养重视反馈与适应性学习的文化来应对这些挑战。

联盟克服这些障碍的方法包括广泛的社区参与,利用家长、学生和教育者的反馈来细化和调整教育策略。此外,联盟与技术公司建立合作伙伴关系,确保所有学生都能获取最新的教育工具和资源,从而减少数字鸿沟。

(四)全区教育实践的启示

观澜教育联盟的实践和成果对浦东新区的教育改革有重要的启示。联盟的方法表明,全面的教育改革不仅需要课程和教学方法的变革,还需要包括相关者参与、专业发展和技术整合的系统变革。

观澜教育联盟的经验可以激励浦东新区其他学校的类似倡议,在这些学校,教育者正努力实现教育的高标准和高质量双重目标。通过采取全面和包容性的方法,学校可以确保他们在为学生提供必备技能以适应迅速变化的社会方面做得更好。

二、研究方法和材料

本文采用定性研究方法,主要通过文献回顾、案例研究和半结构化访谈来收集数据。研究对象为上海市浦东新区观澜教育联盟,特别是新城小学的具体教学活动和管理创新实践。通过详细分析这些实践活动如何在提升学生学习动力、促进学生全面发展以及改善教育成果等方面发挥作用,本研究旨在揭示这些创新措施背后的教育智慧,并探讨其可持续性和可推广性。

三、实践探索

(一)班级文化建设

具体的实践探索,以联盟成员校新城小学为例,我校始终坚持班级文化建设是提升教育质量的核心之一。学校领导和教师团队深知，强有力的班级文化不仅能增强学生的归属感，还能显著提升学生的学习积极性。比如，学校特别重视"新城百星"墙报的作用，这不仅是一个展示学生作品的平台，更是激发学生创造力和团队协作能力的有效工具。通过定期组织主题明确的墙报竞赛，学生可以在实践中学习如何表达自己的想法，如何与他人合作，这些都是传统课堂教学难以触及的领域。

（二）项目化学习的实施与成效

观澜教育联盟在线上线下齐心协力，呈现引人入胜的项目化学习课程，充分展示了活动项目化、跨学科项目化和学科项目化等多方面的独特实践，探索着构建课堂新样态的项目化学习。

项目化学习作为一种以学生为中心的教学模式，在新城小学得到了充分地实施。比如，在我参与的五年级语文项目化学习中在"小叶子魔法毕业季"项目中，学生不仅需要回顾整个小学阶段的学习经历，还要设计并实施一场以"感恩"为主题的毕业典礼。这个项目不仅让学生运用了他们在艺术、科技、语文等学科中学到的知识，更重要的是，通过这样的活动，学生学会了如何规划和执行一个复杂项目，这对他们未来的学习和生活都具有重要意义。项目具体内容如下。

1. 项目引言

五下第八单元人文主题是难忘小学生活。这个单元与学生的生活联系紧密。学生进入此单元的学习时，即将告别小学生涯。

基于这样真实的生活情境，教师引导学生展开项目化学习：如何利用学到的语文知识和本领，在叶子庄园里吹响毕业集结号。经过一番头脑风暴，学生会产生大胆的创意：叶子庄园见证了每片小叶子的蜕变。大家在这里的五年学习了很多"魔法"，临近毕业，举办"小叶子魔法毕业季"项目活动，以班级为单位，施展"魔法"来感恩母校、致敬母校。项目课时安排为5月中旬至6月底，涉及学科为语文、美术。

2. 项目目标

依据《义务教育语文课程标准（2022年版）》，本单元可归属于"跨学科学习"这一拓展型学习任务群，根据此学习任务群的定位和要求，围绕"难忘小学生活"这一主题，引导学生在"回忆往事""依依惜别"这两个语文实践活动中进行学习。

（1）围绕单元"难忘小学生活"及板块主题，与同学交流、协商活动主题，制订阶段活动计划。

（2）根据活动主题利用多种渠道收集和筛选反映小学生活的资料，进行整理；填写时间轴；运用绘画、录视频等多种途径与同学分享难忘的回忆。参考"活动建议"和"阅读材料"，自主整理成长资料，可以设计制作成长纪念册。

（3）通过回忆，与人合作，分工职责明确，活动流程清楚，并完成"叶子树"毕业赠言，表达对师友、对母校的惜别之情。

（4）通过写信的形式表达情感，做到主题鲜明，与人交流。

3. 挑战性问题

（1）本质问题。五年的校园生活，最大的成长与收获是什么，该如何体现？

（2）驱动性问题。作为五年级的准毕业生，怎样写一封情意满满的"信"记录自己的成长、收获，表达自己的感恩？

4. 预期成果

（1）成果形式。围绕"对学校、对老师或是对同学，你最想说的一句话是什么？"完成"叶子树"毕业赠言，表达对师友、对母校的惜别之情。围绕"写一封情意满满的'信'记录自己的成长、收获，表达自己的感恩"，展开习作。最终以"一封信"的成果形式进行展示。做到格式正确、表达情感、主题鲜明、与人交流。

（2）展示方式。学生互相传阅自己写的信，分享交流"一封信"的内容，谈谈本次活动的收获与感想。通过相互打分，投票选出最受欢迎、打动人心的一封信。根据设置的名额分发不同数量的小达人贴纸，并将优秀作品张贴在教室外展示墙，以示鼓励。

（3）预期评价。过程性评价；结果性评价。

5．项目实施

（1）入项：以目标为引领确定主题，任务驱动。

1）制定目标，创设情境。单元教学目标如图1所示。大家在这里的五年学习了很多"魔法"，临近毕业，可以举办"小豌豆魔法季"活动，来感恩母校、致敬母校。来自学生的创意改变了常规教学形式，学生的学习兴趣被瞬间点燃，信心满满地在真实的毕业季情境中接受新任务的挑战，积极实践探究。

以课程目标为引领，确定主题，任务驱动

单元教学目标
1. 利用多种渠道查找、整理资料。
2. 尝试借助资料完成相应的任务。
3. 策划校园毕业联欢活动，表达对母校的情感，致敬母校。

制定目标 启发思考 → 引导讨论 创设情境 ⇒ 变教材内容单元 为真正的学习单元

图1 制定目标，创设情境

2）教材重组，任务驱动。结合前期学生讨论的"小豌豆魔法季"这一主题，对教材中"回忆往事"和"依依惜别"两个活动板块的内容进行整合、调整、筛选，创造性地设计任务——小组为单位施展"魔法"感恩致敬母校，并以成果形式进行汇报。整个学习过程包含"启动阶段—推进阶段—总结阶段"3个阶段，如图2所示。通过梳理、汇总学生启动阶段讨论的内容，整理出每个阶段要完成的子任务，凸显"小豌豆魔法季"这一主题，初步培学生自主策划活动的能力。

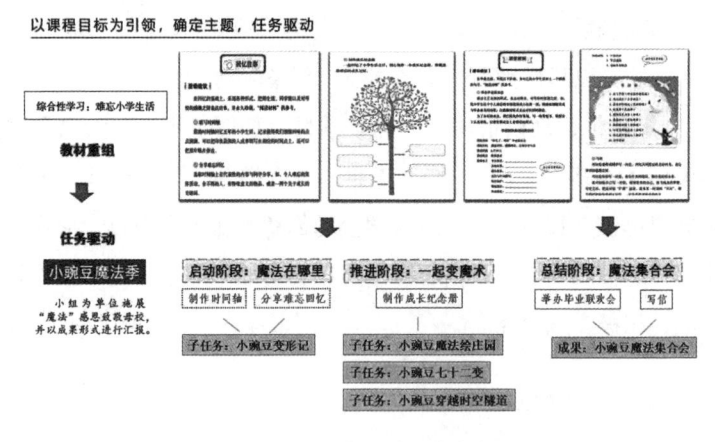

图2 整个学习过程

（2）知识与能力建构。以能力发展为核心搭建支架，深度学习。

1）提升策划活动的能力。以推进阶段的子任务"小豌豆七十二变"为例（见图3）。学校通过发布"小豌豆七十二变"子任务内容：发挥你的魔法才能，用自己喜欢的形式，介绍、宣传我们可爱的豌豆庄园。学生自发分组，组合成不同的小队，根据要求分头查找资料。经过讨论，达成共识：在即将离别母校，表达难忘感恩之情的同时，更应该去做一些有意义的事情来致敬母校。比如，可以用自己的方式去为母校代言，向他人宣传、介绍母校。可以集体展示，也可以个体呈现——动手能力强的孩子，为母校建一个模型；信息技术能力高的孩子，为母校制作一本宣传册；绘画能力高的孩子，绘制母校的画卷；能歌善舞的孩子，为母校策划一场公益表演；善于表达的孩子，为一年级的弟弟妹妹录制一段学校宣传视频；等等。

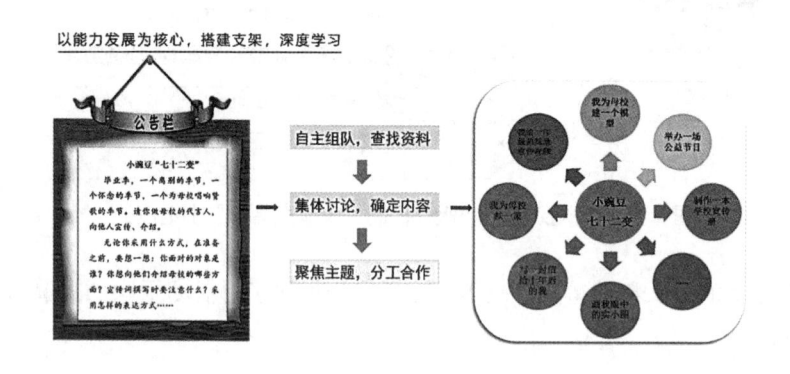

图3 子任务"小豌豆七十二变"

经过讨论，子任务"小豌豆七十二变"的内容更加具体、形象。每个学生可以从中自主选择喜欢、擅长的形式去感恩母校、致敬母校。选择同一个任务的学生自动成组，后期共同策划这一任务。以"我给刚入学的小豌豆们制作校园宣传片"的小组为例（见图4）：①分头探究，查找资料，撰写个人策划书；②小组交流，分享构想，提出问题，学生在活动推进过程中，发现问题，解决问题，不断提升，既提升了整体策划的能力，又培养了审美情趣；③再次讨论交流，完成小组策划书，策划书具体包含活动的目的、时间、地点、分工、人选、补充岗位、时间节点和总结反思等。

在推进过程中，学生不仅能够运用语文学科知识，也不断尝试灵活地综合运用各学科知识。与此同时，学生语言文字的综合运用能力和合

图 4 "我给刚入学的小豌豆们制作校园宣传片"小组任务

作互助的团队精神得到了培养，也进一步加深了对活动主题的理解和体验。

2）提升应用资料的能力。完成不同的子任务过程中，对材料的收集和整理，不是为了量的堆砌，而是要从解决任务的根本去实践。五年的小学生活，发生过许多令人激动、喜悦、或伤心、遗憾的事情。学生通过查找、搜集，能够获得很多资料，有各类活动照片、作业本、成长记录册、班级合照、成长纪念日、成长的故事等，通过合理地整理、分类并有效利用这些资料，学生应用资料的能力得到了提升。

以子任务"小豌豆变形记"为例。时间轴对于学生来说不算陌生，数学学科中经常会有绘制统计图、画图形的练习。因此学生在完成任务过程中，主动运用到数学中学到的知识，有的按年份、年龄或年级记录时间节点；有的采用直线型、曲线型、或弧线型来设计时间轴；还有的结合校园中的事物，如校花来绘制小学五年的时间轴，可谓精彩纷呈（见图 5）。这一过程中，学生在真实的任务情境中，持续而深入地实践、合作、探究和创造，能够运用数学、美术中学到的知识，记录自己的成长经历，学会发现美、表现美、创造美。

图 5 子任务"小豌豆变形记"

3）提高书面表达的能力。活动推进中，学生分析、概括能力提高了，对活动有整体思考，能有理有据地表达自己的观点，也能借助合适的媒介表达自己的见闻、感受。时间轴的绘制、策划书的撰写、写信、倡议书、魔法集合会的活动策划、主持稿等，这些书面表达形式，对部分学生来说仍比较陌生。教师此时会及时介入，根据学生需要适时提供帮助，依据语文学科指导学生关注策划书的格式、写信时的选材组材、时间轴中的典型事例的选择及语言的精炼表达等。整个综合性学习活动单元任务的推进过程中，教师的角色是不断在发生变化，是合作者、参与者，也是观察者、指导者。在学生遇到的情况时，教师应能适时介入，给予指导。这样，通过任务驱动，学生的学习需求、学习体验、学习成果都与真实情境产生了紧密的联系。

（3）成果修订与完善。学生初步的成果良好，都能参与其中。但还需要对成果进行修订与完善，在此过程中我提供了美术资源，搭建了相关的材料支架（见图6）。

（4）出项：以过程性评价为保障丰富学习经历，提升素养。经过师

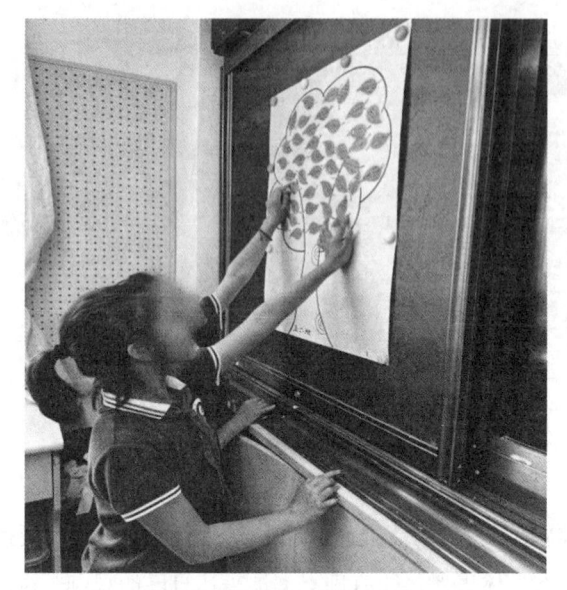

聚焦 课标新视角
——上海市浦东新区观澜教育联盟教育改革实践探索

图 6 搭建相关材料支架

生共同讨论,确定了"小豌豆魔法集合会"评价展示活动的标准(见表1)。教师积极搭建展示平台,以评价促交流,以评价促改进(见图7)。除了用书面评价表的形式进行过程性评价,活动实施过程中,教师也适时适当地进行口头评价,从而不断激发学生参与活动的动力,鼓励学生能积极、持续地参加系列活动,保持学习热情。

表 1 "小豌豆魔法集合会"评价

勋章名称	评价标准	
烈焰勋章	能选取典型事例,表达对母校的依依惜别之情。	☆☆☆☆☆
赤金勋章	能认真完成任务,呈现品质较高的作品。	☆☆☆☆☆
星辰勋章	主动探究,乐于分享,主动合作。	☆☆☆☆☆
深海勋章	能采用合适的形式和老师、同伴分享成果。	☆☆☆☆☆

图 7　以评价促交流，以评价促改进

6. 反思与迁移

依据评价任务，反思"是否学会"，教师指导学生通过评价任务评判学习结果，反思学习"是否学会"，也就是让学生清楚在前进的道路上"现在到了哪里"。教会学生学会迁移，比如，互联网的毕业季创意表达。可以根据既有经验和丰富的想象，创造性地使用微博、论坛等形式，在暑假里以创新的形式展现自己的毕业成果，毕业展望，毕业记忆等，既实现了成果的辐射，又锻炼自身的包括表达能力等在内的综合能力。

新样态的项目化学习课堂强调开放性和灵活性，摒弃了传统以教师为中心的教学方式。这种更自由、更平等的师生互动环境有助于激发学生的学习兴趣，使其成为课堂的积极参与者。通过构建这种新样态的课堂，观澜教育联盟为学生提供了更富有活力、更具启发性的学习体验。

聚焦 课标新视角
——上海市浦东新区观澜教育联盟教育改革实践探索

（三）教师发展与学习成果

观澜教育联盟十分重视教师的专业发展。联盟还举办年度总结会，见证联盟的成长历程。今年总结会聚焦项目化学习阶段推进，强调学科项目化的落地是育人方式变革的关键，凝聚了联盟成员校的共同努力。我校新城小学也定期组织教师培训，不仅限于教学技能的提升，更包括如何进行班级管理、如何设计项目化学习等内容。这种全方位的教师发展计划，确保了教学质量的持续提升，同时也使得教师能够更好地引导学生进行探索性学习，从而直接影响到学生的学习成果。

（四）结果与讨论

通过对新城小学的教学实践和项目化探索的分析为例，可以看出观澜教育联盟在提升教育质量和效果方面取得了显著成效。学生不仅在学术成绩上有所提升，更在社交能力、创新思维和解决问题能力等方面得到了全面发展。此外，教师的专业成长也为教育质量的提升提供了强有力的支持。这些成果的取得，离不开联盟对教育理念的创新和对教育实践的不断探索。

▸ 四、结论与展望

本文通过分析上海市浦东新区观澜教育联盟在新城小学实施的教育改革实践，展示了如何通过班级管理创新和项目化学习来提升教育质量和学生的全面发展。案例研究显示，结合学生的实际生活和情感需求进行教育活动的设计，能够显著提高学生的参与度和学习效果。此外，通过项目化学习，学生不仅在知识掌握上获得了进步，更在社交、合作以及解决问题的能力上得到了显著提升。这些实践证明了教育创新在培养时代新人方面的有效性和必要性。

展望未来，我们可以进一步探索以下几个方面。

（一）技术整合

随着教育技术的不断进步，将更多先进的信息技术融入日常教学中，如利用大数据分析学生学习行为，以及通过人工智能提供个性化学习建议，可能会进一步提升教育的个性化和精准性。

（二）教师专业发展

加强教师在教育创新和技术应用方面的培训，以确保他们能够有效地使用新工具和方法，促进学生能力的全面发展。

（三）跨学科学习项目的拓展

继续发展和深化跨学科学习项目，使学生能够在解决复杂问题时，综合运用多学科知识，更好地准备他们面对未来的挑战。

（四）全球视角的融入

在教学内容和活动设计中可以加入更多的国际元素和全球问题讨论，帮助学生建立全球视角，增强他们的社会竞争力。

（五）持续反馈与改进机制

建立一个持续的教育质量反馈和改进系统，不仅反馈学生的学习成果，也包括对教育过程和教学方法的评价，以促进教育实践的持续优化和创新。

通过这些持续的探索和改进，教育机构将能够更有效地应对快速变化的教育需求，为学生提供更广阔的发展空间和更丰富的学习体验，最终培养出能够适应未来社会的全面发展人才。

参考文献

[1] 王晓明.中国教育改革的历史与展望［M］.北京：教育出版社，2019.

[2] 李强，张华.基于项目学习的教育模式改革研究［J］.教育研

究，2018，39（2），113—120.

[3] 周天勇.信息技术在基础教育中的应用及其对教学质量的影响[J].现代教育技术，2020，30（4），62—68.

[4] 赵国庆.教育创新与学校文化建设[M].上海：华东师范大学出版社，2017.

[5] 陈明莉，刘思敏.教师专业发展与学生学习成果的关联性研究[J].教师教育研究，2021，33（1），88—94.

[6] 徐涛，郭丽华.跨学科教学的策略与实践[J].中国教育学刊.2019，41（10），54—59.

小学英语教育中跨文化意识培养的策略与实践
——以沪教版小学牛津英语教材为例

上海市浦东新区新城小学　张岁凤

摘　要

随着全球化的不断发展，跨文化意识在小学英语教育中的重要性日益凸显。本文主要探讨了沪教版小学牛津英语教材中跨文化意识培养的有效策略和实践。首先对跨文化内容的教学策略进行分析，其次通过列举沪教版小学牛津英语教材中跨文化意识培养的实践，接着探讨教师跨文化素养进阶之路，最后对小学英语教育培养学生跨文化意识进行展望。通过本研究，期望能为小学英语教育中的跨文化意识培养提供有益的参考，进而有效提升学生的跨文化交际能力，增强他们的全球视野和意识。

关键词

跨文化意识　沪教版小学牛津英语　教学策略与实践

一、跨文化意识在小学英语教育中的重要性

随着全球化的发展，跨文化交流变得越来越频繁。培养小学生的跨文化意识可以帮助他们更好地理解和尊重不同文化背景下的人们，为他

们将来在多元文化的环境中工作、生活打下基础。跨文化意识的培养有助于小学生建立全球视角，认识到世界上存在着多种不同的文化和价值观。根据《全球教育监测报告》(*Global Education Monitoring Report*, 2020)，全球范围内，多文化理解被越来越多的国家纳入教育政策中，强调了跨文化教育对于促进包容性和全球公民意识的关键作用。报告指出，跨文化教育不仅提升学生的语言技能，而且帮助他们在多元文化环境中建立有效的协作能力。

二、沪教版小学牛津英语教材中跨文化内容的教学策略分析

沪教版小学牛津英语教材在各个年级的课程中都涉及了跨文化话题。在教学跨文化话题时，教师可以结合学生的实际生活经验，引导学生进行讨论和分享。

（一）节日单元的关联性分析与策略应用

教材中介绍的 Festivals in China 与 Western Holidays 单元，通过对比中西方节日的庆祝方式、传统习俗和背后的文化意义，如春节与圣诞节，通过教学策略如"节日模拟"和"角色扮演"，让学生亲身体验不同文化的独特性，加深对节日文化的理解。教师可以让学生通过制作节日卡片、讲述节日故事等方式，加强文化认知和跨文化意识。

（二）食物与饮料单元的跨文化教学策略

在 Food and drinks 单元，教材通过介绍中西餐食文化的对比，加深学生对食物文化差异的理解。教师可组织"烹饪体验"活动，让学生亲手制作传统节日食品，如春节的饺子、感恩节的南瓜派，通过味觉体验文化差异。结合多媒体展示不同国家的餐桌礼仪，如西方的刀叉、中国的筷子等，增加学生的文化实践和理解深度。

（三）本土文化融合与文化自信的策略

教材融入的中国元素，如豫园游览活动，不仅教授语言知识，还可鼓励学生担任"小导游"，介绍中国文化给"外国游客"，这种教学策略既提升了英语口语表达能力，又增强了学生对自己文化的自豪感和自信心。通过设计本土化教学活动，不仅贴近学生生活，还能激发学习兴趣，促进跨文化对话，提高学生的国际交流能力。

（四）跨文化交流实践活动的策略应用

学校举办的 English Festival 活动中，学生通过参与全球七大洲文化的展示，如服装、美食制作、舞蹈表演等。教师利用这些活动作为教学策略，如撰写演讲稿、制作展示板报，促进语言综合运用能力与跨文化理解能力的双重提升。

（五）跨文化反思与多媒体技术的融合

在学习 Children's Day 等跨文化主题时，教师通过播放各国庆祝视频，引导学生探索不同文化背景下庆祝方式的异同，这样的教学策略促进了批判性思维。同时，利用技术手段，如在线交流平台与外国学生合作项目，不仅拓宽了学生的国际视野，也是将教材内容与实际跨文化交流策略相结合的实例。

三、沪教版小学牛津英语教材中跨文化意识培养的实践

（一）设计真实或模拟的跨文化交际任务

沪教版小学牛津英语教材巧妙地融入英语国家的节日、习俗及食物等文化主题，以 Introduce Thanksgiving 为例，通过以下步骤，全方位提升学生的跨文化意识。

1. 情境模拟与体验

教师创设感恩节庆祝的真实或模拟场景，学生不仅学习相关词汇，

如 turkey、pumpkin pie，还能亲手布置教室、制作传统食物，亲身体验节日氛围。在此过程中，教师引导学生探索感恩节的深层意义，鼓励他们用英语表达对家人和朋友的感激之情，提升语言实际运用能力。

2. 情境模拟与文化交融

学生扮演不同国家的角色，如外国友人体验中国春节，作为接待员介绍春节文化，通过模拟对话，学生深入理解春节的习俗、美食及其文化内涵，如饺子、鱼、汤圆等象征的意义，以及贴春联、发红包等活动，增强对跨文化的理解与尊重。

3. 跨文化比较与反思

在体验了不同文化之后，引导学生讨论中西方节日的异同，思考背后的文化价值观，通过比较和反思，深化对文化多样性的理解，增强跨文化交际的能力。

4. 课后作业与实践应用

布置与跨文化相关的课后作业，如写一篇英语短文介绍本国文化，或采访家人朋友对不同文化的看法并用英语汇报，这些实践不仅巩固学习成果，还鼓励学生将所学应用于实际，促进跨文化意识的持续发展。

（二）融合本土文化，增强文化自信

在沪教版小学牛津英语教材的框架内，本土文化的精髓被精心编织入课程，通过丰富的中国元素，为学生构建了一座连接英语学习与文化认同的桥梁。课程设计中，春节、端午、中秋和重阳节等中国传统节日的细致讲解，让学生在领略英语魅力的同时，深刻感受到中华文化的博大精深，促进了对本土文化的认同与自豪感的增强。

以"豫园导览"为实例，该拓展活动巧妙地将教材中的"Around the city"章节与上海最具代表性的豫园相结合，让学生化身小导游，以英语向虚拟的外国游客介绍这座江南园林之美。在设计导览图的创意过程中，学生们不仅吸收了传统文化知识，更激发了创新思维的火花。游览活动中的亲身体验，如参与书法、茶艺表演，品味地道美食，参观文物馆，都要求学生用英语准确传递文化精髓，这一过程极大地提升了他们的口语表达能力、本土文化理解及跨文化交际技巧。学生在实践中活化了传统文化，深化了对自己文化的热爱与理解。

鼓励教师采用富有本土色彩的教学策略，紧密结合学生的实际生活经验和文化背景，定制出更贴合中国学生特点的英语教学方案。通过这样的教学实践，为学生成为具有全球视野又不失本土情怀的国际公民奠定了坚实基础。

（三）跨文化交流实践活动

沪教版小学牛津英语教材涵盖了多种文化背景的知识，通过这些内容的学习，学生可以了解到不同国家和地区的特色文化。为了进一步推进我校英语教学的创新与实践，营造浓厚的英语交际氛围，让学生感受英语、应用英语。以"Our World"为主题的英语文化节，作为我校一项五年规划的系列教育活动，精心设计了专注于不同大洲的文化探索的环节，确保学生在小学阶段能够全面而深入地领略全球文化的多彩画卷。旨在让学生逐年积累，最终完成对世界七大洲的探索之旅：让学生在小学5年的时间里，分别了解世界七大洲（亚洲、非洲、欧洲、南美洲、北美洲、大洋洲和南极洲）的特点，如地理位置、人口面积、美食、地域文化等。在英语节期间，请外教老师介绍自己国家的特色。让学生穿上自己喜欢的外国服饰，通过拍照、制作小视频、唱英语歌曲、英语配音、跳拉丁舞、打非洲鼓等形式，扮演各个国家的人物进行表演交流，为学生提供展示才能的舞台，拓展学生国际视野。

每一阶段的活动让学生在参与中真正感受英语作为国际交流语言的

魅力，同时也促进了学生对不同文化的尊重、理解和欣赏，为培养具有全球视野的新时代少年打下坚实的基础。

（四）促进跨文化深度反思

在引领学生邀游于多元文化的海洋时，教师扮演着至关重要的角色——不仅是知识的传递者，更是文化理解与反思的引导者。以 Children's Day 课程为例，这不仅是一次对各国儿童节日期的简单罗列，更是一场深刻的文化之旅，鼓励学生跨越地理界限，探索不同社会对童年价值的认知与庆祝方式。我们设计了多种细致入微且充满互动的实践活动，不仅让学生增长了知识，也让他们学会了以开放和尊重的态度去拥抱世界的多样性。

1. 多国儿童节博览会

将教室转变为一个小型"国际儿童节博物馆"。每个小组负责研究一个国家的儿童节习俗，如日本的"女孩节""男孩节"，新加坡全民同庆的 10 月 1 日儿童节。通过制作海报、搭建模型、准备特色小吃样品等方式，生动展示各自国家的庆祝特色。

2. 文化比较工作坊

利用多媒体资源，如播放各国儿童节庆祝活动的视频片段，引导学生从节日的多个维度进行对比分析。通过"文化对比表"，记录不同文化背景下儿童节的意义和庆祝方式，激发学生的好奇心和探究欲。

3. 情感共鸣与反思

组织圆桌讨论，鼓励学生分享自己对儿童节的情感记忆，以及在了解其他国家习俗后的新发现和感受。引导学生思考：为何不同国家对儿童的庆祝方式会有如此差异？这些差异背后反映了怎样的价值观和社会习俗？通过这样的对话，帮助学生认识到，尽管庆祝的形式各异，但对儿童的爱与祝福是普世共通的。

（五）构建全球视角的信息桥梁

在信息化时代，多媒体和技术手段成为了拓宽学生国际视野的强有力工具。教师应充分利用这些资源，将全球各地的文化带入课堂，使学习体验更加生动、互动与全球化。通过这些多媒体和技术手段的融合应用，学生不仅能够拓宽国际视野，更能在体验中培养全球意识、信息技术能力和跨文化沟通能力，为成为未来全球社会的积极参与者奠定坚实基础。

1. 虚拟实境体验

运用虚拟现实技术，带领学生"走进"世界各地的家庭，亲身体验不同文化背景下的日常生活场景，让学生在视觉与听觉的双重冲击下，直观感受到文化差异。

2. 互动故事平台

利用在线故事书和有声读物，精选多国文化背景的故事，让学生在聆听和阅读中，跟随角色的脚步，穿越不同的地理空间，理解不同文化的价值观和生活方式。

3. 文化探索 App 与网站

推荐专门的文化学习应用程序，用于学习各国基本词汇和短语，或使用地理探索软件，让学生自主探索，满足个性化学习需求。

四、教师跨文化素养进阶之路

教师不仅是语言知识的传授者，也应成为跨文化交流的引导者和促进者。教师自身需要具备一定的跨文化交际能力和敏感性，能够指导学生理解和尊重不同文化。以下策略可以让教师不仅能提升自身的跨文化素养，还能在教学中更好地引导学生走向世界，培养他们的全球意识与跨文化沟通能力。

（1）通过深度研读教材，挖掘文化精髓，参与针对沪教版小学牛津英语教材的文化单元深度解读工作坊，与同行一起探讨教材中的文化点，共同开发多元文化教学案例。

（2）整理或订阅相关文化背景资料库，如《国家地理儿童版》《世界文化与地理》等杂志，为课堂教学提供丰富、准确的文化背景信息。

（3）定期记录教学中的跨文化元素应用情况，包括成功案例与面临的挑战，反思如何更好地融入多元文化视角。

五、总结与展望

在教材和课程内容的选择上，应融入多元文化元素，让学生在学习语言的同时了解不同国家的文化习俗和社会背景。在跨文化教育的征途中，我们已成功踏出了坚实的步伐，通过在课程设计中嵌入多元文化素材，并运用各种实践活动、多媒体资源及其他活动，为学生架设起通往世界各个角落的认知桥梁。

展望未来，我们将继续深化这一旅程，不仅要在教材与课程中更精细地编织多元文化图谱，还应积极探索新兴技术在文化沉浸式学习中的应用，以创新手段丰富学生的文化体验。

参考文献

[1] 陈瑜.小学英语教学中跨文化交际能力的培养[J].课程教育研究，2016（7）：95—96.

[2] 李红.小学英语跨文化教学的实践与思考[J].教育教学论坛，2015（12）：53—54.

[3] 王丽娟.小学英语教学中的跨文化意识培养[J].科教导刊，2014（4）：54—55.

［4］张静.小学英语课程中跨文化教育的实施［J］.教育教学论坛，2021（21）：45—46.

［5］刘艳.小学英语教学中跨文化交际能力的培养策略［J］.基础教育研究，2013（5）：67—69.

核心素养背景下小学生科学大概念建构的教学实践初探

上海市浦东新区新城小学　高顺伯

摘　要

2022年，我国颁布了《义务教育科学课程标准（2022年版）》，提出科学观念、科学思维、探究实践、态度责任四个科学核心素养。其中，构建科学大概念是最重要的内容。科学大概念在教育过程中可以突出学科的核心知识，明确教学的主要目标，帮助学生建立学科知识架构，并对培养学生的科学素养起到推动作用。以大概念组织引领学生的科学学习已成为国内外科学教育改革的共识，全面理解大概念在教育中的重要作用，有助于我国教育改革的稳步发展。相较于国外，我国在大概念这个领域的研究还很少，目前主要停留在理论研究方面，以大概念为基础的课程设计与实际教学的研究也十分稀少，因此本研究将在核心素养背景下，对小学生科学大概念的建构进行教学实践研究。

关键词

核心素养　科学大概念　小学科学

一、研究背景

《义务教育科学课程标准（2022年版）》（以下简称《科学课程标准》）提出，要培养学生的核心素养，使学生得到全面发展，在其中首次提出了科学核心素养，科学核心素养共有科学思维、科学观念、探究实践、态度责任4个方面。其中，科学观念是其中的重点，要求学生积累更多的科学知识，建立起自己的科学观念。

科学大概念源于具体的科学概念，它是对科学现象和探究过程进行更深层次、更综合的认识。科学概念涉及3个方面的内容：学科内的基础概念（如物质科学、生命科学等）、跨学科的通用概念，以及对科学本质的理解。这些内容共同构建了整个科学教育的框架。不同国家的科学课程标准中均提到了科学大概念的3个方面。在新加坡的小学科学教学大纲设计中，采用跨学科概念作为教学主线，将科学学习内容分为5个主题，强调不同知识领域的相互交织。美国的《新一代科学教育课程标准》（2022版）则采取了更为精简且系统的方法，将科学核心概念划分为4个关键领域，既在各个学科内整合这些概念，又通过跨学科的观念强化学科间的关联，并融入了对科学本质的教育；我国《小学科学课程标准》（2017版）将科学本质、科学知识和科学方法等融入科学课本中，提出构建以学科概念和知识体系为重点的框架，致力于设计一套逐步深入的科学教育目标。提出了小学科概念以及13个核心概念，通过探究这些概念，实现对跨学科概念的理解。

二、教学实践初探

笔者参考了大量国内外学者对于大概念教学设计的研究，以科教版小学自然四年级"地球的自转"一课为教学案例，进行科学大概念教学设计及实践研究。

(一) 概念梳理与确定

"地球的自转"所对应的是《科学课程标准》中梳理的第9个核心概念"9. 宇宙中的地球";对应的科学观念目标是"认识太阳、地球和月球,知道它们之间的空间关系。""地球的自转"在《上海市小学自然学科教学基本要求》中应掌握的内容结构有:"地球自西向东围绕地轴转动,自转一周就是一天""由于地球的自转,产生了昼夜交替、太阳和月亮等天体东升西落的现象"。结合"地球的自转"一课的教学目标,笔者确定"地球的自转"对应的概念点是"地球自西向东围绕地轴转动""地球自转一周就是一天""由于地球的自转,产生了昼夜交替的现象",围绕概念点进行问卷设计和教学设计。

(二) 问卷设计与前测

根据所确定的概念点,笔者设计问卷内容,主要以填空和选择为主的客观性题目,便于分析,用于调查研究。

教学实践前,将问卷发放到研究的3个班级中,共94人,收回有效问卷89份。对学生的前概念水平进行了调查分析,从题目中反映出学生对于"地球自转一圈是多少时间""地球自转的方向""昼夜交替的现象是因为地球的自转"等概念都比较模糊。因此,在教学过程中,课堂讲授的重点将集中于这些概念进行,构建科学大概念的新型结构,使用更为契合的方式以实现最好的教学效果。

(三) 教学设计与实践

笔者针对学生模糊的概念点,在帮助学生建构正确的概念点时,笔者采用了有效的教学策略进行教学实践,帮助学生建构科学概念。

1. 丰富概念策略

通过模拟实验,丰富感性认识,将平面的地图转换成立体的地球仪，消除学生思维方面的片面性与表面性，从而使学生重构已有的朴素的前概念，抛弃错误概念，形成清晰的科学概念。比如，在课程的导入部分，教师通过设计教学情境，鼓励学生运用自己以前学过的概念进行解读，进而产生对比，以此来修正学生的不正确的想法。随后，创设情景，出示上海等8个城市的日出时间，要求学生按日出时间的先后将上海等8个城市作顺序排列，丰富学生的认知，帮助学生认识8个城市在地球仪上分布的地理位置，为后续建构"地球自转"的概念做铺垫。

同时，在本节课的教学中，教师充分利用视频资料，对科学概念进行丰富和完善。将抽象的、难懂的概念转变成具体的、易懂的，帮助学生建构科学概念。

2. 合作学习策略

设计活动时以小组讨论、小组实验的学习模式，强调学习互动，强调沟通与交流。在相互沟通的过程中，学生们不断表达个人见解，并能接受同伴的意见，从而培养个人的理解和思维方式。

本节课中要求学生能够根据城市日出先后，设计模拟实验，证明推测是否正确。光学生独自一人进行设计，思维是定势的，因此教师要求学生开展小组讨论如何设计模拟实验，通过表达个人看法及理解他人见解的互动过程，学生的思维与认知水平得以逐步提高。通过合作学习，增强学习能力，促进思维的碰撞，帮助概念的建构。

3. 提供认知支持策略

在学生建构概念时，通过呈现8个城市日出时间的事实信息，帮助学生纠正以往的前概念；同时，上课时将地图方位和地球仪方位作为补充，弥补学生认知的缺陷。在学生讨论设计地球自转模拟实验时，教师通过出示手电筒，引导学生意识到手电筒模拟太阳，观察随着地球仪的转动，哪个城市先"看到""太阳"的现象，为学生的认知搭建支架，帮助学生更好地建构概念。

(四)后测与分析

教学实践后,再次利用问卷进行调查,对89名学生的问卷内容进行分析,与前测调查结果作对比,运用独立样本 t 检验相关数据,详细分析前后测试的配对差异,其结果见表1。教学活动之后,各数据明显提升,学生在后测与前测间的分数差异达到最大值($t = 12.334$, $p < 0.001$)($p < 0.05$ 表示存在差异)说明利用策略教学实践后,学生的概念建构有了明显的提高。

表1 前测与后测测试成绩的差异比较

施测时间	平均值	标准差	t 值	p 值
后测	84.98876	16.11923	12.334	<0.001
前测	52.8989	18.50985		

(五)反思与改进

前后测学生答题情况对比如图1所示。根据问卷中学生每一题的答题情况,进行具体分析发现,其中题目3、4、5的答题准确率提高幅度较大,对应的是"地球自转一圈的时间""地球自转的方向""昼夜交替的现象是因为地球的自转"这3个概念,正是课前调查中学生较模糊的3个概念,可见本次的教学实践对这3个概念的建构是有效的,教学效果较好。进一步分析,90%以上学生对于"地球自西向东围绕地轴转动""知道由于地球的自转,使得地球的各个部分轮回地朝向或背向太阳,从而产生昼夜交替的现象"这两个概念已经掌握,而由于教学设计中缺少对"地球自转一圈是多少时间"这一概念的具体教学活动,因此仅有 74.16% 的学生已掌握,笔者认为可以优化该概念的教学方法,以更有效地帮助学生理解和建立这个概念。此外，也启示我们，概念的形成是一个渐进的过程，无法在短时间内实现。

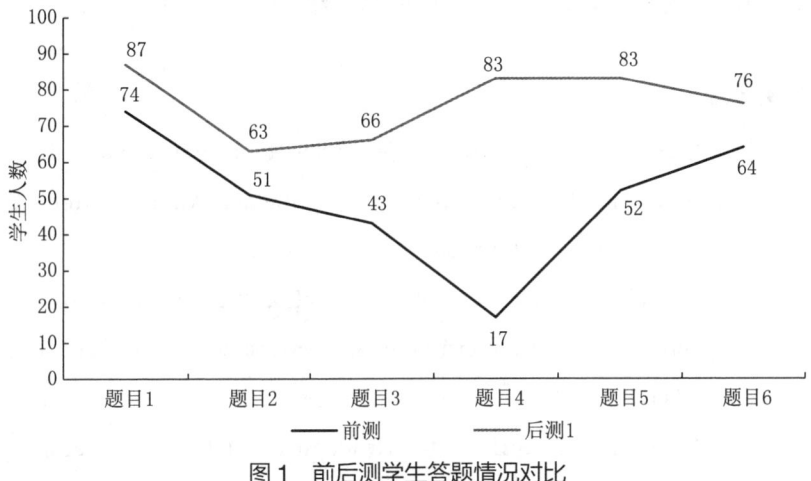

图 1　前后测学生答题情况对比

综上，课前调查，有助于了解学生的前概念水平，帮助教师找准起点，选择合适的策略设计教学活动；课后及时调查，可检验学生在教学后对科学概念的掌握情况；有助于教师在实践研究中提炼策略、积累教学经验，有助于学生更好地建构科学概念。

三、结论与启示

在核心素养教育背景中，大概念学习是一种新理念，它颠覆了传统的单向知识传输的教学模式，转而侧重于培育学生的价值观、品格和主要能力。国内外诸多学者都认为基于大概念理念进行教学设计能够帮助学生建立一个较完整的知识体系，笔者经过教学实践研究后，更认同其观点。在大概念背景下，进行小学自然科学教学，学生既能掌握相关的科学知识，又能运用科学手段和逻辑推理的方式来探索日常生活中的科学奥秘，以此来提升学生的科学素养。因此，基于核心素养背景下小学生科学大概念建构的教学实践是有必要的，教师需重视大概念教学，致力于提升学生的综合素质，以使学生得到全面发展。

参考文献

［1］Clark E. Designing and implementing an integrated curriculum: A student-centered approach［M］. Brandon, Vermont: Holistic Education Press, 1997: 94.

［2］Whiteley M. Big ideas: A close look at the Australian history curriculum from a primary teacher's perspective［J］. Agora, 2012, 47 (1): 41—45.

［3］Erickson H L. Stirring the Head, Heart, and Soul: Redefining Curriculum and Instruction［M］. California: Thousands Oaks, 2000: 33—35.

［4］Charles R I. Big ideas and understandings as the foundation for early and middle school Mathematics［J］. NCSM Journal of Educational Leadership, 2005, 7 (3): 9—24.

［5］Harlen W. Principles and big ideas of science education［M］. Hatfield, UK: Association of Science Teachers, 2010: 1—6.

［6］格兰特.威金斯，杰伊.麦格泰.追求理解的教学设计［M］.上海：华东师范大学出版社，2017：77.

［7］Wynne Harlen，等.科学教育的原则和大概念［M］.韦钰，译.北京：科学普及出版社，2011.

［8］施展霞.美国、英国、新加坡、中国小学科学课程标准比较研究［D］.南京：南京师范大学，2018.

［9］温·哈伦.科学教育的原则和大概念［M］.北京：科学普及出版社，2011.

［10］叶水明，高翔.小学科学大概念的进阶教学策略［J］.小学科学，2022，（10）：16—18.

［11］中华人民共和国教育部.义务教育科学课程标准（2022版）［M］.北京：北京师范大学出版社，2022.

运用情境创设提升小学生英语语用能力的实践研究

上海市浦东新区盐仓小学 陈 香

摘 要

《义务教育英语课程标准（2022年版）》为英语教学注入了新的活力，它强调课程内容应紧密围绕学生的学习需求展开，着重培养学生的学习理解、实践体验和迁移创新能力。在教学过程中，通过主题式引入，引导学生深入探索；以语篇为载体，渗透丰富的语言知识和文化知识，让学生在不断的学习中自然提升语言技能。新课程理念更是强调英语学习不仅是知识的积累，更是能力的运用，它倡导学思结合、用创为本的学习活动观，鼓励学生将所学知识应用于实际，真正提升他们的语用能力。高效的课堂则是这一理念的具体体现，通过创设情境，让学生在实践中学习，提升语用能力，实现课程的实践性特征。

关键词

英语语用能力 情境创设 实践性

一、情境创设的现状分析及意义

《义务教育英语课程标准（2022年版）》（以下简称《英语课程标

准》)的课程总目标中提到：能够在感知、体验、积累和运用等语言实践活动中，认识英语与汉语的异同，逐步形成语言意识，积累语言经验，进行有意义的沟通与交流。英语教学新的概念不再是一贯式如单词、句型知识的传授，而是要将教学变得更有意义，能够让学生学有所用。

如何在"人与自我""人与社会""人与自然"的主题中引导学生积极投入到语言的学习和实践中，创设有趣的情境，通过不同的情境创设，让学生在真实的生活环境中也能大胆表达自己。语言只有在情境中不断被使用，才能在真实情境中利用语言来解决交流的问题。

（一）学生在英语口语运用方面存在的问题

1. 学生实践机会的缺乏

许多学生在日常学习中，传统地更多注重于书本知识的吸收，而忽视了实践运用语言的机会。正是这样语言实践机会的缺乏使得学生难以将知识运用在实际情境中，从而导致语言运用能力的缺失，成为了现实中的"哑巴英语"——张口而不知道说什么、怎么说。

2. 学生学习主动性缺乏

部分学生可能对于语言表达能力的认识性不足，安于现状，没有主动思考、积极提升自己的口语能力。态度的懈怠和不重视，在实际应用中学生缺乏语言的自信，也就进一步阻碍了他们在语言运用上的进步。

3. 教师教学方法的单一

以往教学中教师多为知识的传授，重点在于单词、句型的理解和应用，往往忽视了对学生语言表达能力的培养。而学生在学习过程中，也更倾向于知识的记忆，缺乏真正理解和掌握语言运用的技巧和方法。

（二）在教学中融入情境创设的好处

1. 深入理解应用

通过创设情境，学生可以在语言实践中加深对所学知识的理解和应用，在实际的练习中进一步提高他们的语言运用能力，在"正确的场合"说"正确的话"。

2. 引发语言共鸣

情境创设能够充分激发学生的学习兴趣，引发学生足够的语言共鸣，促使他们更加积极地参与到学习中，主动表达和交流，提升语用能力。

3. 提高学习效果

在情境中学习和实践，学生能够更加直观地感受到语言的魅力和力量，不仅能够将课本知识吸收，同时懂得其如何运用，以此提高学习效果。

4. 培养思维创新

情境创设还能够培养学生的思维判断能力和创新学习能力，在特定的情境下，延伸出更多的语言内容，激发学生探索知识的欲望，帮助他们更好地适应未来社会的发展需求。

二、小学英语情境创设的实践

（一）创设真实的生活情境

语言有意义在于语言的实际运用，而语言在真实的生活中的应用才是语言的实效性。以上海牛津教材一年级下册 Module 2（My favourite things）Unit 2 Food I like 为例，第一课时的教学目标之一是学会 jelly、ice cream、sweet、biscuit，根据一年级学生的特征，在课堂教学中利用简单的图片教学道具，让学生同桌之间能够用 Do you like ...? Yes./No. 进行问答练习。第二课时设计中，利用真实的饼干作为教具，创设一个 Danny 生日的情境，在生日会上分享食物。让学生尝试和同学之间分享食物，从第一课时"Do you like ...? Yes./No."对话延伸，加上分享的语句:"One for you and one for me."这样的教学设计也满足《英语课程标准》预备级教学需求,主要做到了视听说为主,让学生在趣味真实的情境中尝试并学会表达自己的喜好。

在上海牛津教材三年级下册 Module 4(More things to learn)Unit 2 Children's Day 一课中,更是和学校的六一节活动结合,正逢学校六一艺术节,有了更真实的情境,学生在表达内容时,在《英语课程标准》主题内容要求"人与社会"范畴内落实"团队活动与集体生活,参与意识与集体精神"及"常见节假日,文化体验"这些子主题内容要求。学生在真实的生活情境中,学会表达六一节日当天学校组织的活动,如 "We have a class party at school. We sing and dance."对班级的团队活动能够积极参与其中并能输出语言,同时在教师的有效课堂组织下,学会询问 "What do you do on Children's Day? I ... Do you ... on Children's Day? Yes, I do./No, I don't."对六一节日有更多现实意义的语言进行沟通和交流。

在课堂中创设真实的生活情境,能够激发学生的兴趣、吸引学生的注意力,让他们感受到英语与日常生活的紧密联系。在这样的情境中,学生更容易产生学习英语的兴趣和积极性,从而主动参与到课堂活动中来,真正让课堂活跃起来,让语言更有意义。

通过模拟真实生活场景,学生能够在课堂的对话语言实践中运用所学的英语知识,进行交流。这样的口语练习机会能够帮助学生巩固和加深对知识点的理解,提高口语的流利度、准确性和理解力。学生更愿意去表达和输出,也会让学生的口语能力不断提升。

(二)创设复杂的生活情境

在教学中尝试利用情景表演的方式,让学生在学习和巩固知识的同时,感受语言带来的乐趣,在提升学生思维品质下提高学生的英语学习能力，真正将语言学习应用到实际环境中，还原语言的语用功能，真正落实其语言的交流实践性。

在英语教学中，为了让生活情境更真实发生，教师尝试创设复杂的生活情境，以此应对生活中的不同情境下需要的语言运用。以上海牛津教材五年级上册 Module 3（Places and activities）Unit 2 Buying new clothes 为例，在教学设计中，创设贴近学生的生活情境，不同主题中提升学生的语用能力。第一课时中，Kitty 和 Mum 在家里一起整理衣服时 Kitty 发现她的衣服有的太小了，不能穿了。这样的情境在平时的生活中也时有发生，学生学会用"My ... is too small. I need a new one."以此表达自己的想法。镜头一切换，Kitty 和 Mum 去采购新衣服，在服装店外两个人的对话，渗透喜好的句型问答、选择疑问句的用法："Which ... do you like? The ... one or the ... one?"，并能做出正确应答："I like ... It has/They have ..."，第二课时设计中，将情境设计到服装店内，Kitty 和 Mum 在选购衣服时和店员之间的对话，学会买卖语言、物品价格询问的对话应用。这样的设计能够让学生在不同的情境中练习不同的口语应用能，如询问、描述、表达意见等。

以上 3 个情境的转换，体现了《英语课程标准》二级指标中生活的自我管理以及表达个人感受与见解的子主题内容。在实际的应用中，角色扮演往往是创设复杂生活情境的有效手段。教师将学生进行分组，并为每个组分配不同的角色和任务，如 Kitty、Mum、营业员等，学生需要根据自己的角色进行对话和交流。这样的主题式情境能够让学生更容易地联想到自己的实际经历，从而更自然地运用英语进行表达。

（三）创设变化的情境提升迁移能力

在小学英语学习中，不同单元的整体性会将主题镜头切换，通过情境的变化让学生提升语用迁移能力，在《英语课程标准》背景下，这对学生的英语学习具有深远的意义，真正实现让学生们能在体验中学习、在实践中运用、在迁移中创新。

比如，以上海牛津教材四年级上册 Module 4（The natural world）Unit 2 At Century Park 为例，从学校安排出游前的准备，学会用"What do you have? I have ..."表达自己出游准备的必需品。并能用"Where is...? It's ..."询问地点信息等。到了目的地，学生在公园前查看 map 得出旅游路线的设计，并学会表达。紧接着随着课时学习的进一步，学生进而按照自己的参观路线进行游览，并能对不同的区域进行介绍，从 fountain 介绍到 aviary，再到 plant house，情境的变化让学生在多媒体的引导下尝试表达，增强了学生语言的实用性。同样，在五年级下册 Module 3（Things around us）Unit 1 Signs 这一单元中，在公园里野餐一路选择野餐地点时，不同标志的认识，也是一个由远及近的选择过程，学生在一边选择一边进行标志认知的对话，对标志的学习也在对话中不断渗透巩固。

再如，天气季节与不同国家的情境变化带来的语言表达不同。以上海牛津教材四年级上册 Module 4（The natural world）Unit 3 Weather 为例，通过 Jill 和 Amy 的电话将语言情境变化，将中国的天气情况和澳大利亚的天气情况作对比，学生能够结合不同的区域、天气和季节，描述不同地方的天气状况、谈论季节变化以及相应的活动安排。

在这些主题下，教师可以通过变化场景、角色演绎等方式来丰富情境教学的内容，提高学生的兴趣和参与度。通过角色扮演、模拟对话等方式，学生能够在不同的语境中交流、表达，从而增强其在现实生活中的英语应用能力。同时，教师还可以结合多媒体技术、实物展示等手段来营造更加真实、生动的语言环境，帮助学生更好地理解、掌握和应用英语。

情境教学的变化还考验了学生的应变能力，为学生提供了一个锻炼的舞台。这种教学方法能够让学生在不同的情境中灵活运用英语，提高其应对各种情况的实用能力。在不同的情境中，学生需要运用不同的语言知识和策略来完成任务，这有助于培养学生的语言迁移能力，使其能够更好地适应不同的语言环境。

情境教学的变化有助于培养学生的综合能力。在模拟的情境中，学生需要综合运用语言、思维、判断等多方面的能力来完成任务，这有助于提高其综合素质。

三、情境创设的注意点

在教学中，为了让情境创设更好地助力于提升学生的语用能力，创设的情境要注意以下几点。

（一）符合学生的认知水平

创设的各类语言学习的情境，既要能顺应小学生的认知规律，也要辅助学生更好地从文本中提炼，在语言的练习中理解英语词汇知识，从而让学生的语用表达更加流畅。在教学中创设的情境要符合学生的认知水平，与学生的生活经验相衔接。

1. 贴近学生生活实际

在设计情境时，教师应充分考虑学生的生活实际，选择与学生日常生活紧密相关的话题和场景。比如，购物、看病、春游等各类语言情境，让学生在模拟各种真实的环境中练习用语。这样的情境既贴近学生生活，又能够激发学生的兴趣。

2. 考虑学生的认知能力

小学生的认知能力有限，因此在设计情境时，教师应根据学生的年龄特点和认知水平来设定任务的难度。对于低年级的学生，可以设计一些简单的情境，如问候、自我介绍等；对于高年级的学生，则可以设计一些稍微复杂的情境，如讨论、辩论等。

3. 关注学生的兴趣点

学生的兴趣是学习的动力源泉。在设计情境时，应多关注学生的兴趣点，选择学生感兴趣的话题和场景。选择学生喜欢的话题、喜好等设计一些与动物、游戏、运动等相关的情境，让学生在轻松愉快的氛围中学习英语。

（二）形式多样化

创设的情境形式要多样化，以激发学生的学习兴趣和积极性。

1. 角色扮演

角色扮演是一种非常有效的情境教学形式。通过让学生扮演不同的角色，如医生、警察、售货员等，让学生在模拟的情境中运用英语进行交流。这种形式能够激发学生的学习兴趣，提高他们的口语表达能力。

2. 游戏化教学

游戏化教学是一种寓教于乐的教学方式。教师可以通过设计各种英语游戏，让学生在游戏中学习英语知识，让学生在轻松愉快的氛围中巩固所学知识。

3. 多媒体辅助

利用多媒体手段辅助教学，可以为学生呈现更加生动、形象的情境。通过播放英语歌曲、动画视频等，让学生在视听结合中学习英语知识。此外，教师还可以利用 PPT 等教学工具，为学生呈现图文并茂的教学内容，提高教学效果。

四、结语

总之，厘清情境创设的重要性和问题的症结点，创设出形式多样的符合学生学情的情境，合理的语境创设是学生探究主题意义，实现学习理解、应用实践和迁移创新的前提和条件。这样，才能更好地提高学生的语用能力，在不断实践中有所创新，以此培养学生们的英语综合素质。

参考文献

［1］薛稚.创设情境，随文识词：让词汇教学情境化［J］.小学教学参考，2023（36）：59—61.

［2］范琳、李玲.认知灵活性理论与网络英语教学［J］.外语电化教学，2004（3）：1—5.

［3］李紫洋.论初中英语教学内容的语境创设方法［J］.中学生英语·教师版，2016（24）：53—54.

［4］马兰芳.浅谈情境教学在小学英语课堂中的创设［J］.科学大众（科学教育），2016（9）：39.

［5］魏鸿丽.创设情境，趣味教学：探究小学英语课堂中的情境教学［C］//中小学教师教育教学与创新研究论坛组委会，中国特色社会主义文艺学会文艺教育委员会.中小幼教师新时期第三届"教育教学与创新研究"论坛论文集（二），2022：326—328.

［6］杨轶群.创设链式语境，挖掘主题意义：基于初中英语听说教学实例的思考［J］.英语教师，2022，22（3）：122—125.

小学数学图形与几何模块练习设计的实践与研究

上海市浦东新区祝桥小学　陈征峥

摘　要

教学任务的精心构思可有效强化并加强课堂学习成果。在小学数学教育中,"图形与几何"构成了一个核心模块,涵盖"图形认识与度量"以及"图形定位与变换"两方面的主要内容。根据《义务教育数学课程标准（2022年版）》的指导原则,此部分课程内容强调需重视学生空间感知与几何直觉的培养,并促进其自主、探索、创新和思维能力的发展。本篇论文着重通过分析小学中高年级学生在数学"图形与几何"领域内几种高效作业设计模式,旨在全面提高学生成长过程中的关键素质。

关键词

小学数学　图形与几何　作业设计　核心素养

一、目标达成——针对性

制定数学家庭作业的适宜性,首先应该建立明确的作业设计原则:确定设计要点集中在哪类数学知识,以及其期望实现的效果。同时,仔细考虑教学环节中的关键点和难题,以及学生在常规学习中易于弄错、遗漏或混淆之处，有目的地安排练习，从而更有效地支持教学过程，并取得事半功倍的教学成果。比如，在学生理解上海教育出版社小学五年级下册数学关于"长方体与正方体的表面积及体积"计算的公式和操作之后，我注意到他们在具体的题目操作中会对计算体积还是表面积感到困惑。

针对这种情况，在布置作业时切实需要对体积与表面积的定义进行解析与融合，通过课堂讲解它们的差异和关联，并加以练习来帮助学生进一步弄清两者概念。

比如，通过以下的问题来判别需要解决的是表面积还是体积问题。

（1）构造一个盒子至少需要用多少硬纸板？

（2）填充沙箱所需要的沙的重量。

（3）为游泳池铺设瓷砖要解答哪些问题？

（4）涂抹一个矩形柱体需要多少桶涂料？

（5）将土豆投入装满水的矩形玻璃容器中，水面上升的高度。

通过这类针对性训练，绝大多数学生能够迅速识别出哪些问题需要计算表面积，哪些涉及体积的计算。基于此，我们可以构想一个贴合日常生活的实际问题：假如需要建筑一堵学校围墙，需要思考哪些要点？在讨论交流的过程中，学生们首先得出计算所需砖块数量的问题（通过计算围墙的体积和单砖的体积得到砖块总数），紧接着要计算涂抹围墙所需的涂料面积，即求解表面积的问题。

在实践与课本教材、个人经验与理论知识的相互碰撞中，学生们对数学知识的神奇效用有了更深的理解。这种实践活动不但引导学生掌握计算体积和表面积的技巧，并阐明两者之间的内在联系，实现知识的内化与融汇，同时也挖掘了学生的智力潜力，取得了节省时间且效果显著的成效。

二、循序渐进——层次性

在设计数学课程练习题目期间，出题者应当遵循由浅入深和渐进式难度上升的教育原则，应当考虑学生的理解能力，注重作业结构的逻辑性，辅助学生按部就班地向上攀登，逐渐深化，通过这样的方式培养学生的求知欲望及其能力。然而，无需刻意提升难题的复杂度，也不该仅仅追求基础技能的磨炼，如机械应用公式、题目的不断重复等做法，这会让学生对家庭作业感到反感，从而对他们的学习效率产生负面影响。

比如，在阐述上海教育出版社五年级第一学期课本中"平行四边形的面积"这一章节内容的情况下，假如学生们已经能够熟练掌握并应用求解平行四边形面积的公式，教师可以依次安排如下练习。

1. 自学课前作业

运用格子法计算平行四边形的面积。通过掌握在课上所获得的知识，学生在数算方格数量时已经放弃了一个接一个地数的方式，转而通过测量长和宽，据此推算出总面积，这实质上意味着学生已经开始学会了应用行之有效的策略来解决问题。

2. 构思认知任务

依据课本练习的模式，给出特定的底边与高度数据，或利用图示等方式进行面积测算。

3. 学识强化练习

给出一个附加信息（见图1），以指导学生寻找匹配的底边与高以求得面积。

4. 知识延伸任务

设想有一个正方形，其四条边的长度和共是24厘米，如若把这个正方形改造成平行四边形，请计算出新形状的面积。导师指导学生采用裁剪的方法将正方形变换成菱形，借此得出它们的面积相等的推理。在此过程当中，学生还能认识到，求平行四边形面积的公式亦能有效计算出正方形的面积。

5. 考查型课堂任务

尝试在保持网格总量不变的情况下，利用切割填补策略，把平行四边形转化成已学习的其他图案。该过程挑战了学生的深度思考，在不断地分割拼接与归纳推演中，他们逐步构筑了更加完整的知识架构，并且融入了数学思想的精髓。让学生在"实操、模仿、验证、再次实操"等多个环节中渐次探索，对学习内容的理解越发透彻，同步提升了他们的思维能力。

图 1　学识强化练习

三、灵活运用——思考性

《义务教育数学课程标准（2022年版）》重点提出了培养学生数学思维能力的必要性，目的是让学生具备利用数学逻辑解决现实问题的能力。据此，在布置作业时，应当注重增加问题探究的深度，并且运用贴近实际的场景作为教学案例。在构建数学知识体系的过程中，引发学生的思考活动，加深其对知识的理解，并培育其灵活运用学习成果的技能。通过此类实际操作，不仅能激活学生的思维活跃度，还能进一步点燃他们的创新火花，从而完美地体现了数学思维的独到之处。

以一个实例进行说明，基于人民教育出版社小学五年级第一学期的教材中关于"梯形面积"的章节，教师在课堂演示时呈现了一幅图，该图描绘了一个梯形，其上边长为 a，下边长为 b，高为 h，并提出了以下问题。

（1）如果上边和下边长度相同，那么该形状称为（请填入相应形状名），面积 S 计算为＿＿＿＿＿＿。

（2）如果下边的长度缩减到为零，它则转变为（请标注该形状名），那时的面积 S 是＿＿＿＿＿＿。

（3）鼓励学生们动手画出这些形状，并分享他们所发现的新点子。

在初步掌握梯形面积计算法则后，学生们采纳重复操练、互相交流、作图并做笔记等手段，领会了当 a 等于 b 的情况下，等式 $S=\frac{(a+b)h}{2}=ah$（即是平行四边形面积的计算方式）；反之当 b 归零时，面积 $S=\frac{(a+b)h}{2}=\frac{ah}{2}$（即三角形的面积计算公式）。

由此，学生们体会到从梯形面积公式衍生出平行四边形和三角形的面积公式，体现了数学思考中转换概念的巧妙应用。随后，在这批学生升至六年级且对"圆的面积"有所学习之后，教师以此为根据制作了深化练习，目的是复习并梳理小学所有阶段涉及平面图形面积的公式，铸就一个完备的知识架构。透过总结与抽象的思维，使得他们在数学的洞察力上得到更为深远的提升。

四、题型转变——多样性

在设计数学作业时，要避免形成学习上的倦怠。设计那些能激起学生好奇心、内容丰富并形式多样的练习题，这样有利于激发学生积极参与与自主探求的热情，并在做题的过程中增强他们对数学的喜爱。因此，在制定习题时要注意题型的多样性，涵盖运算题、填空题、选择题、判断题、应用题、画图题等多种题型。教学方法应该多样化，融合书面作业、操作实践及口头回答，单独作业与团队协作相结合，简单问题与深入探讨交织，封闭式问题与开放式研究相辅相成。还可以尝试开发更多富有创意的题型，如实际操作检验题、开放式探索题、创新设计题、详尽讨论题、互动式游戏题等。比如，在复习人教版五年级下学期的"长方体与正方体"章节时，可以在教学后引导学生收集生活中长方体体积应用的实例进行探讨。这种方法能在团队合作交流的过程中汇聚各种好点子，使学生们认识到长方体体积概念的实际应用范围，增强对数学知识实用性的理解并加深对概念的记忆。在完成作业的过程中，学生们逐步培养了对知识点的审视和概括能力，形成了良好的学习习惯。

五、因材施练——选择性

教育工作者在小学数学的课上应该认识到学生们的成长阶段和认知水平是多样的，存在着明显的个体智力和能力上的不同。因此，授课时要适应每个学生的特点来教学。作业的设计也需考虑到他们个别的差异，应制定出能让学生根据自己的情况选择的作业内容，实施"对症下题"的训练方式，以构建起结构完善、范围广泛的作业体系。

在布置作业时，可针对学生不同能力水平制定不一样的问题解决标准，确保每个学生都能学习到对他们有益的数学知识。举个例子，在教授人民教育出版社五年级第一学期"平行四边形面积"知识点之前，教师可以预先布置3个水平层次不同的家庭作业。

（1）请问一个60米长，20米宽的矩形，它的周长和面积分别是多少？（这项作业帮助薄弱学生查漏补缺，必须完成）

（2）独立阅读课本内容，尝试初步推导平行四边形的面积公式。（这项作业适合中等水平的学生，要求必做）

（3）除了教科书介绍的推导步骤，你能否提出其他计算平行四边形面积的方法？（这项作业供基础扎实、能够自主深入研究的学生选择）

通过这样的作业选择，学生不但能够复习和巩固之前的知识和经验，也为吸收新知识打下基础，并同时满足了自己的学习需求。这样的选择制度让他们在认知上得到提升，在选择过程中感受成功，促进了他们的全面发展。

参考文献

[1] 陈少敏.探究小学数学作业设计的有效性：以"图形与几何"领域为例[J].新教师，2023（2）：74—75.

[2] 袁惠娟.如何用有效的练习设计提高学生解题能力：《图形与几何》数学校本课题实践体会[J].小学教学研究，2016（23）：76—78.

诗情"话"意 情感为引
——小学古诗词教学的情感体验探究

上海市浦东新区祝桥小学 卫 慈

摘 要

在小学语文课堂教学中运用情感体验,让学生亲自去体会和感悟,会使学生更加深刻地了解课本中所说的内容,只有通过情感体验才能让学生记忆深刻,才能让学生学而不忘,才能激发学生的学习热情,使语文课堂变得更富有生气。《义务教育语文课程标准(2022年版)》总目标中指出:"感受语言文字的美,感悟作品的思想内涵和艺术价值,能结合自己的经验,理解、欣赏和初步评价语言文字作品,丰富自己的情感体验和精神世界。"小学古诗词教学,不仅仅是教师在课堂上讲解一首古诗,让学生学会背诵,更需要关注学生的情感体验,让学生在情感体验中理解古诗词,感受古诗词的魅力。

关键词

小学语文 古诗词教学 情感体验

一、何为古诗词情感体验

古诗词本身寄托和承载着诗人的情感,所谓古诗词情感,其实就是古诗词当中包含的喜、怒、哀、乐等情感因子，或是诗词的欢乐与悲伤，或是诗人的情感与经历，这些都是古诗词的情感表达。《义务教育语文课程标准（2022 年版）》（以下简称《语文课程标准》）要求诵读优秀诗文，注重在诵读过程中的情感体验，展开想象，领悟诗文大意。古诗词的情感体验，就是从古诗词表达的情感出发，通过利用多媒体技术，融入美术、音乐等课程，帮助学生在进行古诗词学习活动中，真正理解古诗词、真正体会古诗词所表达的丰富情感。

二、小学古诗词教学中培养情感体验的意义

《语文课程标准》中将"审美创造"作为小学生语文核心素养教育的目标之一。提倡让学生通过感受、理解、欣赏、评价语言文字及作品，获得较为丰富的审美经验，具有初步感受美、发现美和运用语言文字表现美、创造美的能力。丰富学生的情感体验，是培养和塑造学生核心素养的重要方式之一，因此在古诗词教学中培养学生情感体验，有着十分重要的意义。

（一）提升学生古诗词学习兴趣

现今的课堂古诗词学习常常通过机械式阅读，学生在教师的灌输中似懂非懂地学习，以熟读成诵作为学习的终极目标，这样的课堂学习让学生感到枯燥和乏味。而从情感体验的角度开展古诗词学习，会让古诗词学习活动变得更加丰富，通过多元化的方式，既能打破学生枯燥乏味的学习感受，又能让学生真正感受诗词的情感、去感悟诗人所要表达的情愫，对古诗词学习产生兴趣，有利于激发学生古诗词学习的积极性。

（二）促进学生古诗词学习认知

培养学生的情感体验，不仅能提升学生学习古诗词的兴趣，还能促进学生古诗词学习的认知。因为在情感体验的过程中，学生既能真实地

感受到诗人的情感，还能深入了解诗人的写作背景及意图，加深对诗词主题的理解。再从这些认知中获得情感上的共鸣和领悟，获得心灵的滋养和启迪，从而帮助学生提高自己的文学素养和审美能力。

（三）强化学生古诗词学习体验

除了帮助学生提升兴趣、促进认知，培养古诗词的情感体验还能强化学生古诗词学习的体验。在古诗词教学中，教师可以通过朗诵、听音乐、绘画等多种活动让学生进行情感体验，促进学生的古诗词学习，让学生在丰富、生动的活动中增强学习体验感，这对于学生的古诗词学习，也能产生十分重要的帮助。

三、小学古诗词教学中实现情感体验的策略

情感体验对于小学生古诗词学习有着重要的意义，因此，在古诗词学习中提出学生情感体验的具体策略，以期能够对学生的古诗词学习带来帮助。

（一）创设合理情境促进学生情感期待

《语文课程标准》指出："增强课堂实施的情境性和实践性，促进学习方式变革。"在古诗词教学中，教师可以创设合理的情境，让学生感受到浓烈的氛围，从而激发学生情感体验的兴趣。我们可以利用图像创设情境，图像不仅是图，也可以是像，教师尽可能地扩充课堂学习文本，利用生动有趣的图像吸引学生的注意力，促进学生情感期待。

在教学山水风景的古诗词时，可以让学生观看相关的景物，目睹其景，再知其意。如在教学《望庐山瀑布》时，先让学生欣赏一段瀑布从很高的山峰上直泻而下的视频，学生观看后都发出了"哇"的惊叹声，有的说这瀑布好壮观呀，有的说这瀑布真美呀，还有的说大自然好神奇呀，一段简短的影像一下子让学生们沉醉其中，也让他们深切感受到

了庐山瀑布的雄美和壮观。在教学历史典故的古诗词时，教师还可以播放一些诗人简介的图片，让学生通过生动的图片走进古诗词。如在教学《出塞》时，先通过播放图片让学生了解王昌龄是盛唐著名的边塞诗人，他的边塞诗气势雄浑，格调高昂，再让学生欣赏图片感受"秦时明月汉时关，万里长征人未还"的景象，从而让学生感知一场悠长久远、无休无止的战争是如此残酷。如此具体的图像，既满足了学生的好奇心，也能让他们更好地投入古诗词的学习中。

（二）深入挖掘作品内涵增强学生情感理解

古诗词中往往蕴含着作者想要表达和宣泄的思想和情感，学生只有深入走进古诗词，才能感知到诗人的内心世界。在教学古诗词时，教师可以通过与音乐相融合的方式增强学生情感期待，法国大文豪雨果说过："音乐表达的是无法用语言描述，却又不可能对其保持沉默的东西。"在古诗词教学中，教师可以通过音乐的引导，让学生体会诗词的意境，让语言无法表达的内在本质重新焕发生机。

人非草木孰能无情，一段切合诗意的音乐对学习古诗词是相辅相成的，如在教学《凉州词》时，诗人王之涣这样写道"羌笛何须怨杨柳，春风不度玉门关"，读了诗句后，有学生这样问道："诗句中的'杨柳'是什么意思呢？"通过查阅注释，学生们知道了其中的"杨柳"其实是指《折杨柳》的送别乐曲，在学生初步理解的基础上，教师可以播放一曲《折杨柳》，这一曲奏在耳边，学生们也都仿佛沉浸其中，此时，再让之前提问的学生来说一说自己的感受，他这样说道："这乐声是那么得凄婉啊！让我感受到边塞将士们对于亲人无尽的思念，然而他们却久久不得还乡，这是多么哀怨的乡情啊！"是啊，随着这乐声，伴随着诗词的描绘，这悲凉之意在学生的脑海里回荡，这正是"此时无声胜有声"吧。可见合理地运用音乐，不但能陶冶学生的情操，更能帮助学生

261

打开体悟诗情的一扇心门。

(三)优化实践活动强化学生情感体验

《语文课程标准》中指出:"引导学生注重积累,勤于思考,乐于实践,勇于探索,养成良好的学习习惯"。实践活动有助于提升学生的认知和感知能力,在古诗词教学中,可以开展丰富多彩的古诗词实践活动,强化学生的情感体验。孩童爱动笔作画,是天性使然,天马行空的想象力是古诗词与绘画的共同之处,岂不将两者合二为一。古诗词的美妙需要抒发,孩子的语言没有成人那么丰富,或许一支笔,让其用自己的图画表达自己的见解,就是更为恰当的一种形式。

古诗词绘画可以是一幅简笔画,也可以是古诗词小报。如在教学杜甫的《绝句》时,我给学生们布置的学习任务是:给古诗配画。学生们听到这个学习任务后都兴高采烈,跃跃欲试,不出所料,大家都较好地完成了此项任务。有的学生用寥寥几笔把"两个黄鹂鸣翠柳,一行白鹭上青天"的景象勾勒得惟妙惟肖,也让我们感受到了春天的生机勃勃。有的学生制作了精彩的小报,上面不仅有绘画,还有诗词和自己的所思所想,这一份份小报既有学生对古诗内容的理解体悟,还有绘画展现古诗内容的童趣,更有个人对古诗的见解和表达。这既是孩子的实践活动,更是活生生的作品,是孩子对于古诗词热爱的结晶。妙笔生花,勾勒出孩子学习古诗词的一对想象的翅膀。

(四)借助古文韵律增强学生情感认知

《语文课程标准》中要求背诵优秀诗文,注意通过语调、韵律、节奏等体味作品的内容和情感。生活中,我们常常会发现一个牙牙学语的孩子就会吟诵简单的古诗词,这就是古诗词的独特魅力。古文韵律让古诗词读来朗朗上口,也让我们更容易理解和感受诗人所要表达的情感。因此,在古诗词教学中,我们可以借助古文韵律来增强学生对古诗词的情感认知。

《长相思·山一程》是一首描写边塞军旅生活的词,作者用质朴的语言描绘出将士们长途跋涉的情景,抒发了思乡之情。在教学时,教师除了让学生进行吟诵,还可以通过古文韵律,引导学生进行情感体验,比如,可以让学生跟着这首词的乐曲做古诗词手势舞,还可以加入头部、身体的动作以及表情上的变化等,在古诗词的律动游戏中感受"山一程,水一程;风一更,雪一更",体会行军路上将士们要跋涉千山万水的艰辛以及迎着风雪的时候让将士们油然而生的思乡之情。通过古文韵律,更能触发学生对于古诗词的感知。

(五)开展诗词演绎提升学生情感表现

一首深入人心的古诗词,往往伴随着诗人刻骨铭心的经历,没有生活体验,绝没有入木三分的千古之作。在教学古诗词时,不能被束缚在课本之上,书上有什么我们就教什么,这是浅薄的,更是无法让学生深入体会古诗词的。通过古诗词演绎,如情景朗诵、古诗表演、讲述古诗词背后的小故事等形式来提升学生的情感表现。

比如,在教学《赠汪伦》时,教师可以先让学生进行情景朗诵,通过朗诵者的声音、情感、肢体语言等表现,增强对美的感受以及学生的审美能力。在此基础上可以再让学生演一演、讲一讲小故事,在故事演绎的过程中,无论是表演的学生,还是台下聆听的学生都能全情投入、全神贯注。表演完成后,不禁发现,有的学生竟红了眼眶,或许他们是被汪伦和李白深厚的情谊所感动,或许他们是想到了自己和朋友、家人离别时的场景,或许他们已经真正沉浸其中。在讲述古诗词故事的时候,学生们也能更深切感受到十里桃花、万家酒店,都不及朋友之间的真挚情谊,朋友之间,就是以真心换真心。这样的古诗词演绎,不仅加深了学生的情感认知,他们还乐于接受这种学习形式,对古诗词学习产生了更为浓厚的兴趣。

四、结语

总之，在小学语文古诗词教学中，教师应通过各种形式引导学生进行情感体验。只有当学生亲身经历、耳濡目染，他们才会将其铭记于心，从而形成更深入的理解和认知。学生在学习古诗词时融入了自己的情感体验，会使得他们在课堂上思维活跃，踊跃发言，也使学生在轻松的氛围中畅所欲言，调动了他们的学习积极性。这便是情感体验给予课堂的，学生在课堂上的学习也会因此而更加有效。

参考文献

[1] 中华人民共和国教育部.义务教育语文课程标准（2022版）[M].北京：北京师范大学出版社，2022.

[2] 王春辉.浅析小学语文古诗词教学策略[J].中国校外教育，2015（35）：135.

[3] 李丽华.浅析小学语文古诗词教学[J].学周刊，2016（8）：162.

[4] 刘春芹.小学语文古诗词教学策略探析[J].教育实践与研究（A），2013（8）：31—32.

聚焦课标新视角
——上海市浦东新区观澜教育联盟教育改革实践探索

第二章

学科融合新探索

层级进阶，以文育人
——以三年级语文《灰雀》一课渗透德育思想

上海市浦东新区观澜小学　陆　听

摘　要

教育部《中小学德育工作指南》对小学中高年级德育目标有明确要求，语文新课标也强调其课程应发挥德育功能。在《灰雀》第一课时教学中，以"层级进阶"为德育指导方法，既落实语文学科素养又凸显人文主题。通过抓细节找线索、创情景作比较、用情读用心悟三层教学，引导学生理解课文、深入人物内心，达成德育目标，同时指出可将德育目标向课后延伸，更好发挥语文学科德育功能。

关键词

跨学科育人　学科素养　人文主题　层级进阶

教育部在《中小学德育工作指南》中对于小学阶段中高年级的德育目标做了明确的要求："教育和引导学生热爱中国共产党、热爱祖国、热爱人民，了解家乡发展变化和国家历史常识，了解中华优秀传统文化和党的光荣革命传统，理解日常生活的道德规范和文明礼貌，初步形成规则意识和民主法治观念，养成良好生活和行为习惯，具备保护生态环境的意识，形成诚实守信、友爱宽容、自尊自律、乐观向上等良好品质。"

语文是一门兼具工具性与人文性的学科,《义务教育语文课程标准（2022年版）》（以下简称《语文课程标准》）指出："语文课程应通过优秀文化的熏陶感染，提高学生的思想道德修养和审美情趣，使他们形成良好的个性和健全的人格，促进德智体美诸方面的和谐发展。"语文教学要发挥德育功能，主要靠挖掘教材及教学活动中的人文精神和民族文化所蕴含的优秀道德传统，通过熏陶感染、潜移默化，来达到育人目的。

在《灰雀》第一课时的教学中，我不仅关注语文学科素养的落实，而且注重凸显其人文主题，以"层级进阶"为德育指导方法，向学生传递列宁和男孩身上的美好品质，取得了良好的教学效果。学生的语文核心素养在课堂上得以生成和培育，同时也将语言的学习同自身的道德素养联系在一起，使学生感受列宁用温暖的方式引导男孩知错就改，明白"诚实"的重要性，达成德育目标。

▸ 第一层，抓细节，找线索，走入文本深处

要使学生真正领悟课文所讲的道理，读懂文本是前提。《灰雀》这篇课文讲述故事的方法是含蓄的，对三年级的学生而言未必能完全读懂故事。课上，我循循引导学生关注细节，层层深入读懂文本，从而攻克这一难点。

在初读课文，把文本读通读顺之后，我抛出主问题：大家都知道事实上是男孩带走了灰雀，你的依据是什么，请从文中找找相关线索？学生们的思维一下子活跃起来，大家都努力地从文本的细节中去挖掘。有的学生不由自主地关注到了两个标点符号（……和！），从省略号中感受到男孩的紧张和害怕，从感叹号中体会到男孩当时坚定的语气。有的

同学找到了重复出现的关键词"一定",通过分析小男孩反复说"一定"的内心活动,感受男孩放回灰雀的态度坚决。到这里,学生已经在老师的引领下实践了一遍抓住标点符号和关键词揣摩人物内心的方法。

随即,我话锋一转,让学生们换个视角,尝试关注列宁的言行,找寻灰雀被男孩带走的线索。这其实就是实际演练刚刚学到的方法了,不管是"会飞回来?"的"?"还是"自言自语"这样的关键词,学生都不难发现列宁早已对灰雀的去向心知肚明,却只委婉地说出了对灰雀的担心。继续抓住列宁说的"一定",理解这是为了能让男孩觉得自己被相信了,才会触动内心,认识到自己的错误,引导学生体会列宁的善良,保护男孩自尊的美好品质。

经由这第一层的教学,学生对课文的理解更深入,不仅"知其然",还"知其所以然",而后者才是语文学科德育渗透的关键。

第二层,创情景,作比较,深入人物内心

为了让学生真正"悟"到课文所讲述的道理,我并不止步于抓关键词句初步读懂了文本这一层,而是注重创设情境,引导学生设身处地想象,如果我们在现场,知道男孩抓走了灰雀,会对男孩说些什么,学生们给出符合自己年龄且较为直接的回答后,请他们再想一想"如果你是一位比较严厉的领导人,你还会说些什么?"这个问题为接下来感受列宁美好品质埋下伏笔。"同样想让小男孩放回灰雀,列宁为什么和我们的方式不一样?"这巧妙的比较设计,将思辨性问题融于其中,学生通过一番思考、讨论、交流,品味列宁的良苦用心与教育智慧。学生从一开始的不大理解,到最后能渐渐走入人物内心,说出列宁这是在用温暖的方式保护男孩的自尊心,男孩最终也能受其感染知错就改,感受到这些都是多么美好的品质啊!

这第二层的教学价值在于引导学生学会深入思考、深入探究，进而将其所学所思用于实践。在语言训练时，创设情境，巧设问题，启发思维，让学生带着问题思考、交流，从文本的字里行间体会人物的内心。在潜移默化中，学生的语文素养得到了提升，学生会初步产生想要去学习列宁和男孩身上的美好品质的想法，课堂也充满人文味。

▸ 第三层：用情读，用心悟，达成德育目标

朗读是对文本的二次创作，我们课堂书声琅琅，注重引导学生通过朗读悟情悟理。我指导学生有感情地朗读列宁和男孩的对话，感悟对话中的深意，品味人物美好品质。读到"我……我不知道"时，孩子是最理解孩子内心想法的，所以学生读得吞吞吐吐，支支吾吾，读出了男孩的紧张和害怕。在了解人物内心想法和美好品质的基础上，通过师生合作，加入有深度的旁白解读，引导学生再来读一读列宁和男孩的对话，这样的朗读师生都声情并茂，声音中带着真诚与感动，不再浮于表面，而是理解性的悟读了。我充分利用朗读的方式，潜移默化熏陶和教育学生做人要诚实，通过朗读，情感体验和精神世界得到了升华。

有了以上层层深入地铺垫，在学生都发现第二天灰雀确实飞回来，我再问："我们认识了一个怎样的男孩？"学生们纷纷说这是一个诚实、知错就改的男孩，言语中带着对男孩与列宁心悦诚服的敬佩。这一刻，以文育人水到渠成。

"才者，德之资也；德者，才之帅也。"人无德不立，育人的根本在于立德。语文课堂是培养学生正确价值观和道德品质的重要途径。通过本课的教学实践，我体会到语文课堂德育目标的达成无需一本正经的说教与繁枝末节的分析，教师要做的是层层深入地引领学生潜心会文，走入文本深处；设身处地，感受人物内心；思辨交流，悟得情感道理。这

样的课堂才更具生命力。

当然，教无止境，"课无完课"，如果以后还有机会再重现这堂课，我想将课堂的德育目标向课后延伸，可以在设计分层作业上入手：请学生续编故事，想象列宁和男孩之后会有怎样的对话等。这一开放性的课后作业中，让学生带着对文本的理解和想象说话，谈谈对于列宁和男孩身上的品质该如何延续，用多种方法引导学生体会美好的品质，传递美好的品质。

教学路漫漫，我将继续用智慧与匠心去设计课堂，用文字与真情去感化学生，更好地发挥语文学科的德育功能，让学生在课堂中充分感受语言之美，人情之美，道德之美。

参考文献

[1] 贾彦琪.小学语文教材中的德育元素分析[J].课外语文·下，2018（6）：78—83.

聚焦核心素养的小学语文跨学科融合实践

上海市浦东新区观澜小学 乔培青

摘 要

语文学科的工具性与社会性特质，决定其本身就是一门彰显跨学科融合特质的学科。人文、历史、社会、科学、艺术等学科领域的知识与信息，是小学语文学科的重要内容。因此，语文学科有着实践跨学科融合教育的先天优势。此外，借助多元化的跨学科融合实践手段，如开展项目化的跨学科综合实践活动，推动小学语文跨学科融合实践的"教学评一体化"，都有助于发展学生的核心素养。

关键词

小学语文 跨学科融合 核心素养

一、小学语文实践跨学科融合的原则

（一）跨学科融合资源关联性强

在教育变革如火如荼的今天，很多语文老师都在教学实践中尝试创新，从一些语文教学实践案例中可发现，很多教师尝试将不同学科领域的知识、技术进行融合，以带给学生新鲜的语文学习体验感。但对一些语文教案的设计内容进行仔细研究后发现，一些教师所理解的"跨学科融合"，无非是将基于指定主题涉及的不同学科领域的知识技能进行简单叠加，忽视探索跨学科融合学习内容之间的内在联系。缺乏强联系的跨学科融合教学实践活动，并不能够帮助学生建立全面的知识体系，以及发展缜密的语文逻辑思维。当跨学科融合资源关联性趋于薄弱，甚至缺乏相关性，便会让项目化学习活动中的内容彰显出"分裂"的特征，学生的知识与技能迁移能力，调动不同学科知识解决问题的能力，会因为学习资源层面的黏性低，而受到严重地限制。因此，为了让学生在语文跨学科融合学习实践活动中，充分调动主观能动性，最大化地激发学生思维与行动层面的潜力，教师在设计活动内容，以及整合不同学科学习资源时，务必要对活动细分项目之间的联系进行论证，对整合到教学活动中的资源的价值加以论证。

（二）发展学生核心素养

语文跨学科融合学习实践活动具有"包罗万象"的特质，在融合多个学科领域的学习活动中，核心素养所强调的人文底蕴、科学精神、学会学习、健康生活、责任担当、实践创新等素养就能够全面地得到锻炼和激发，使得核心素养所强调的素质与多个学科领域的知识与技能实现强力的交织与渗透，让学生的语文学习品质发展得更加扎实稳固。

（三）突出应用于实操

语文学科中的阅读、写作、口语交际在学生的日常生活与学习中，有着广泛的应用场景，基于语文学科可使用的表达方式也是极其丰富的。当学生在跨学科融合学习项目中执行学习任务时，学生不仅可以使用文字化的语言表达自己对问题的理解和探索结果，还可以使用符号化、表格化的语言，展示丰富的学习成果。但只有学生真实地投入实践活动中，他们才能够摸索与总结出个性化的技巧，促进学生的思维水平、学习品质实现持续提升。

二、聚焦发展小学生语文核心素养的跨学科融合教学举措

（一）打造主题明确的语文跨学科融合项目化任务

以五年级下册的名著单元为例，为了强化学生对我国四大名著的学习印象，教师可以将戏剧化教学、影视化教学、游戏化教学等手段与该单元的教学内容进行整合。

在开展该单元的教学工作时，首先，教师让学生揣摩名著中刻画人物的方法，鼓励学生描述自己喜爱的描写手法与原因。由于四大名著承载了丰富的人物，因此可以将语文与美术绘画相关联，发起自主绘画创作名著人物的学习活动，让学生通过绘画人物，表达他们对人物外在形象、性格、能力的认知。

其次，学生通过画思维导图的形式，要素包括但不限于作家、作品、喜欢的人物形象、相关影视作品的导演、演员等，进行成果展示，拓展学习，真正做到跨学科融合。还可以在学习名著单元后进行拓展阅读，例如读了《草船借箭》后又去读了《三国演义》的其他作品。在以上过程中培养了学生的核心素养，让学生的文化自信、思维水平、语言表达能力得到呈现。

为了提升学生的艺术审美情趣，在本单元的学习期间，可以尝试戏剧化教学。学生被分配到不同的小组，每个小组负责一部名著的特定章节。学生们需要阅读原文，然后设计剧本，准备服装和道具，进行现场表演。此外，教师组织学生观看不同版本的影视作品，比较文本与影视作品的差异，深入探讨文本的多层次意义。学生们对这种互动式和参与式的学习方式反应热烈。通过自己制作剧本和道具，他们不仅深入理解了文本，还能够在表演过程中更好地把握人物性格和情感变化。观看影视作品后的讨论让学生们能够更加全面地理解四大名著的文化背景和艺

术价值。此外，通过与同学的合作，学生们的沟通能力和团队合作能力得到了显著提升。

该教学单元的评估结果表明，学生的文学理解能力、批判性思维和创新能力有了显著提升。在表演结束后进行的评估中，绝大多数学生能够准确地识别文本主题、分析人物关系，并且能够自信地表达自己对文本的理解和感受。学生的艺术审美情趣也通过赏析不同版本的影视作品得到了培养。此外，教师收集的学生反馈显示，参与创造性任务使学生感到学习更加有趣和有意义。

（二）提升语文跨学科融合学习项目的信息化水平

置身在信息化时代，为了提升学生的思维品质，同时为了让学生的学习成果具有显著的重复利用价值和传播价值，我要求学生运用信息技术手段，完成跨学科融合实践活动的学习内容。让学生自己制作PPT对相关任务内容进行展示，以小组为单位完成相关视频内容的制作。通过这些任务设计，提升学生信息化的学习水平，优化学生收集资源、整合资源、应用语文知识和信息技术的思维方式。

比如，在实施信息化教学时，教师结合时事热点让学生赏析歌曲《上春山》，探究《上春山》这首歌曲中有哪些古诗。然后指导学生选择五年级第二学期书本最后的古诗，根据学生的理解和创意，进行合理改编。学生可以尝试将古诗词配上适合的曲调和节奏，创作出新的音乐作品，从而将古诗词与现代音乐相结合，产生出更具时代特色的作品。学生利用音乐制作软件和视频制作工具，将他们改编的古诗词配上音乐，制作成小视频。在视频中，可以加入一些与古诗词内容相关的图像或视频素材，增强视觉效果，使作品更加生动和具有吸引力。

（三）提升学生在跨学科融合实践中的主体地位

教师在推动语文跨学科融合教学实践活动开展的过程中，需要特别注意的是，教师需要杜绝成人化思想占据主导地位。教师需要通过充分放权，让学生感受到自主探索、创新的自由。当学生感受到来自教师的信任、肯定时，其自主管理能力、执行能力便会得到最大化激发。

需要肯定的是，在信息技术高度发达的今天，很多小学生能够涉猎的知识是极其广泛的，他们对很多问题的理解具有一定的深度，当他们掌握学习的主动权后，学生们会将更加多元化的思考与探索结果反馈给教师，而非一味地单一接受教师输出的信息。

让学生主导跨学科融合学习任务的实践过程，也是实践陶行知先生"教学做合一"理念的具体体现。

比如，在五年级下册《威尼斯小艇》《牧场之国》的教学活动中，教师可以进一步丰富跨学科融合学习任务，构建更具创意和深度的"旅行摄影展"，让学生在语文、地理和历史等多个学科的学习中获得全面提升和丰富体验。教师可以将学生分成小组，每个小组选择一个地点或主题，如"威尼斯的水城风情""牧场之国的自然风光"等，设计展览布局和展示方式，包括图片排列、文字说明、背景音乐等，使展览更具吸引力和感染力，能够吸引观众的注意和兴趣。之后邀请老师和同学参观，通过口头介绍和讲解，分享自己的摄影经历和心得体会，展示跨学科融合学习任务的成果和收获。通过这样的"旅行摄影展"活动，学生不仅能够在语文课文中感受到文学作品的魅力和情感，还能够通过地理和历史知识对所选地点或主题进行深入探究和了解，培养自己的综合素养和实践能力。同时，这样的活动也能够激发学生对自然与人文的热爱和探索欲望，促进他们全面发展和成长。

再以《海底世界》一课的教学为例：结合语文教材内容，学生被分组进行不同海洋生物的研究任务，每个组选择一种海洋生物进行深入了解，如鲨鱼、海豚、珊瑚等。学生需要收集信息，并准备展示材料，包括制作模型、绘制海洋生物图鉴等。学生们对能够通过多种学习方式（观看视频、制作手工艺品、绘画等）学习表示非常兴奋。他们在小组讨论中积极参与，对于能够"亲手"创造学习成果感到满足。此外，学生们也能通过这种方式更生动地了解海洋生物的生态和特性。该教学活动的结果表明，学生的科学探究能力和艺术表现能力得到了显著提升。教师通过学生的作品和展示了解到，学生们能够准确地使用专业词汇描述海洋生物，展示了良好的信息整合和表达能力。

（四）实现语文跨学科融合活动中的"教学评一体化"

为了提升语文跨学科融合学习活动的管理效率，同时为了帮助学生发展核心素养，教师需要结合教学任务的目标，设计好评价机制，对"教授方法""学习方法""评价方法"以及其所对应的结果进行预设，明确教师、学生，以及其他人员在学习活动中的角色与责任，让学生能够获得源自多个主体的支持与评价。

在"教授方法"这一层面，不拘泥于教师教，学生学。而是通过激发每一名学生的主观能动性，让学生之间也营造出良好的"互相教"的学习氛围，当多个学科领域的学习任务在项目化的活动中同步推动时，不同学生所掌握的技能既可以实现互补，又能够实施"互教"，其本质是对"师资力量"的激活。当学生能够站在教导立场，分享自己的知识、经验，以及方法时，便实践了费曼学习法，通过教导与分享，使得其知识架构建设更加稳固。

教学相长，当良好的学习支持体系得到建构后，学生也能够根据自己的学习需求，探索出个性化的学习方法。

由于语文跨学科融合教学实践活动具有复杂性，因此，很多教师会疏于对活动的过程、细节进行监督和评价，这样会导致很多学生错失纠错机会，或者错失优化行动策略的机会。为了提升语文跨学科融合实践活动的品质，教师可以发起小组成员互评、组长互评、观众评选、家长评价、社区人员评价等评价方式，让学生的学习活动得到更多客观评价的认证。除了运用不同形式的评价以外，还可以从多角度评价学生的综合能力，比如，结合不同的学习实践方式在语文学习活动中评选出"最佳表演""最佳主持""最佳舞美奖""最受欢迎小导游"等，从不同角度去培养有个性的人才。

三、学科融合学习方式的收获

（一）提升学生的语文学习兴趣

通过跨学科融合实践，语文学科不再局限于传统的读写教学，而是与艺术、科学、历史等领域相结合，创造了更为丰富和多样化的学习场景。比如，在探讨《海底世界》的课程中，学生可以通过绘画海洋生物、制作相关的科学项目来深化对文本的理解。这种方式使学生能够在实践中学习语文，显著提高了学习的趣味性和参与度，从而增强了学生对语文学习的兴趣。

（二）增强语文学习能力

跨学科融合实践通过将语文与其他学科知识和技能结合，促进了学生在语文学习中的主动探索和实际应用。在处理跨学科任务时，学生需要使用语文技能来解释、分析和呈现信息，这不仅提升了他们的阅读理解力，也锻炼了写作和表达能力。此外，通过与其他学科的知识结合，学生的语文学习变得更加深入和扎实，能够在更广泛的内容和环境中使用语文技能。

（三）培养批判性思维和创新能力

在跨学科的学习环境中，学生被鼓励以批判性的眼光审视问题，并寻找创新的解决方案。比如，在一个结合语文和科学的项目中，学生可能需要调查某种海洋生物的生态，并通过写作和演讲来展示他们的发现。这种活动要求学生不仅要理解信息，还要能够评估和创新地表达这些信息，从而培养他们的批判性思维和创新能力。

（四）提高自主学习和合作学习能力

跨学科项目往往需要小组合作，这不仅能够提升学生的社交技能，也能够增强他们的自主学习和项目管理能力。在小组合作中，学生需要共同商议项目的方向，分配任务，并协作完成项目。这种过程加深了学生对语文学习的投入，并且通过实践活动，他们能够更好地掌握如何组织和表达自己的想法。

（五）促进综合素质的全面发展

跨学科融合不仅提升了学生的语文能力，还通过结合多种学科知识，促进了学生在情感、道德、审美和身心健康等方面的全面发展。比如，在学习古典文学的同时接触相关的历史背景和文化艺术，可以增强学生的文化认同感和审美鉴赏力。

四、结语

综上所述，小学语文的跨学科融合实践不仅丰富了教学内容和方法，也为学生的全面发展提供了坚实的基础。通过这种教学模式，学生不仅提升了语文学科的学习兴趣和能力，还在语言运用、思维能力、审美创造等核心素养上得到了显著的提高。

参考文献

[1] 陈露.小学语文跨学科学习任务群的组织实践心得[J].读写算，2024（7）：35—37.

[2] 常丽萍.STEAM教育理念视域下小学语文跨学科融合的思考

[J].第二课堂(D),2024(2):14.

[3]赵唯,吕国光.指向核心素养的小学语文跨学科学习路径探索[J].内蒙古师范大学学报(教育科学版),2024,37(1):69—76.

[4]黄恋.核心素养导向下小学语文大单元教学的策略探究[J].教师,2024(2):21—23.

跨学科主题学习在小学英语课堂中的应用与效果分析

上海市浦东新区观澜小学　陆智杨

摘　要

本文从多元智能理论、认知灵活性理论和教育心理学角度,对跨学科主题学习的理论基础进行了阐述,探讨跨学科主题学习在小学英语课堂中的应用与效果。通过案例分析,详细展示了跨学科主题在小学英语课堂的实施过程、学生学习成果与教师反思,深入探讨小学英语与美术学科的整合策略,包括教学内容融合、创新教学方法(如融合美术教学材料、美术与英语互动游戏、美术评价促进语言学习、创设跨文化美术体验)等。本文总结跨学科主题学习在小学英语课堂中的价值,强调英语与美术学科整合的潜力与前景,并为未来的教育实践提供了建议与展望。

关键词

跨学科　小学英语　美术学科　整合

随着教育理念的不断发展与创新,跨学科主题学习逐渐受到广泛关注。跨学科主题学习强调知识的综合性和整体性,注重培养学生的综合素质和创新能力。特别是在小学阶段,跨学科主题学习对于激发学生的学习兴趣、培养学生的综合能力具有重要意义。

跨学科主题学习是一种融合不同学科知识和技能，以解决现实生活问题为目标的教学方法。在当今教育中，跨学科主题学习已经受到越来越多教育者的重视和探索，小学英语课堂作为培养学生综合语言能力和跨文化交际能力的重要场所，其教学内容和方法也在不断创新和拓展。通过对跨学科主题学习在小学英语课堂中的应用与效果进行分析，旨在为教育实践提供借鉴和参考，推动小学英语教育的创新与发展。

一、跨学科主题学习的理论基础

（一）多元智能理论与跨学科学习

多元智能理论由美国心理学家霍华德·加德纳提出，他认为人的智能是多元化的，包括语言智能、数学逻辑智能、空间智能、身体运动智能、音乐智能、人际交往智能、自我认知智能等。跨学科主题学习正是基于这一理论，通过整合不同学科的知识和技能，为学生提供多样化的学习体验，激发他们的多种智能，有助于学生在各个学科领域的发展，还能培养他们的创新思维和问题解决能力。

在跨学科主题学习中，英语教师可以通过与其他学科教师的合作，将英语知识与其他学科内容相结合，为学生提供更加丰富和有意义的学习资源。比如，在英语教学中融入美术元素，让学生通过绘画、手工制作等方式来表达英语课文中的情境和人物，这不仅能够提高学生的英语学习兴趣，还能培养他们的空间智能和创造力。跨学科主题学习作为一种综合性的教育方法，其理论基础涵盖了多元智能理论和认知灵活性理论等多个方面，在小学英语课堂中，跨学科主题学习具有广阔的应用前景和巨大的潜力。通过整合不同学科的知识和技能，英语教师可以为学生提供更加多样化、有意义的学习体验，激发他们的学习兴趣和创造力，有助于培养学生的综合素质和创新能力，为他们的未来发展奠定坚实的基础。

（二）认知灵活性理论与跨学科整合

认知灵活性理论（Cognitive Flexibility Theory）是由斯皮罗（R. J. Spiro）等人提出的，它建立在建构主义学习理论的基础上，特别强调了学习者在面对复杂和多变的学习环境时，应具备的认知灵活性和适应能力。该理论主张学习不是简单的知识传递和接受，而是学习者在与环境的交互中，主动构建自己的知识体系和认知结构。

认知灵活性理论认为，学习应该是一个灵活的、多维度的过程。学习者需要能够根据情境的变化，灵活调整自己的认知策略，以适应不同的学习需求，这不仅体现在知识的应用上，还体现在对学习材料、学习策略和学习环境的选择和调整上。在跨学科主题学习中，认知灵活性理论的应用至关重要，它鼓励学习者跳出单一学科的框架，以更加开放和灵活的心态去探究和解决问题。通过整合不同学科的知识和方法，学习者可以更加全面地理解问题，找到更多可能的解决方案，从而提高自己的创新能力和综合素质。

跨学科整合首先要求将不同学科的知识和技能进行有机融合，形成一个整体。比如，在英语教学中融入数学、科学或社会科学的元素，让学生在探究主题的过程中，能够综合运用多学科的知识和技能。不同学科具有不同的思维方式和方法论，跨学科整合需要学习者学会综合运用这些思维方式，培养跨学科思维能力和解决问题的能力。学习策略是学习过程中的重要组成部分，跨学科整合要求学习者能够根据不同的学习情境和任务需求，灵活调整自己的学习策略，提高学习效率。传统的评价方式往往侧重于单一学科的成绩和表现。而跨学科整合要求建立一种更加综合、全面的评价方式，以全面反映学习者的综合素质和创新能力。

认知灵活性理论与跨学科整合是跨学科主题学习的重要理论基础，为学习者提供了一种全新的学习视角和方法，有助于培养学习者的综合素质和创新能力，为未来的学习和工作奠定坚实的基础。

（三）教育心理学与跨学科教学方法

教育心理学是研究学习与教育过程中的心理现象及其规律的科学，为跨学科主题学习提供了重要的理论基础。在教育心理学中，学习理论、认知发展理论、情感与动机理论等都是跨学科主题学习的重要支撑，这解释学习的过程和机制，为设计跨学科教学活动提供了指导。

认知发展是指个体从出生到成年期认知结构和认知功能的变化和发展。在教育心理学中，认知发展理论为跨学科主题学习提供了重要的指导，通过了解学生的认知发展阶段和特点，教师可以设计符合学生认知发展水平的教学活动，促进学生的跨学科学习；情感与动机是影响学习效果的重要因素，在教育心理学中，情感与动机理论强调了情感因素在学习过程中的作用，在跨学科主题学习中，教师应关注学生的情感需求，激发学生的学习动机，促进学生的积极参与和深度学习。

每个学生都是独特的个体，具有不同的学习风格、兴趣爱好和智能优势。在教育心理学中，个性差异与学习理论强调了个性差异对学习的影响，在跨学科主题学习中，教师应尊重学生的个性差异，设计多样化的教学活动，满足不同学生的学习需求，促进学生的全面发展。跨学科教学方法是指将不同学科的知识和方法进行整合，以促进学生综合素养和创新能力的培养，在教育心理学中，跨学科教学方法强调了学生的主动性和参与性，通过整合不同学科的知识和方法，教师可以设计具有挑战性和趣味性的教学活动，激发学生的学习兴趣和探究欲望。

二、跨学科主题学习在小学英语课堂的案例分析

（一）跨学科主题在案例中的应用过程

在本案例中，跨学科主题学习以小学英语课堂为基础，融入美术学科，目的是通过艺术手段提高学生的英语学习兴趣和语言能力。

1. 主题设定与导入

教师设定一个与美术相关的英语主题，如 My Favorite Artwork（我最喜欢的艺术作品）。通过展示一些著名的艺术作品，如凡·高的《星夜》、毕加索的《哭泣的女人》等，激发学生的兴趣，教师引导学生用英语描述这些作品，如颜色、构图、风格等，为后续的英语学习打下基础。

2. 美术与英语的结合

在这一阶段，教师将美术与英语紧密结合起来。学生被要求选择一幅自己喜欢的艺术作品，然后用英语写一篇短文来描述这幅作品，短文内容包括作品的名称、作者、创作背景，以及学生对作品的感受和理解，这一过程不仅锻炼了学生的英语写作能力，还培养了其艺术鉴赏能力。

3. 创意实践

为了进一步加深学生对美术作品的理解，并提高其英语应用能力，教师组织了一场创意实践活动。学生被要求以所选艺术作品为灵感，创作一幅自己的艺术作品，并用英语描述自己的创作过程和心得。这一活动激发了学生的创造力，并让他们在实际操作中感到英语与美术的紧密联系。

学生将自己的英语短文和艺术作品进行展示。其他同学通过观看和听取介绍，了解每幅作品背后的故事和含义，教师也对学生的作品和表

现进行评价，给予肯定和鼓励，并提出改进意见，提高了学生的英语口语表达能力，增强其自信心和成就感。

在活动结束后，教师引导学生进行总结和反思。学生分享了自己在活动中的收获和感受以及遇到的困难和挑战，教师则根据学生的反馈对教学方法和策略进行调整和优化，为下一次的跨学科主题学习做好准备。

（二）学生学习成果与反馈

学生普遍表示对跨学科学习非常感兴趣，认为这种方式使学习变得更加有趣和生动。他们喜欢将英语与美术结合起来学习，认为这样能够更好地理解两门学科。

通过跨学科学习，学生对英语学科的态度变得更加积极，通过这种方式学习英语，不仅提高了自己的语言能力，还拓宽了视野，增加了对多元文化的理解；对美术学科有了全新的认识，意识到美术不仅仅是画画，还包含了丰富的文化内涵和历史背景，激发了他们进一步探索美术世界的兴趣；学生在跨学科学习中，通过自己的努力和创作，取得了显著的成果，对自己的作品和表现感到自豪，对自己的创造力和表达能力有了更高的认同。

跨学科主题学习在小学英语课堂中取得了显著的学习成果和学生积极反馈，提高学生的英语应用能力和美术鉴赏能力，培养他们的创造力和跨学科整合思维，学生对这种新颖的学习方式表示出浓厚的兴趣和积极的态度，对自我能力也给予了高度评价，证明跨学科主题学习在小学英语课堂中具有重要的价值和意义。

（三）教师的体会与反思

通过本案例的分析，跨学科主题学习在小学英语课堂中的应用具有很大的潜力和价值。通过美术与英语的结合，不仅可以提高学生的英语学习兴趣和能力，还可以培养其艺术鉴赏和创造力，教师在设计教学方案时，应充分考虑学生的实际情况和需求，灵活运用跨学科主题学习的方法，打造生动有趣、富有成效的小学英语课堂。

三、小学英语课堂与美术学科的整合策略

（一）跨学科主题与英语教学内容的融合

在整合小学英语课堂与美术学科时，将跨学科主题与英语教学内容相融合是一个有效的策略。

1. 确定跨学科主题

确定一个跨学科主题，这个主题应该是与英语教学内容相关，并且能够引发学生对美术学科的兴趣。比如，可以选择"节日文化"作为跨学科主题，这个主题既可以在英语课堂中学习相关的词汇和表达方式，也可以在美术课堂中创作与节日相关的艺术作品。

2. 设计融合性的教学活动

基于跨学科主题，设计融合性的教学活动。结合英语和美术两个学科的特点，让学生通过参与活动来学习和运用英语知识，同时培养他们的美术素养。比如，在英语课堂上，学生可以学习与节日相关的词汇和表达方式；在美术课堂上，他们可以运用所学知识创作与节日主题相关的艺术作品，如制作节日贺卡或绘制节日场景。

3. 跨学科评价与反馈

整合跨学科主题的评价方式，对学生的学习成果进行综合评价。评价应该包括英语语言的准确性和流畅性，以及美术作品的创意和表现力。通过评价，教师可以了解学生的学习情况，提供及时的反馈和指导，帮助他们进一步提高跨学科整合的能力。

4. 教学资源与环境的整合

在融合跨学科主题时，注意教学资源与环境的整合。教师可以利用

多媒体教学工具、美术工具和材料等资源来丰富教学内容和方式,创造一个跨学科的学习环境,让学生能够在这种环境中自由交流和合作,促进知识的共享和创新。

将跨学科主题与英语教学内容相融合是小学英语课堂与美术学科整合的有效策略。通过确定跨学科主题、设计融合性的教学活动、跨学科评价与反馈以及教学资源与环境的整合,可以促进英语和美术两个学科的相互渗透和补充,提高学生的跨学科整合能力和综合素质。

（二）教学方法与手段的创新

1. 融合美术教学材料

在英语课堂中引入美术教学材料,如图片、插画、手工制作等,以丰富课堂内容,激发学生的视觉感知和想象力。通过观察、描述、讨论美术作品,学生不仅能够扩展英语词汇和语法知识,还能够培养艺术欣赏能力。

2. 美术与英语互动游戏

设计一些融合美术和英语的互动游戏,如绘画比赛、角色扮演、拼图游戏等。通过这些游戏,学生在参与游戏的过程中不仅能够运用英语进行交流和表达,还能够通过美术活动加深对英语词汇和句型的理解和记忆。

3. 美术评价促进语言学习

利用美术作品评价的方式,激发学生的语言表达能力。如要求学生描述一幅美术作品的内容、情感或主题,或者让学生就自己的绘画作品进行口头或书面评价。通过这种评价方式,学生不仅能够提高英语口语表达能力,还能够培养批判性思维和创造性思维。

4. 创设跨文化美术体验

设计一些涉及不同文化和传统的美术活动,让学生通过绘画、手工制作等方式，了解并体验不同文化的艺术特色和传统。通过这样的跨文化体验，学生不仅能够拓展跨文化交际能力，还能够增进对世界多元文化的理解和尊重。通过创新教学方法和手段，将美术与英语相结合，可以更好地激发学生的学习兴趣，提高学习效果，促进他们在英语学习中的综合素养发展。

四、效果评估与反思

（一）学生学习效果评估

在跨学科主题学习（美术学科）在小学英语课堂中的应用中，评估学生的学习效果至关重要。

1. 语言能力的提升

通过跨学科学习，学生接触到了与美术相关的英语词汇，扩大了词汇量，通过测试或观察学生在课堂上的使用情况，可以评估他们是否掌握了这些词汇；学生在描述艺术作品、分享创作过程时，口语表达能力得到了锻炼，通过让学生进行口头报告或讨论，可以评估他们的口语流畅性和准确性；要求学生写关于美术作品的简短描述或创作心得，可以评估他们的写作能力，包括语法、拼写和句子结构。

2. 美术素养的提高

让学生分析艺术作品，如名画或当代作品，并提供自己的见解，通过他们的分析报告或讨论，可以评估他们对美术作品的理解和鉴赏能力；学生根据主题或灵感进行创作，通过他们的作品可以评估他们的美术技能和创造力。

3. 跨学科整合能力的形成

学生将英语和美术结合，完成一个跨学科项目，如制作一本介绍某个艺术家的英文小册子，通过项目的完成情况和展示，可以评估学生是否成功地将两个学科的知识融合在一起；综合学生在课堂上的表现、作业和项目完成情况，给出综合评价，包括学科知识的掌握，还包括学习态度、合作能力和创新思维等方面。

在评估过程中，教师应注意使用多种评估方法，以确保评估结果的全面性和准确性，评估结果应及时反馈给学生，帮助他们了解自己的学习进展和需要改进的地方。

（二）教师教学效果评估

1. 教学目标达成度

评估教师是否明确并有效地传达了跨学科的学习目标，包括英语语言知识和美术技能的提升，以及学生跨学科整合能力的培养，同时检查学生的作业和项目，看它们是否反映了教学目标的达成情况。

2. 教学方法有效性

分析教师在课堂上采用的教学方法，如小组合作、项目导向学习等，评估这些方法是否激发了学生的学习兴趣和主动性；观察学生在课堂上的互动和参与情况，了解教学方法对学生的吸引力和影响。

3. 学生反馈与参与度

通过调查问卷、口头反馈等方式收集学生对教学活动的看法和建议，了解学生对教学内容的接受程度和满意度，观察学生在课堂上的表现和参与度，评估教学是否吸引了学生的注意力，并激发了他们的学习热情。

4. 教学资源利用与创新

评估教师是否充分利用了现有的教学资源，如多媒体工具、美术材料等，以及是否进行了创新性的教学设计和实践，分析教师的教学案例和教学反思，了解他们在教学过程中的探索和进步。

根据学生的反馈和教学效果评估结果，评估教师是否及时调整了教学策略和方法，以改进教学效果。观察教师在教学反思中是否认真分析了教学成功和失败的原因，并提出了针对性的改进措施。

（三）反思与展望

在教学方法上，成功地将美术与英语相结合，激发了学生的学习兴趣，但如何进一步创新教学方法，使之更加符合小学生的认知特点和学习需求，仍是需要努力的方向。在资源整合方面，虽然已经充分利用了多媒体工具和美术材料，但仍有很多潜在的资源尚未得到充分利用，如何更好地整合校内外资源，为学生提供更加丰富多样的学习体验，是需要进一步探讨的问题。

展望未来，将继续深化跨学科主题学习在小学英语课堂中的应用与实践，不断探索新的教学方法和手段，创新教学设计和实施策略，以更好地满足学生的学习需求和发展需要。加强与其他学科的交流与合作，共同推动跨学科学习的深入发展，跨学科主题学习将在小学英语教学中发挥更大的作用，为学生的全面发展提供更加坚实的支撑。

五、总结

英语与美术的整合为小学英语教学带来了无限的可能性，随着教育技术的不断进步和教学方法的不断创新，学科整合将更加深入、更加高效。通过更加丰富多样的教学活动和项目实践，学生可以在更广阔的领域中探索英语与美术的交融之美，进一步培养他们的创新能力和跨文化交流能力。

未来，教育者应进一步探索英语与美术的深度融合，将两者的知识体系和技能要求更加紧密地结合在一起，为学生提供更加综合、更加实用的学习内容，教育者应不断创新教学方法和手段，如利用现代教育技术、引入更多元化的教学资源等，以更好地满足学生的学习需求和发展需要。通过不断深化跨学科整合、创新教学方法和手段，期待在未来教育实践中发挥更加重要的作用，为学生的全面发展提供更加坚实的支撑。

参考文献

[1] 时丽娟，余安敏.中小学如何有效开展跨学科主题学习的认识与思考[J].现代教学，2023（19）：18—19.

[2] 许巾彦.注重跨学科融合，让英语课堂展现精彩[J].科学大众：智慧教育，2023（10）：73—74.

[3] 高洁.跨学科主题学习下的中小学英语教师专业发展探究[J].教育进展，2024，14（2）：6.

[4] 顾明珠.小学英语课堂跨学科文化渗透的问题及其解决策略分析[J].英语画刊（高级版），2019（35）：20.

[5] 沈华.跨学科融合式单元主题教学实践：以小学英语学科为例[J].读与写，2020（7）：121—123.

[6] 李晓燕.新课标背景下小学英语跨学科主题学习教学策略[J].启迪与智慧（下），2023（9）：52—54.

小学体育课堂对儿童仪美心美的塑造探究

上海市浦东新区观澜小学　薛佳雯

摘　要

随着新课程改革的深入推进，素质教育的重要性越发突出。在小学教育阶段，体育学科愈发受到关注，以体育课堂来说，通过多样化体育教学活动的长期开展，可以改善学生的体质，增强学生的耐力，形成良好的精神风貌；通过规范化的体育动作，能够锻炼学生的仪表形态，使其在行走坐卧中彰显仪态之美；通过体育课堂还可以培养学生的心灵能力，使其在日常表现中形成良好的行为习惯与精神品质，有利于小学生德智体美劳全面发展。基于此，文章以体育与美术融合为切入点，分析了小学体育与美术融合的多维度特征，阐述了小学体育与美术融合教学的价值，探讨了小学体育与美术融合对儿童仪美心美的塑造，旨在提高小学体育教学水平，促进学生全面发展。

关键词

小学体育　课堂教学　体育+美术　仪美心美　塑造

体育为美术带来灵感，美术为体育提高品位。新时代下，"五育并举""学科融合"，已经成为新课程改革与发展的重要路径。如果说体育是体现美，那么美术就是创造美，在小学体育课堂中融入美术，可以塑造学生的仪美与心美，实现学生的内外兼修。在小学体育课堂教学中，仪美侧重仪表仪态的塑造，而心美则侧重心灵、心态等能力的提升，这对素质教育的推进与核心素养的培养都具有重要作用。在小学生德智体美劳全面发展中，依靠单一学科开展课堂教学已经无法满足素质教育的要求，难以达到核心素养培养的预期目标，在小学体育课堂教学中实现体育与美术学科融合，可以给予学生更加广阔的展示空间，促进教学效果的提升。

一、小学体育与美术融合的多维度特质

随着《义务教育体育与健康课程标准（2022年版）》更新，小学体育教学改革越发迫切，明确体育与美术跨学科融合的多维度特质，可以更加清晰地了解学科融合的本质特征，为学生仪美心美的塑造给予重要支撑。

（一）学科维度特征

以学科层面来说，体育与美术的融合，是学科知识的横向交融。小学体育课程包含很多影响学生成长与发展的要素，比如，运动能力、心理素质、健康行为、体育素养等，从整体来说，囊括了体育基础知识、基本技能、体质体能、身心健康、专项运动等多方面的内容。体育与美术的融合，可以推动"五育并举"融合实践，通过知识的融合，可以使学科知识的横向交融变得更加紧密。

（二）学生维度特征

以学生层面来说，素质教育的受众是学生，新课程改革强调了"学生本位"原则，在小学体育学科中，学生的体验真实地反映了课堂教学的整体情况。体育与美术的融合，使学生获取的知识变得多元化，不仅可以掌握体育学科的知识与技能，还能够延伸到美术学科的创造美、欣

赏美、鉴赏美上。这种跨学科融合方式，消除了早期体育教学单一模式的枯燥性，使学生的体验感变得越来越强，强化了学生对美的体验。

（三）教师维度特征

以教师层面来说，体育教师在课堂中扮演着单一的角色，即为体育知识的传授而服务。而体育与美术的融合是多学科知识的链接，使"教师共同体"的特征得到彰显，体育与美术学科教师的协同，实现了"协同育人"的新课程改革目标，推动了小学生深层次学习，完善了体育知识体系。在体育与美术融合中，体育教师应该掌握多元化融合模式，通过学科融合的维度获取全新内容，为学生的仪美心美的塑造提供支撑。

二、小学体育课堂融合美术对学生仪美心美的塑造的价值

在小学体育课堂融入美术，可以使课堂绽放艺术风华，既能够辅助学生掌握技能、锻炼体能，还能够使学生体验体育与美术的熏陶，通过运动陶冶情操，实现身心上的美的启迪。

（一）体育与美术融合赋予体育创新思路

以美育来说，美术是美育的表现形式之一，以美育人，可以辅助学生认识美、发现美、鉴赏美、创造美。在小学体育课堂中，美育之所以重要，主要是因为体育教学与日常生活中均有美的元素、美的体现，是塑造学生仪美心美的刚需。体育与美术融合，可以通过多元化渠道培养学生美的素养，课堂教学均是为美育能力的培养而服务，通过体育与美术融合，打造体育+美术课堂教学方案，可以使小学体育彰显美育价值，比如，通过美术体现体育的力量美、色彩美、布局美与节奏美，丰富了仪美心美塑造的内容，为体育课程开展提供了创新思路。

（二）体育与美术融合赋予体育全新内涵

以运动来说，体育不仅是力量的角逐，也是智慧的较量，更是美丽

的展示。将美术融入体育，使美术贯穿运动，其蕴含的渲染力与引导力为体育课程赋予独特的魅力，从而使体育课程变得异彩纷呈。在小学体育运动实践中，将美术形式、美术元素融入其中，如在场地布置、运动服设计、道具制作等方面融入美术创作元素，可以使小学生在感受动手乐趣的同时，增加感官体验，从而使仪美心美的塑造内容得到深化。

三、小学体育课堂对儿童仪美心美的塑造

（一）体育运动融合美术功能展示力量之美

体育运动可以使学生在改善体质、增强耐力的同时，感受艺术之美，实现思想的升华与生命的感悟，这种体验体现在人格与心灵上。小学体育运动具有艺术美的特性，如力量美、节奏美等，通过体育运动与美术功能融合，能够使学生感受这种美的存在，从而挖掘美的内涵、发挥美的价值，使学生在潜移默化中发现美、欣赏美、体验美、践行美，实现仪美心美的良好塑造，发挥跨学科融合的优势。

以"跳高"体育课程来说，跳高运动融入美术功能，可以相互促进、相互提升，共同推进学生审美能力的提升。苏霍姆林斯基曾经提出，体育和美育存在紧密的联系，也就是健和美存在不可分割的关系，健中产生美的体验，美以健为载体呈现。美术是美育形式之一，美术功能可以利用审美体验来展示，从而反作用于跳高运动的审美能力，推动跳高运动的审美逐渐朝着健康向上的方向发展与创新。明确跳高运动审美体验和美术功能融合的关系，可以辅助学生了解跳高运动的人文内涵，发挥其审美价值，从而实现跳高运动的美术功能，进而体会跳高运动的力量美。

跳高运动本身就拥有系统性与爆发性。系统性要求跳高动作整齐连贯，并掌控好动作的力度。跳高运动属于力量型动作，在实现躯体与肌

肉拉伸的情况下,能够使学生感受力量的美、爆发性,跳高助跑动作中形成起跳所需要的瞬时动力,向学生们展示跳高运动内在的活力。通过助跑、起跳、过杆动作行云流水,在空中形成优美的弧线,力量与美感的融合犹如一幅画卷,使学生在锻炼体力与耐力的同时,消除不良心态与不良影响,体现美术的育人功能。

(二)体育比赛融合美术创作展示色彩之美

在小学体育课堂中,体育比赛融合美术创作是学生仪美心美塑造的一种新形式,使体育比赛具有创造性,展现出艺术美,调动小学生的想象力,形成审美能力。

1. 体育比赛融合美术创作,能够增强比赛的视觉体验

色彩是美术创作表达的重要元素之一,把色彩元素融入比赛,能够使比赛场景变得异彩纷呈。比如,在运动服设计上引入色彩元素,能够深化体育比赛的视觉效果,提高比赛观赏性,无论是参赛同学,还是现场观众,都能够形成强烈的感官体验。

2. 体育比赛融合美术创作,能够提高学生的表达能力与创新能力

因为美术创作的个性化较强,在实际创作过程中,通过色彩的自主搭配,学生能够感受到创新的乐趣,从创作的作品中感受体育带来的色彩之美。比如,学生能够在比赛LOGO、比赛图案配色中,展示自己对色彩的掌握,从而调动他们创造美的能力。

3. 体育比赛融合美术创作,能够提高学生的团结能力

通过学生与老师、学生与学生之间的交流,选择最适合体育比赛的颜色,从而创作出最美的比赛装饰物或者体育美术作品,进而在创作中学会鉴赏美、创造美。

4. 体育比赛融合美术创作,能够促进学生对美的实践

通过融合色彩元素,体育比赛对学生视觉形成的冲击更强,加深对色彩及其搭配的认识，从而深刻地体会到比赛的艺术价值与观赏价值。并把体验到的美再次融入创作中，比如，将色彩搭配融入自身仪表的协调中，通过发现美、鉴赏美与实践美，学生对美的表达能力与创造能力会越来越强，在促进学生素养提升的同时，体验体育比赛的新奇与乐趣的。

（三）体育文化融合美术载体展示布局之美

在小学教育阶段，体育课程的重要性不言而喻，通过体育教学能够增强学生的审美意识与创新能力。而体育文化融合美术载体，主要体现在宣传与创作的布局上，既能够呈现体育的健和美，还能够传承优良美德，塑造学生的心灵美，传递社会正能量。体育文化与美术载体融合，可通过校园体育场地科学布置、体育设备器材的有序摆放、体育艺术雕塑的合理放置等方面来实现，这种融合方式富有布局之美，存在创意性，能够营造体育文化氛围，对学生心灵美与创造美的塑造具有重要的促进作用。

小学体育课程在文化宣传与创作上有大量的美术载体，在课堂融合的同时，还能够利用体育运动布局来实现，比如，组织校园运动会，在岗位布局上，倡导所有学生参与，所有学生有岗位的理念，即小运动员们积极参与运动比赛、小裁判员们公平裁决、小后勤人员勇于奉献、小观众们文明观赛、小秩序员们敢于劝导等布局分工。学生利用美术的文字、纸张、视频与颜料等载体，将运动会编辑成主题为"运动、公平、文明、健康"的体育版报、创作运动赛场争霸视频、创作"文明运动会"摄影、创作"公正运动会会徽"等，将同学们的矫健步伐与飒爽英姿、文明美德、好人好事等行为通过多样化的美术载体呈现出来，通过学校运动会全员参与、全员有岗的布局理念，营造健康文明的体育文化氛围，使学生通过体育运动得到锻炼的同时，实现体育文化的创作与宣传，在仪态美塑造的同时，实现心灵美的发挥，使学生形成体育与美术融合的核心素养,实现"德智体美劳"全面发展。

(四)体育锻炼融入美术形式展示节奏之美

小学体育课程涉及很多带有节奏性的运动,比如,健身操、韵律操等,需要学生理解并掌握动作节奏,达到仪态塑造的目的。而美术内容十分丰富,可以通过图绘、造型等形式表达出来,使人们对美术作品所要表达的内容形成更加强烈的感受。在小学体育课程中,部分教学内容也能够融入美术形式,助力学生树立形象化思维,使其在感受体育课程乐趣的同时,加深对体育技能的理解与掌握。

以"韵律操"为例,在小学体育课程教学中,韵律操教学存在很多难点,主要是由于学生不能更好地理解、掌握与运用韵律操各项技能与技巧,单纯地利用课本中抽象的教学法难以为学生提供生动、形象,又直观的体验,从而对学习效果与学习能力产生影响。面对这种情况,体育教师可以在体育课程中融入美术形式,以此为基础开展教学。比如,采用单线图绘方法,将韵律操的节奏绘画出来,并为其配上详细的问题说明,然后将图画以多媒体设备展示出来,这样就能够直观地展示韵律操动作过程与动作技法。在实际锻炼中,体育教师可先播放与韵律操相适应的音乐,为学生示范韵律操的动作,使学生能够以整体为切入点理解与把握相应的动作,然后借助多媒体中绘制的韵律操单线图绘实施动作分解,引导学生掌握正确的动作与节奏。在小学体育课程中,因为有了美术形式的融入,使韵律操的教学变得更加丰富,使学生以饱满的热情参与到学习与锻炼中,长此以往,学生的学习水平得到了提升,形态美也得到了塑造。

不仅如此,为了辅助学生巩固韵律操技法与节奏等知识,体育老师可以深化体育课程与美术形式的关键性,在实际教学过程中,引导学生结合自己对韵律操的感悟来绘制动作图,呈现韵律操的动作技术与结构形态等指标，这不仅能够使学生巩固所学到的韵律操知识，还能够提高学生对美术的创造力，实现双向发展。

四、结语

综上所述，美术在小学体育课程教学中发挥了至关重要的作用，尤其是对学生仪美、心美的塑造更具有明显效果。体育融合美术可以打造高质量的素质教育体系，优化体育教学方法与教学模式，提高课程教学质量。在实际教学中，体育老师要从跨学科融合出发，明确小学体育与美术融合的多维度特质，掌握小学体育课堂融合美术对学生仪美心美的塑造的价值，通过体育运动融合美术功能、体育比赛融合美术创作、体育文化融合美术载体、体育锻炼融入美术形式，展示体育的力量之美、色彩之美、布局之美与节奏之美，使学生得到仪美心美的塑造，实现身心健康全面发展。

参考文献

[1] 梁星.艺术教育中跨学科多维度的融合创新研究[J].东京文学，2020（11）：93—94.

[2] 胡娇娇.跨学科课程的内涵，价值意蕴与实践路向[J].教学与管理，2023（32）：1—5.

[3] 姜博文.新课标下打造"美育＋体育"跨学科主题学习模式研究[J].体育风尚，2023（8）：59—61.

[4] 汪婕.小学体育课堂对儿童仪美心美的塑造研究[J].冰雪体育创新研究，2022（15）：98—101.

[5] 李晔.以主题式跨学科课程促进学生价值观培养：以北京德威英国国际学校为例[J].北京教育教学研究，2018.

走好小学一"体"化育人之路

——小学体育教学中德育教育的渗透实践探究

上海市浦东新区观澜小学　周星宇

摘　要

在小学教育的广袤天地中，体育教育不仅是锻炼学生体魄的舞台，更是培育学生道德品质的摇篮。将德育理念巧妙地融入小学体育教育之中，不仅为学生指引了正确的价值航向，更在无形中提升了他们的思想境界和认知层次。体育教师在传授运动技能的同时，更要深入挖掘每一项运动背后的德育元素，精心设计富有教育意义的教学活动，让学生在体育锻炼中养成良好的行为习惯，他们的综合素质将在这样的教育中得到全面提升。

关键词

小学体育　德育　教学策略

德育，深入于教育的每一个角落，它致力于雕琢学生的思想道德品质，引领着整个教育事业的航向。2018年9月10日，习近平总书记在全国教育大会上强调，育人的根本在于立德。立德树人的思想贯穿于教育的每一个环节，无论是思想道德教育、文化知识教育，还是社会实践教育，都应将这一理念深深植入。以德育为魂，以立德树人为根本，在构建学科、教学、教材和管理体系的过程中，让我们始终坚守立德树人的教育使命。

一、小学体育教学中渗透德育的重要意义

体育课程，不仅是一场身体的锻炼，更是一次心灵的洗礼。它承载着塑造学生全面素质的重任，让每一个学子在挥洒汗水的同时，形成良好的行为习惯，提升道德品质。体育教学在实践中深化德育渗透，不仅从道德教育和情感教育的维度彰显出其教育成果，引领学生在各类体育活动与情境中深入体验、积极探索和真挚感悟，以提升其对运动的热爱与理解。如此一来，不仅有助于培养学生对知识的内化能力，塑造良好的行为习惯，优化品德素质，还能够进一步促进体育核心素养的构建与发展。因此，体育教学不仅仅是技能的传授，更是情感的交流，是品德的熏陶。它要求教育工作者在传授知识的同时，更要注重德育的渗透，让每一个学生在运动中成长，在成长中感悟，从而培养出正确的价值观和人生观，为他们的未来奠定坚实的基础。

二、运动铸身，德育养心，身心共融共进

（一）扬榜样力量，燃爱国情怀

爱国主义教育是德育的璀璨明珠，内涵深远，熔铸了国家归属与国家使命的精髓；体育则是跨越国界的卓越追求，其竞技场上的英勇斗士们，坚守着坚定的体育文化与崇高的体育精神。当这两者交织，便能在学生心中播撒下对国家的深刻认知和民族文化的自豪种子。丰富多彩的体育运动，不仅锻炼了体魄，更在无形中传递着优秀的体育文化，使学生在挥洒汗水的同时，深刻理解国家的伟大与民族文化的魅力，从而提高他们对国家的认同度与归属感。

在课堂上，在教授田径类、篮球、羽毛球等教学内容前，教师可以向学生们讲述那些在我国体育史上熠熠生辉的名将们，如乒乓球场上的马龙、田径运动员苏炳添、羽毛球冠军林丹等，这些名将们的成长历程，充满了艰辛与挑战，但正是这些经历，让他们更加坚定，更加自豪。他们的每一次胜利，都是对祖国的最好献礼，这些名将们的事迹能更好提高学生的学习兴趣，感受爱国情怀。在进行比赛类的游戏或者教学内容时，我们可以利用教材教具，为学生们展示那些激动人心的夺冠瞬间，还可以模拟登上领奖台的环节，组织一个小型的颁奖仪式，让获得名次或者是优胜的学生站上领奖台感受荣光，享受胜利的成就。一张张照片、一段段视频、一个个小型颁奖仪式，都能让学生们仿佛置身于现场，感受到运动员们的激情与荣耀，那份为国家争光的自豪与骄傲。

巧妙运用情境式教学方法，将中华民族辉煌灿烂的历史画卷作为教学背景，融合人文知识入体育课，更是充满乐趣。比如，在学习攀爬的教学内容时我们可以创设营造出红军坚韧不拔穿越茫茫草地、英勇无畏飞夺泸定桥等的壮丽场景。同时，自然地向学生们讲述那些在我国历史上留下浓墨重彩的烈士们，如董存瑞、赵一曼、狼牙山五壮士等英勇无畏的英雄事迹。通过这种方式，让学生仿佛置身于那些历史时刻，深刻感受烈士们的爱国情怀，从而激发他们内心的爱国之情。这样的教学方式不仅能够让学生们更好地理解历史，更能够培养他们的民族自豪感和爱国情怀。

（二）规则如航标，纪律塑品格

体育运动，如同生活的缩影，充满了规则与秩序。运动员们，每一步、每一跃都需遵循着特定的规则，这些规则保证了比赛的公平与公正。在课堂上，同样需要尊重规则，听从教师的指导，因为这不仅关乎个人的学习，更关乎整个课堂的和谐与效率。培养良好的纪律规则意识，更能将这份意识延伸到生活的每一个角落，成为他们成长的坚实基石。

在日常教学的点滴中，我们可以巧妙地融入规则教育与纪律教育，让两者如春风化雨般滋养学生的心灵。想象一下，当学生们在队列训练中整齐划一，每一个动作都精准到位，比如向右看齐时左后右都必须对齐；保持立正时两手紧贴裤缝，脚跟并拢，脚尖微微分开，抬头挺胸；四列横队排队时每个学生做到"快静齐"等，那份自律与秩序感便悄然绽放。而在激烈的对抗比赛中，那些始终坚守规则的学生，更是值得我们大声赞美。我们不仅可以给予他们热烈的掌声，更可以将他们的行为树立为榜样，让其他学生看到遵守规则的力量。此外，在组织迎面接力跑、竞技类游戏等活动前，我们不妨多花些时间详细解释强调规则，比如强调起跑线的要求，脚不能超线；必须要等到队友到达后方才能出发；接力棒必须交到手中才可启动出发等，让学生们从心底里明白规则的重要性。当然，若遇到违反规则的情况，我们也可果断地作出判断，让违规者承担后果，比如直接取消比赛成绩、取消比赛资格、重新完成比赛等，以此警醒他人。这样的教育方式，既锻炼了学生的纪律性，又让他们在实践中深刻理解了规则的价值，并导之与行为。

（三）塑坚韧意志，育迎难品质

坚定的意志力，不仅是体育竞技场上的制胜钥匙，更是每个人在人生道路上勇往直前的动力源泉。在体育的世界里，意志力化身为那份不屈不挠、持之以恒的运动精神，它激励着我们跨越每一个难关，攀登每一座高峰。

体育教学，不仅仅是技能的传授，更是意志的锤炼。教师在每一次的课堂上，都应将培养学生的坚韧意志作为核心任务。通过组织体育训练和比赛，让学生在汗水和努力中体验成长的喜悦，学会在困境中坚守，在挫折中崛起。这样的经历,不仅让学生深刻感受到体育竞技的无穷魅力,更让他们在未来的生活中,拥有面对困难、挑战自我的勇气与毅力。

比如,在教授"50米×8次"这一内容时,每位学生都如同一块未经雕琢的璞玉,各自闪烁着独特的光芒。教师需细心观察,深入了解每位学生的实际状况,为他们量身定制合适的目标。

对于那些能够坚持跑完全程、从未言弃的学生,他们就像那些在风雨中坚韧不拔的小树,即使面临困难,也始终挺拔向上。在他们奔跑的过程中,教师可以通过温馨的提醒,告知他们即将创造个人最佳成绩,比如"加油!这次有希望比你上次跑得更快,坚持住!"等,如同春风拂过嫩芽,激发他们的潜能,让他们在拼搏的道路上更加坚定。对于在半路开始松懈、萌生放弃之念的学生,我们也可以如此,比如"坚持住!赛程已过半,坚持到底,马上就要到终点了!加油!"等,而可以对于体能稍显不足的学生,我们可施以精准的策略,逐步夯实其体能基础。通过科学系统的训练方法,不断挑战并突破自我极限,让学生在挑战中感受成长的喜悦。比如针对50米×8次的内容时我们可以安排体力薄弱的学生先进行50米×4次练习抑或分成8次,每次50米休息30秒,再调整分成4次逐步增加难度等方式,从简单的体能动作开始,逐步增加难度,让身体在每一次训练中变得更加坚韧。这种循序渐进的过程,不仅增强了学生的体质,更塑造了他们的意志,让他们在挑战中不断超越,成就更好的自己。

(四)享团结之果,闪合作之光

体育运动,多数情况下是团队协作的展现,每一个成员都如同乐曲中的音符,只有和谐共鸣,才能奏出最动人的旋律。在绿茵场上,团队成员需要默契配合,相互扶持,为了共同的胜利而拼搏。这正是教师传递给学生们的团队合作理念的绝佳时机。

通过精心设计的体育游戏、严格的体育训练和激烈的体育比赛，教师可以巧妙地培育学生的集体主义精神。这些活动不仅让学生们追求个人技能的精进，更引导他们将个人的"小我"融入团队的"大我"之中，深刻体会个人与团队之间不可分割的纽带。在这一过程中，学生们不仅学会了如何与他人建立高效的合作关系，更在实践中深刻领悟到合作的重要性。他们逐渐增强团队协作意识，明白只有团结一心，才能走得更远，攀得更高。这样的体验，无疑将成为他们成长道路上宝贵的财富。

比如，开展两人三足的游戏，由两个人团结协作，两人并排站立，一人左腿与另一人右腿的小腿用绳子绑上比赛在起点处开始出发，至对面标志处折回，返回至起点处，再将绳子解开后，交给下一组队员进行比赛，最后以完成时间长短进行排名。在游戏中学生们能体会到团队协作的重要性。单兵作战时，他们或许能如同平地，一帆风顺。然而，当两人携手并肩，合作的必要性便凸显无疑。只有相互扶持，默契配合，他们才能在游戏的道路上稳步前行；反之，各自为政只会让他们陷入困境，步履维艰。

（五）控情感态度，育心灵沃土

体育课程在学生情感态度的雕琢上，扮演着举足轻重的角色。通过丰富多彩的体育教学模式，我们能够巧妙地引导学生，激发他们的斗志与热情。那些富有创意和趣味性的教学手段，不仅让学生们在运动中感受到快乐，更在快乐的体验中汲取了源源不断的能量，勇往直前。同时，体育课程也是学生成长的试炼场，每一次的跌倒与尝试，都是他们人生宝贵的经验。它教会学生们如何从失败中站起来，以更加坚定的步伐迈向成功，从而培养了他们坚韧不拔的意志和乐观向上的心态。这样的体育课程，如同一股清新的风，为课堂注入了无尽的活力与魅力。

比如，在体育赛事"迎面接力跑"中，学生们展现了卓越的竞技风采和团队协作精神。他们不仅全力以赴，为小组荣誉而拼搏，更在默契高效的交接棒中彰显了团结的力量。每一棒都是信任与责任的传递，每一次奔跑都凝聚着团队的智慧与汗水。教师则在一旁悉心指导，引导学生们胜不骄、败不馁，以礼待人。胜利的喜悦属于每一个成员，失败的挫折则由大家共同承担。在这样的氛围中，胜利的小组得到了真诚的祝贺，而失败的小组也收获了宝贵的鼓励与加油。更重要的是，教师引导学生们拒绝相互指责，共同面对失败，携手在挫折中成长，不断追求更高的目标。

（六）巧用评价策略

在体育课堂的宏大舞台上，教学评价犹如一位精巧的导演，巧妙地在德育的篇章中穿插着至关重要的角色。它们不仅对学生的运动能力和行为进行了科学而精准的评估，更为学生提供了反观自我、认识自我的镜子。在这面镜子前，学生们能够清晰地看到自己的成长与不足，从而更加珍惜每一次的锻炼机会。

我们要成为敏锐的观察者，通过评价手段洞察学生的学习进程。他们根据学生的实际需求，灵活调整教学策略，让教学更加贴近学生的心灵。在这样的课堂中，每一位学生都能感受到被关注、被尊重，他们的自信心和自我认同感在悄然间得到增强。

特别是对于小学生而言，激励性评价如同一股清泉，滋润着他们幼小的心灵。它激发了学生们对体育运动的热情与兴趣，让他们在面对挫折和失败时能够保持乐观的心态。这种乐观的心态不仅有助于强化他们的自信心，更能让他们在德育的熏陶下茁壮成长。

平时课堂中教师对学生的评价，比如在学习"50米跑"的教学内容时，一句简单的"你的摆臂动作很标准""你跑的动作姿态很自然""你的蹬地动作真有力""你跑的时候上下肢很协调"等,都将为学生的内心注入动力,让他们感受到自己的努力和付出得到了认可;面对动作不到位的学生,诸如"你手上的摆臂动作很出色,但是你的蹬地还能够做得更有力""你的动作已经挺到位了,但是老师觉得你还能有更大的提高"等指引着他们前行的方向,激励他们不断追求更高的标准。这些充满正能量的评价,不仅提升了学生们的学习动力,更在无形中塑造了他们积极向上的性格,成为他们成长道路上不可或缺的力量源泉。

我们要积极鼓励学生之间的互评互学,如在广播操小组的学练环节,可以精心策划学生间的相互纠错与指导环节,比如语言上的提醒,"如你的手臂不够有力,还需要更加用力到指尖""你的跳跃运动动作很标准,但是有点抢节奏了,要跟紧音乐节拍""你两臂斜上举的动作还可以抬高""你的动作很有力,但还要注意一下细节"等;肢体上的提醒,学生可以帮助队友调整动作,比如在两臂侧平举的环节将动作固定住,帮助调整手臂的位置;自己做示范让队友跟着模仿等。这种互动不仅让每个学生有机会深入审视和修正自己的动作,还能在赞美与认可他人的过程中,培育出宽容大度和尊重他人的美德。这种互评互学的模式,不仅能够提升学生的广播操技能,更能塑造他们成为懂得欣赏与尊重他人的优秀个体。

我们还要培养他们自我评价的能力。以"小沙包掷远"为例,我们可以为学生设定星级评价系统。当他们展现出"快速挥臂,正确的出手角度方向,上下肢协调用力"的完美动作时,他们将荣获三颗星的荣耀;当他们达到"快速挥臂,正确的出手角度方向"的标准时,他们将收获两颗星的肯定;即使只是简单的"快速挥臂",也能得到一颗星的鼓励。这样的评价方式不仅让学生逐步认识自己的能力,更在无形中培养他们的自我反思和自我认知,让他们在成长的道路上更加坚定自信。

三、结语

综上所述,体育课程在学生德育培养中扮演的角色至关重要。在体育课堂上,我们应当巧妙利用各项活动和环节,精准捕捉德育的切入点和渗透时机,以游戏和竞赛为媒介,引导学生体验团队合作、公平竞争和坚持不懈的体育精神,同时结合多元评价手段,全面衡量学生的德育成果,深入挖掘其内在潜力,以最大化地发挥其德育功能,将其完美融入体育课堂中,踏实地走好小学一"体"化育人之路。如此,我们方能真正推动学生身心的和谐发展,培养出一批既有强健体魄,又具备高尚品德的未来之星。

参考文献

[1] 孙鸿超.立德树人理念下小学体育教学中德育渗透的策略[C]//广东省教师继续教育学会.广东省教师继续教育学会教师发展论坛学术研讨会论文集(十六),2023:49—56.

[2] 周晓.在小学体育教学中渗透德育的探索[J].教学管理与教育研究,2023(6):121—122.

[3] 孟琴.采取积极策略,促进小学体育与德育的有效融合[J].读写算,2023(15):134—136.

[4] 李昭然."双减"政策下小学体育教学中德育渗透的对策研究[J].体育视野,2023(11):82—84.

[5] 庄春玲.立德树人背景下小学体育教学德育渗透方法探究[J].新智慧,2023(22):55—56.

链接"八百工程" 盛开成长之花
——小学语文学科与校本课程《八百工程》的融合实践

上海市浦东新区观澜小学　朱奕沁

摘　要

新一轮教育教学改革的推进对五育并举进行了进一步深化，提出了五育融合的教学要求，需要教师将德、智、体、美、劳视为一个整体，融入各个学科的教学中。在这一新型的教育形势下，教师应结合小学语文综合性的学科特点，通过各类实践活动的开展，来实现五育融合教学理念的贯彻，使学生在参与小学语文实践活动的过程中，不仅能实现对语文知识的实践性运用，同时也能受到德、智、体、美、劳全方位的教育与引导。

关键词

小学语文　校本课程　融合实践

中小学教育中，培养学生全面发展，实施"五育融合"已然成为了当前教育的重要改革方向。为了深化"五育融合"，提高学生核心素养的发展，需要"五育"在学科教学中有机融合，从而实现学科教育向立德树人发展的愿景。

"五育"即德育、智育、体育、美育和劳育，加强"五育融合"是促进学生全面发展的重要措施。要想在中小学课程教学中深化"五育融合",则需要有一定的载体来组织多样化的教学活动,并积极开发教育资源,挖掘教学素材,如此才能够在教学活动中既加强教学,又能够通过教学活动融合育人理念。下文以我校的校本课程《八百工程》为例(见图1),探讨在语文课堂教学中的融合实践策略。

图1 《八百工程》课本

一、校本课程《八百工程》的编撰背景

上海市浦东新区观澜小学创办于1834年,历史悠久,美丽的观澜校园坐落于古城墙畔,校园内古树名木茂盛,历史建筑错落分布,彰显浓郁的文化气息。观澜小学首任校长黄炎培倡导"活用知识于实地"的核心思想。

观澜小学的课程发扬和彰显学校"求真务实"的文化,完善"宽厚"的育人课程体系，多举措推动"双减""双新"走深走实，以"国家课程"实施中践行"新实用教育"为主线，从"课程内容""课程实施"以及"作业设计"等方面着手，实现"适应儿童实际、融合生活资源、关注品行陶冶、体现学以致用、学会主动学习"等要求，提高课程实施的有效性。

观澜小学校本课程《八百工程》结合学校基础课程推行"百项非遗、百篇佳作、百篇名画、百首名曲、百种草药、百项发明、百处名胜、百位名人"8个板块。该课程重在传诵经典、弘扬传统文化，为了全力推进素质教育、提高学生的整体素质，尤其是科学精神和人文素养，为学生的持续发展奠定坚实的基础。

本课程选取的内容具有经典性、人文性与科学性；内容表达具有可学性、生动性与形象性。内容安排先易后难、循序渐进。学生可以饶有兴趣地读读、找找、看看、做做，通过这些活动，将学生的德育、智育、体育、美育、劳育有机融合，体现学生的核心素养。

▶ 二、课程实施策略

在课程实施推进中，我们遵循"以问题导向的预习活动、以任务驱动的学习活动、以活用知识的实践活动优化学生学习方式"的基本原则，各学科从学科特点出发，以优化学生学习方式为主导向，提升自己的课堂教学模式。

每个板块的内容都增设"思考与拓展"作业，此项作业是在黄炎培先生的"活用知识于实地"的思想指导下，以"引导将学到的知识回归生活去运用"为原则设计的。这一体现在观澜各学科教师智慧，涵盖不同年级、不同学科，图文并茂，让各年级的孩子们，在说说、找找、写写、画画、测测、演演、唱唱的过程中，融入小学各学科（数学、英语、自然、体育等）发展学生的思维，锻炼学生的学习能力。

三、语文教学与八百工程的有机融合

（一）诵读经典，传家国情怀

小学语文教育中，诵读经典是一项重要的学习内容。通过诵读古代的诗词、散文、寓言故事等文学经典，学生们不仅能够学习到丰富的语言文字知识，提高阅读和表达能力，而且还能深入了解中华民族的传统文化和历史智慧。《八百工程》之——"百篇佳作"板块中拓展了一些课外的经典佳作供学生阅读欣赏。通过诵读和学习这些经典作品，能够激发学生对家庭、社会和国家的深厚感情。经典作品中蕴含着许多关于忠诚、孝顺、仁爱、节义等传统美德，以及关于国家兴衰、民族命运的深刻思考。通过反复诵读和教师的引导讲解，学生们可以逐渐理解这些美德和思想，并将之内化为自己的情感和行为准则。

在小学阶段，学生的思想感情正处于形成和发展的关键时期，诵读经典能够帮助他们树立正确的价值观和人生观。比如，诵读"百篇佳作"中的《孝经》可以让学生懂得尊敬和孝顺父母；学习部编版一年级下册课文《吃水不忘挖井人》则能让他们感受到革命烈士的伟大和革命道路上的艰辛；学习二年级下册课文《雷锋叔叔，你在哪里》引领学生了解革命事业的光荣事迹，在满足他们的好奇心和求知欲的同时也让他们可以在现实生活中感受红色文化所带来的影响，进行继承和发扬，让红色经典文化真正走入课堂，激发学生的爱国之情。课后，教师可建议学生阅读表达相同观点的文章，并通过多种奖励形式鼓励他们完成阅读。通过课外阅读丰富学生的知识，加深学生对课文高尚道德操守的理解，为学生打下坚实的道德基础。

此外，诵读经典还有助于培养学生的民族自豪感和文化自信。了解自己民族的历史和文化成就,能够增强学生对中华文化的认同感,激发他们传承和弘扬优秀传统文化的热情。

总之,诵读经典,不仅是语言文化的学习,更是一种情感教育和品德培养。它有助于学生在成长的道路上,树立起对家庭、对社会、对国家的责任感和使命感,为成为有道德、有文化、有担当的新时代公民打下坚实的基础。

(二)走进发明,激发创造力

《八百工程》之——"百项发明"板块中详细介绍了世界上伟大发明家的故事,在小学语文教学中,可将以提升学生创新意识和实践能力为目标进行教学活动。通过语文学习,特别是阅读关于发明创造的故事、传记和相关文献,来启发学生的想象力和创造力,鼓励他们探索科学奥秘,培养解决问题的能力。

在教授《纸的发明》一课时,教师可以组织学生阅读《八百工程》之——"百项发明"中有关伟大发明家的故事,如爱迪生的勤奋实验、牛顿的苹果启示、蔡伦的造纸术等,这些故事不仅能够激发学生对科学发明的兴趣,还能让他们了解到每一项伟大发明背后都凝聚着发明者的汗水、智慧和坚持不懈的精神。

除了阅读经典故事,教师还可以引导学生进行主题性的探究活动。如校本课程《八百工程》之——"百项发明"中有一篇介绍漆器的小短文,学生通过阅读以后可以了解到漆的性能以及其用途,阅读后可以收集一些漆器的图片并与同学一起欣赏。通过资料收集,能够提高学生的动手能力、思维能力,促进学生之间彼此启发、彼此学习、彼此合作,进而共同进步,推动学生的高效自主学习。还比如,在学习了有关蒸汽机、电话或电灯等发明的课程后,学生们可以分组进行小型的研究项目,自己动手制作简单的模型或原型,体验发明过程中的尝试和探索。

这样的实践活动不仅能够加深学生对科学原理的理解，还能锻炼他们的动手能力和团队合作精神。

教师可以鼓励学生发挥想象，进行创意写作。学生可以尝试撰写自己的发明故事，描绘一个未来的发明或者设计一个解决现实问题的新奇装置。通过写作，学生能够在创造性思维的基础上，进一步提升语言表达和逻辑思维能力。

总之，"走进发明"不仅仅是对科学知识的学习，更是对学生创新精神和实践能力的培养。通过与语文学科的结合，让学生在阅读、探究和创作中，不断激发创造力，培养成为未来社会需要的创新型人才。

（三）探究名胜，美景入人心

《八百工程》之——"百处名胜"板块中详细介绍了我国乃至全世界的名胜古迹，在小学语文教学中，可以将自然风光、历史文化与语文学习相结合进行教学。通过这种教学活动，学生不仅能够了解国内外著名的自然景观和人文地标，还能在欣赏美景的同时学习相关的文学作品，提升自己的文化素养和审美情趣。

在具体的教学过程中，教师可以组织学生对特定的名胜古迹进行研究。比如，通过学习《黄山奇石》，让学生感受黄山的雄伟壮观；通过阅读"百处名胜"中的课外篇目《尼亚加拉瀑布》，让学生感受瀑布的气势磅礴。学生们可以通过图文资料、视频介绍等多种方式，了解这些名胜的历史背景、自然特征以及与之相关的历史故事或文学作品。在语文部编版教材四年级下册第五单元的学习中，可以通过学习课文《海上日出》《记金华的双龙洞》，组织学生按照文章中一定的写景顺序自主探究游览名胜，通过画一画草图，模拟游览路线，最后根据所选景物进行整理和归纳，完成一篇写景文章。

学生设计的探究路线图及作文实例如图2所示。

游世纪公园

上海世纪公园是一个充满生机的公园。

从 7 号门进入公园后，你会看到广阔的草坪一望无际，它提供了足够的空间供人们休息和放松，也有游客会躺在草坪上或小憩或欣赏那郁郁葱葱的自然风光。

沿着一路的花簇走，你会看到清澈的小溪沿山坡曲折而下，卵石水涧具有情趣，它的名字叫宛溪戏水，是这里的一道特色景致。

在花瓣的指引下，我们来到了风荷桥，过了风荷桥，就到了樱花岛。

在樱花下漫步，抬头一看，天空都是樱花粉，这些樱花是世纪公园一道独特的风景。

过了樱花岛你就仿佛走进了油画世界。哪怕你只往前迈了一步，你也能拥抱整个花海。虞美人，郁金香……真是"等闲识得东风面，万紫千红总是春"。

到了湖畔，春风拂面，湖中鱼儿自由嬉戏。岸边杨柳依依，那柔枝随风飘动，在湖面留下了一个一个的酒窝。

最后我们从一片绿色的阳光下离开了世纪公园。

这里是世纪公园，是多彩的春天，更是绿色的大自然。

游川沙公园

上个周末，我去了家附近的川沙公园游玩。这次，我选择了一条没怎么走过的游览路线。

我先从东南门进入公园，往前直走，就来到了荷花池边。荷花池边上有许多奇形怪状的石头，偶尔还有小青蛙跳到石头上面。现在还是春天，荷花暂未开放，但池里有许多小鱼、小虾、小螃蟹，它们常会躲在枯枝败叶下面，所以经常可以看见有人来抓鱼。

走过荷花池，我就来到了池子上边的小亭子。这里有些窄小，差不多能并排站两个人。亭子表面涂着深红色的漆，连两边的座椅也是红色的，看起来很漂亮。

朝东边向前走，就会来到鹤鸣楼下面的小广场。小广场后面有一个小花园，里面有各色的花，好看极了！花园里还有许多蚂蚱，有的是绿色的，有的是红色，一踢花蚂蚱就会跳出来。我经常在这里抓蚂蚱。

走上台阶，就到了鹤鸣楼。鹤鸣楼有五面七层，高 54 米，总面积 4200 平方米。上用琉璃盖顶，下砌石玉平台，画栋回廊的颜色是红绿相间的，飞檐翘角上系着金钟，风一吹，发出"叮叮当当"的声音，美妙极了！听说鹤鸣楼的名字来自《诗经》中的句子"鹤鸣于九皋，声闻于天"

不知不觉，太阳快要下山了，落日的余晖穿过云层，洒到鹤鸣楼上，令整座楼绚烂夺目。但是回家的时间到了，我恋恋不舍地离开了公园。

图 2　学生设计的探究路线图及作文实例

聚焦课标新视角
——上海市浦东新区观澜教育联盟教育改革实践探索

除了课堂教学之外,实地参观是更为直观和生动的学习方式。学生可以利用寒暑假进行实地考察或参观游览,亲身体验自然风光和文化遗迹的魅力。在实地参观中,学生们可以观察景点的自然地貌,感受不同地区的风土人情,聆听导游讲解当地的历史文化故事,从而更加深刻地理解和感悟所学的知识。

同时,教师可以鼓励学生将自己所见所感用文字表达出来,进行描写性或感悟性的写作。学生可以尝试撰写游记、写景散文或诗歌,将自己对自然美景的感受和对历史文化的认识融入文字之中。这样的写作练习不仅能够提升学生的写作能力,还能进一步加深他们对自然和文化的理解。

总之,教师可以通过多角度、多形式的教学活动,让学生探究名胜古迹,在欣赏自然美景的同时,深入了解和感受中华民族的悠久历史和丰富文化,培养他们的爱国情怀和文化自信,同时也锻炼他们的观察力、想象力和表达能力。

(四)探寻草药,创造劳动美

中草药文化是中华优秀传统文化的瑰宝,中草药里有神秘的故事,有神奇的体验,有独特的文化。《八百工程》之——"百种草药"板块中详细介绍了我们生活中常见的一些中草药,在小学语文教学中,可以组织学生将自然科学知识与劳动实践相结合开展教学活动。通过这类活动,学生不仅能学习到关于植物、草药的基本知识,还能体验到劳动的乐趣和价值,培养对自然和传统中医药文化的尊重与热爱。

在教学过程中,教师可以带领学生走进自然,如观澜小学的百草园、附近的公园或者乡村田野,观察和识别各种草药植物。学生可以通过实地观察,了解草药的生长环境、形态特征以及药用价值。这种亲身体验的学习方式,不仅能够增加学生的植物知识,还能激发他们对自然界的好奇心和探索欲。

除了户外探究，教师还可以组织学生进行草药种植和制作实践活动。在学校的科学园或花盆中，学生们可以亲手种植一些常见的草药，如薄荷、菊花、桑叶等，定期照料它们，观察它们的生长过程。通过亲自劳作，学生们能够体会到劳动的辛苦与快乐，认识到劳动对于生活的重要性。

进一步，学生们还可以将自己种植的草药进行加工，如制作草本茶、草药膏等。这些活动不仅能够让学生们了解草药的实际应用，还能够让他们在实践中学习到相关的制作技巧和知识，体会到通过劳动创造美的过程。

图3　学生完成的中草药探究单

此外，教师可以引导学生进行写作，如记录观察日记、探究中草药研究学习单、撰写种植报告或创作以草药为主题的故事和诗歌。这样的写作练习能够帮助学生整理和巩固所学知识，提升他们的语言表达能力和创造力。

学生完成的中草药探究单如图3所示。

综上所述，通过结合实际劳动和语文学习，可以让学生在亲身体验和动手实践中，学习自然知识，培养劳动技能，感受劳动的美好，同时也促进了他们对传统文化的了解和尊重。这种教学模式有助于培养学生的语言表达、动手能力与思维发展，为他们的成长打下坚实的基础。

（五）了解名人，树道德楷模

《八百工程》之——"百位名人"板块中选取部分我们熟悉的当代作家进行故事介绍，在小学语文教学活动中，可以以名人事迹为载体，向学生传授道德教育和人生哲理。通过学习历史上和当代各界名人的故事，学生不仅能够获得知识和智慧，还能够在道德层面得到启发和熏陶。

在这一教学活动中，教师可以从"百位名人"中选取一些具有代表性和教育意义的名人故事，如在三年级课文中出现了聪明的司马光、舍己为人的白求恩，通过四年级课文的学习我们认识了艰苦奋斗的周恩来、伟大的黄继光，与这些名人相结合，我们可以推荐学生认识"百位名人"中诚实守信的岳飞、勤奋好学的孔子、乐于助人的雷锋等，结合他们身上的共同点，让学生了解这些名人的生平和他们所体现的道德品质。通过讲述他们的事迹，学生们可以直观地感受到这些美德是如何在实际生活中被践行的。

为了更好地让名人故事发挥教育作用，教师可以采用多种形式进行教学。如通过故事讲述、角色扮演、情景模拟等方式，让学生更加生动地体验名人的经历和情感,从而加深对道德规范的理解和认同。此外,还可在学校研学活动中组织学生参观名人故居、纪念馆等,让学生更真实地感受到名人的魅力和影响力。

除了课堂学习,学校还举办主题演讲、征文比赛等活动,鼓励学生表达对名人及其道德品质的理解和感悟。通过写作、演讲等形式,学生们可以进一步思考名人的行为对自己成长的意义,以及如何将名人的品质融入到自己的日常生活中去。

了解名人并树立道德楷模,对于小学生来说,不仅能够提供学习的榜样,还能够帮助他们建立正确的是非观念和价值标准。在这个过程中,学生们的道德感和社会责任感得到了增强,他们学会了尊重他人、关心集体、热爱祖国,同时也培养了自我约束和自我完善的能力。

总之,通过名人故事的学习和讨论,可以帮助学生形成健全的人格和高尚的道德情操,为他们未来的成长打下坚实的基础。

四、结语

我校的校本课程《八百工程》是根据学校的实际情况和学生的具体需求设计的,它不仅包括语文知识的学习,还融入了地方文化、学校特色和学生兴趣等多个方面,旨在为学生提供一个更加丰富和个性化的学习环境。

学习校本课程的过程中,学生们不仅能够获得知识,还能够在实践中发展个人特长和兴趣爱好,这对于他们的个性化成长至关重要。通过参与校本课程的学习,学生们可以在语文学科的基础上,拓展到更广泛的知识领域,如同绽放的花朵一样,展现出各自独特的魅力和生命力。

总之,通过校本课程《八百工程》的学习,学生能够在语文知识的基础上,接触到更多的文化元素和实践机会,从而在文化自信、语言运用、思维能力、审美创造上得到均衡发展，最终实现个性的充分展现和潜能的最大化。

参考文献

［1］中华人民共和国教育部.义务教育语文课程标准（2022年版）［M］.北京：北京师范大学出版社，2022.

主题情境助力自主成长

——统编版二年级下册《太空生活趣事多》教学解读和活动设计

上海市浦东新区东港小学　乔　静

摘　要

情境创设指教师在教学过程中借助教学工具和方法，以目标为导向，创设形象生动的教学场景，激发学生的学习兴趣，带动学生心理机能的发展，引起其共鸣的一种教学方法。语文实践活动是以语言实践为核心的积极学习过程，旨在通过多样化的活动提升学生的语文素养。课堂情境的创设结合实际生活创造多样学习情境，助力学生能力进阶，强化学生的语言文字应用能力。教学活动中融入"教—学—评"理念并设计匹配的评价标准，以转变学生学习方式，有效提升其语文素养。笔者结合二年级学生的学习特点，在教学设计中创设主题情境开展学习，提升学生语言运用的能力，使学生得到全面发展。

关键词

情境教学　核心素养

在"学科育人"的价值取向下，语文课堂应在具体的教学主题情境中开展，培养学生的精神品质，推动其核心素养发展。这就要求教师根据课程特点构建情境化的课堂管理模式，通过创设有意义的若干个任务群构成的主题情境，建构系统、连续的学习任务，最终落实学生语文核心素养的培养。接下去就以统编教材二年级下册的一篇教学设计讲述主题情境下的语文课堂。

《太空生活趣事多》一文是统编版教材二年级下册的一篇科学小品文，语言轻松活泼，浅显易懂，介绍了太空生活中新奇有趣的现象。课文结构严谨，首段点明太空生活很有趣，文末一反问句总结全文，照应开头，点明中心。文中介绍了睡觉、活动、喝水和洗澡几件趣事，一段一事，将造成太空生活有趣现象的原理融入其中，便于理解和把握。

二年级的学生已经认识了大量的生字，也已经具备了自己独立识字的能力。在阅读浅显的童话、故事时，学生能读懂但不能深入地表达自己的情感和想法，更不能在学习以后独立地较完整地讲述小故事以及自己的见闻。《义务教育语文课程标准（2022年版）》（以下简称《语文课程标准》）中有"听故事、看影视作品，能复述大意和自己感兴趣的情节。能较完整地讲述小故事，能简要讲述自己感兴趣的见闻"的要求，因此，我们要留时间给学生、送机会给学生，让学生们能在不断实践中会讲故事，提升语用。于是设计《太空生活趣事多》这一课文时，我便着重创设情境，留给学生相对充足的完整时间，进行讲述的准备。

一、情境的创设，点燃学习兴趣

创设真实情境，结合生活实际，激发学生学习兴趣。比如以下情境。

师："我们的校园处处皆美景，接下去很快就要迎接新的一年级小朋友了。所以学校发布了'人才招募令'（见图1），招募校园讲解员。"

> **人才招募令**
>
> 　　亲爱的同学们，学校正准备建立一支20人的学生讲解团，将校园各处设施、景观介绍给即将到来的新同学们。希望普通话标准、能绘声绘色讲述相关内容的守纪律、讲合作，有责任心的二、三年级同学踊跃报名哦！（因为名额有限，各班语文老师可在课堂上进行初步选拔，最后推荐优秀选手参加校园选拔）

图1　人才招募令

　　师："通过阅读，你发现讲解员要具备哪些要求呢？（普通话标准、讲述绘声绘色、守纪律将合作、有责任心）因为名额有限，所以我们今天这堂课就进行一次选拔赛，看看谁能在课堂上脱颖而出。"

　　上面就是以人才招募令的形式，请学生提取关键信息，明确选拔评价标准。从文章角度而言，当然也可以创设太空知识馆的讲解员、太空趣事的分享会等，但是对于文章的核心知识而言，太空知识并不是核心，激发学生探索太空的兴趣即可；从学生能力出发，对太空知识的储备也是不足的；从学科特点而言，讲解员、故事会等更适合语文课的情境载休，所以最终我选择了讲解员的选拔任务。这个情境任务可以适用于整个单元的学习，在学习课文的同时，带领学生充分实践学习，最终掌握本领。内容是千变万化的，但本领却是万变不离其宗的。招募令一经发布，同学们都沸腾了，学习兴趣被瞬间点燃，低年级学生的注意力被牢牢抓住，学习的效果也能节节攀升。

二、选拔训练营，储备交流内容

　　进入课文的学习，主要以"信息整理会""字词补给站"和"趣读加油站"3个环节构成，由易到难，学生们拾级而上，从文章整体的了解到探寻字词规律最后字词品悟，感受太空生活的趣味，层层深入。图

2所示为"信息整理会"环节的内容。

> **信息整理会**
> 读：请同学们大声朗读课文，读准字音，读通句子，注意不加字，不漏字。
> 找：文章一共写了太空的哪几件趣事？用圆圈圈出。
> 说：借助句式：航天员在太空中_____、_____、_____和_____都很有趣。

图2　信息整理会

开小火车朗读课文，文章的后几个自然段都比较长，学生们出错较多，在检查和修正过程中进行调整，加强了对于文本的印象，为后面讲故事有了初步印象。

圈出文章所写的太空趣事，教师追问为什么能这么快速找到这4件趣事？学生们进入深层思考，从找到关键的句子，到发现这些词语都在每一个自然段的第一句话，再到整个自然段都在写这件事情，一题激起千层浪，思考问题的方法有很多，指向的答案却是唯一，只要肯思考，就能找到答案。

借助注释将文章4件趣事进行联系，激发学生与课题展开联系：为什么文章题目说趣事多，可文章中就写4件事情？引发学生深入思考，有的学生说还有很多，一篇文章中肯定写不完的；有的学生说作者挑选的是最最重要的4件事情；等等。实际上，学生给出怎样的回答，甚至有没有学生给出回答并不重要，重点在于学生们在课堂上对文本展开了思考，逐渐养成了思考的能力。课堂就是生发思维的地方，激发学生思考的意识是激励学生成长的关键。课堂上的学生不能永远等待老师的提问，一次次被难住，学生们才会牢记这样的提问方法、模仿这样的提问，最终寻找出答案。

"字词补给站",结合课后习题,发现"舟、航、航空、航空公司"这一组词语的规律,从一个字的字音、偏旁到组成一个词语到再扩词,学生一步步掌握方法,拓展思路,不仅很快找到了规律,学生们也能灵活地创造自己的字词串,在识字的过程中,让偏旁和字意建立联系,让一个字联结一串字,提升汉字的学习能力。

在寻找规律的过程中,我还特别设计了神舟号宇宙飞船、英雄航天员,学生们对此充满兴趣,不停感叹于我国航天事业的飞速发展,作为中国人的自豪感油然而生。文化自信从点滴聚集,核心素养悄然落成。

生字新词的学习帮助理解句子,写好句子。"趣读加油站"为学生搭建充分感悟的舞台,引导学生关注句中有趣的地方,说一说原因并通过朗读读出趣味(见图3)。

读:读第2自然段。
找:在空间站睡觉、活动,有趣在哪里?圈一圈。
说:选一处说一说。
读:读出趣味。

图3 趣读加油站

学生们结合自己的生活,发现太空生活与地球生活的不同之处,有的提出自己的疑惑,有的觉得不可思议,有的发出赞叹,让这简短的文字产生奇妙的趣味。此环节也是为了让学生们在充分读的过程中记住文本内容,积累讲解素材,为最后的选拔助力。

三、分层选拔赛,评价嵌入交流

最后进入激动人心的讲解选拔,初赛以六人小组进行,人人讲述故事,投票选举产生最优秀的讲解员,上台参与第二轮的最终选拔。

以小组的形式进行，学生们能在相对熟悉、自由的环境中尽情地展示自己，学生们也可以相互学习与吸收，用同伴的力量互相感染，相互提高。学生们结合黑板上的讲解评价，经过投票产生的6名学生将进行最终的角逐。解说词进行了升级，学生可以根据已有内容进行自己的增加和删减，说出特色，提升自我（见图4）。在实践过程中，学生们参与度很高，呈现也很优秀。当然在课堂的最后因为时间关系没有能很好地根据评价标准做更完整的评价，使得评价这一环不够完善。

亲爱的弟弟妹妹：

　　我是解说员＿＿＿＿＿，下面由我来为你们解说。我国的航天员乘坐＿＿＿＿飞往太空。空间站就是他们的家。在空间站里睡觉可有趣啦！＿＿＿＿＿＿＿＿＿＿。

亲爱的弟弟妹妹：

　　我是解说员＿＿＿＿＿，下面由我来为你们解说。＿＿＿＿＿＿＿＿＿＿＿＿＿＿＿＿＿＿＿＿＿＿＿＿＿＿＿＿＿＿。

感谢你的倾听！

图4　解说词升级

　　以一个链接生活的实际任务，设置各层级清晰明确的任务，由浅至深，前后逻辑关联，又相对开放。整堂课就是学生通过解决不同难度的问题获取相应的经验的过程，不限制学生思维，引导学生将知识运用于真实问题的解决过程中。任务完成的过程也是学生不断精进的过程，学生直观地感受到自己学会了一个本领，对于学习热情的激发是有极大帮助的。

▸ 四、课后说体会，研究正当时

上完课后，我对班级里的学生进行了一次问卷调查，见图5。

```
1. 你给今天的课打几分？（满分 100 分）
   原因是：_____
2. 你觉得这堂课你最满意的地方
   对自己最满意的：_____
   对老师最满意的：_____
   对同学最满意的：_____
3. 你觉得这堂课需要改进的地方是_____（没有可以写"无"）
```

图 5　问卷调查

经过统计，94.7% 的学生给这堂课打了 100 分，剩下两位学生写了 98 分和 99 分，原因主要是最后的写字环节没来得及上；我举手老师没有抽到我。关于最满意的地方对自己主要是上课被老师抽到了，回答正确了，得到老师表扬了，同学们把星星都送给我了等，对老师最满意的是老师设计的环节很有趣、上语文课很好玩、让我们比赛我觉得很有劲、让我学到了很多的知识等。对同学最满意的是他认真听我讲故事了、他和我一起朗读的时候声音很响亮、他在课堂上积极举手了等。最后一个问题需要改进的地方，整理出来两条：①能不能给我们充足的时间，想上去参加讲故事比赛的小朋友都上去讲，我想请老师听一听；②老师能不能多给我一点思考的时间。

从调查来看，学生们的感受和我自己完成课堂后的感受是一致的。因为时间关系，在初选的时候是学生同伴选，其中肯定存在不公平性。主导能力比较强的孩子肯定得到了更多的机会，那些相对比较慢热的孩子就失去了机会。教学内容比较多，所以最后的写字环节没来得及，学生们认为是不完整的，有点遗憾。学生们对于这个情境是比较认可的，对于这个任务是重视的，所以才会觉得自己没有得到星星是遗憾的。后续再调整可以将讲故事的这个部分单独上一堂课，指向不同对象的讲故事进阶任务,多给学生展示的空间,取得更好的效果。

一堂好课是磨出来的,一个本领的习得更是不断实践出来的,课堂就该是个实践场,让学生们在课堂上学用相合,自主生长。

参考文献

[1] 刘清杰.任务群视域下小学语文实践活动的核心要义与设计原则[J].教育观察,2024,13(23):58—61.

[2] 梁淑娴.让语文学习真正发生:浅谈大单元视域下的情境教学[C]//广东教育学会.广东教育学会2023年度学术讨论会论文集(一),2023:637—639.

跟随节气脚步——寻找秋天

统编三年级上册第二单元学习任务群视域下单元整体教学实践与探索

上海市浦东新区六团小学 王敏婷

摘 要

在《义务教育语文课程标准（2022年版）》明确提出语文学习任务群的背景下，立足单元整体，紧扣语文要素，围绕人文主题"金秋时节"，巧妙融入中华优秀传统文化——秋天的六个节气，在"跟随节气脚步"这一情境中，通过观察、记录、探索、游戏等多样化的活动，产生寻找秋天、探索自然、观察生活、记录生活的情感。

关键词

节气 秋天 观察日记 传统文化 跨学科

《义务教育语文课程标准（2022年版）》（以下简称《语文课程标准》）明确指出"义务教育语文课程结构遵循学生身心发展规律和核心素养形成的内在逻辑，以生活为基础，以语文实践活动为主线，以学习主题为引领，以学习任务为载体，整合学习内容、情境、方法和资源等要素，设计语文学习任务群。同时突出三大内容主题：中华优秀传统文化、革命文化、社会主义先进文化。"

一、设计背景

统编版小学语文三年级上册第二单元以"金秋时节"为人文主题，语文要素是"运用多种方法理解难懂的词语，学习写日记"。本任务群立足单元整体，紧扣语文要素，围绕人文主题"金秋时节"，巧妙融入中华优秀传统文化——秋天的6个节气，以此为时间轴将识字与写字、课文阅读、课外阅读、习作、语文园地统整在"跟随节气脚步"这一情境中，以语文学科为基础，融入自然、科学、美术等学科知识，通过观察、记录、探索、游戏等多样化的活动，让语文走进孩子的生活，在语言文字运用的过程中感受秋天别样的风景，产生寻找秋天、探索自然、观察生活、记录生活的情感。

二、活动目标

（1）在"金秋时节"单元主题下积累与运用单元生字新词。

（2）正确、流利、有感情地朗读单元课文，读出秋天的韵味，能运用多种方法理解难懂的词语。

（3）边读边想画面，尝试用文字、绘画等形式表达自己对秋天的感受。

（4）创设情境，通过仿写、观察记录等活动，感受秋日特有景色。

（5）学习写观察日记，掌握日记基本格式，能用日记记录自己观察到的秋叶的特征，养成观察生活、记录生活的习惯，产生探索自然的兴趣。

三、情境与任务

(一)学习情境

一夜秋风,一夜秋雨,秋天来了。秋叶缤纷,不同的形状,不同的颜色,把秋天打扮得五彩缤纷。秋声悦耳,田野里丰收的歌吟,小动物告别的序曲,仿佛是一首欢乐的歌。让孩子说说他们眼中的秋天,寻找诗人、作家文字中的秋风、秋叶、秋雨,用笔写下秋天日记,感受秋日之韵味。

(二)任务群构架

本单元以"跟随节气脚步——寻找秋天"为主题,设计了6个子任务,见表1。

四、活动示例

活动一:立秋赏美景

复习二年级下册语文园地七《二十四节气歌》,走进"秋处露秋寒霜降"。

立秋是秋天的第一个节气,阳气渐收,万物内敛,里面藏着怎样的美景呢?

1. 我眼中的秋天(选择自己喜欢的一项完成)

(1)我爱读书,这是我课外搜集的描写秋天的词句。

(2)我爱画画,这是我画的我眼中的秋天。

(3)我爱拍照,这是我拍的秋天的美景。

(4)我爱写作,这是我描写的秋景的文字。

2. 词说秋天,丰富积累

(1)自由说一说自己知道的关于秋天的词语。

聚焦 课标新视角
——上海市浦东新区观澜教育联盟教育改革实践探索

表 1 "跟随节气脚步——寻找秋天"任务设计

任务	材料组合	单项训练点	设计说明
立秋 赏秋景	1. 赏读《山行》《赠刘景文》《夜书所见》； 2.《语文园地》日积月累	1. 认识《古诗三首》生字新词，读准字音，识记新词； 2. 正确、流利有感情朗读古诗，能借助注释、插图等多种方法理解古诗中难懂的词语，读懂古诗内容； 3. 边读边想象画面，运用多种方法发现秋景之美	引导学生圈画与秋天有关的词语，并运用借助注释和插图、联系生活、想象画面等方法理解意思，为理解古诗做铺垫
处暑 悟秋色	1. 品读《铺满金色巴掌的水泥道》； 2. 交流小舞台：放学路上发现的美景； 3. 科普小探究：一叶知秋	1. 划一划句子，了解作者观察到的景物，运用找近义词、联系生活实际、联系上下文理解"明朗"； 2. 能正迁移运用多种方法，理解难懂的词语； 3. 能用心观察生活，仿照课文写下自己看到的景色； 4. 能反复阅读中感受到秋天不同的美丽，获得个性化的审美体验	通过学生自主探究，激发兴趣，了解叶子变色的原理；留心观察生活，将"秋之多彩"表达，培养创意表达能力
白露 探秋音	1.《铺满金色巴掌的水泥道》； 2.《秋天的雨》； 3.《听听，秋的声音》； 4. 阅读链接《太阳时钟》	1. 引导学生通过寻找颜色句子，理解"五彩缤纷"的意思，落实单元阅读要素； 2. 观察秋天的气候特征、植物生长、动物活动等特点，感受秋音； 3. 结合生活，展开想象，仿写句子	引导学生发挥想象，进行仿写，读写结合，为后续"写日记"做好铺垫

(续表)

任务	材料组合	单项训练点	设计说明
跟随节气分享秋收扶秋	1. 小树叶变身计； 2. "收获秋·秋叶集"； 3. 观察月亮，记录变化	1. 引导学生制作树叶画； 2. 能借助例文并结合生活经验，了解写日记的好处、日记可写的内容及日记的基本格式； 3. 单元习作，留心观察，用日记记录树叶的形状、颜色、特点等； 4. （选做）有兴趣、有能力的同学记录某一个月亮的变化	制作树叶画，培养学生发挥想象与动手实践能力； 围绕单元习作练习写日记，了解日记的基本格式；让学生留心观察学写日记，对日积月累中关于秋的词语能够灵活运用。旨在提高学生写作水平，丰富语言表达能力
寒露踏秋路寻找秋天	打卡"落叶不扫"景观道	因地制宜，带着任务单出发，开启citywalk	引导学生在实践中运用，从课内走向课外，丰富自己对秋天的认识和对秋天的热爱； 培养学生养成观察身边事物的习惯，感受生活的美，达到从文本走向生活
霜降品秋词	1. 秋天小使者； 2. 节气小报； 3. 秋诗大会	1. 能与同伴分享交流，开展读书笔记交流与互评； 2. 制作节气小报； 3. 诗坛争锋会	关于秋天进行课外知识拓展设计，考察学生课后对秋天知识的补充和延展，旨在提高学生综合实践的能力，深化探究意识

（2）学习"日积月累"，积累描写秋天的词语。

1）自主读一读，运用学过的方法识记生字。

2）多种方式读词语，说说这些词语让自己想到了什么，发现排列的小秘密。三行词语分别描写秋天的天气、植物和收获。

3）自由观图，用学过的表达秋天的四字词语来形容秋天的美景，表达自己的感受。

3. 圈画景物，理解词语意思

（1）引导：从哪些词语可以看出三首古诗都是描写秋天的？你是从哪些地方发现的？读一读，圈一圈。

（2）交流分享，多媒体投影学生课本。预设：发现"寒山、枫林、霜叶"这些表示秋天景物的词语；围绕"荷尽、菊残、傲霜枝、橙黄橘绿"想象诗人笔下秋天的不同景象；"寒声、秋风"营造秋景萧瑟的基调。

（3）引导学生借助注释、插图的方法把作者《山行》过程中的所见、所感用自己的话表达出来；借助插图、联系生活实际体会《赠刘景文》同是描写秋景却给人截然不同的感受；小结三首诗在主题、诗意理解上的共同点，总结学法，为下文学习做好铺垫。

活动二：处暑悟秋色

处暑是秋天的第二个节气，暑气正消灭，早晚天气越来越凉，落叶飞舞，有多少秋色在等着欣赏？

学习《铺满金色巴掌的水泥道》。

1. 体会句子之美

（1）情境创设，秋风秋雨过后一起走上放学路上的水泥道，想一想，有什么发现？画一画句子，了解作者观察到的景物。自由朗读《铺满金色巴掌的水泥道》，在不理解的地方做上记号，并进行交流。

（2）学生交流景物。预设：明朗的天空，亮晶晶的水洼，法国梧桐树的落叶，一双棕红色的小雨靴。（教师相机板书）引导学生借助板书进行整体感知。聚焦"明朗"一词，指导运用多种方法理解词语的意思。

1）当学生交流时提到"明朗"就是"晴朗"时，教师相机点拨：可以运用找近义词的方法理解词语。

2）当学生交流时提到类似"雨过天晴后的天空是很蓝很蓝的，就像洗过一样"的理解时，教师相机点拨：这就是联系生活实际理解词语。

3）教师还可以进一步启发：这几个自然段中哪些词句也可以帮助我们理解"明朗"的意思？引导学生发现："一个亮晶晶的水洼"说明水洼映着天空，天空是很亮的，随机理解"水洼"的意思；"映着一角小小的蓝天"，说明天空很蓝。最后点拨：可以联系上下文理解词语。

4）启发，你看这些都是极其普通的事物，在"我"的眼中却是那么美，让我们在读懂词句的基础上读懂秋路之美。

2. 交流小舞台：比较阅读链接《自报家门》感受不同放学路上，作者发现的不同的秋路之美。生活中，美丽的风景无处不在。你有没有关注过上学、放学路上的风景？并从中发现美呢？尝试着自己也来写放学路上发现的美丽景物。

3. 科普小探究：一叶知秋，树叶到秋天为什么会黄呢？

揭秘：树叶变色的原因是其蕴含的化学元素——叶绿素。当秋天来临时，白天的时间比夏天更短，气温较低，树因此停止制造叶绿素。与此同时，其他化学成分物质（如胡萝卜素、花青素）的颜色开始呈现出来，所以秋天看到黄、红等颜色的树叶。

活动三：白露探秋音

白露是秋天的第三个节气，它带来了晶莹可爱的小露珠，昼夜温差大，秋的声音藏在自然万物中，让我们一起去聆听。学习《秋天的雨》

《听听，秋的声音》。

1. 梳理课文，知道课文从哪几个方面写了秋天，见表2。

表2 课文梳理

颜色 （五彩缤纷）	黄色	你看，它把黄色给了银杏树，黄黄的叶子像一把把小扇子，扇哪扇哪，扇走了夏天的炎热。《秋天的雨》
	红色	1. 停车坐爱枫林晚，霜叶红于二月花。《山行》 2. 它把红色给了枫树，红红的枫叶像一枚枚邮票，飘哇飘哇，邮来了秋天的凉爽。《秋天的雨》
	金黄色	1. 道路两旁的法国梧桐树，掉下了一片片金黄金黄的叶子。《铺满金色巴掌的水泥道》 2. 金黄色是给田野的，看，田野像金色的海洋。《秋天的雨》
	橙红色	1. 一年好景君须记，最是橙黄橘绿时。《赠刘景文》 2. 橙红色是给果树的，橘子、柿子你挤我碰，争着要人们去摘呢！《秋天的雨》
	紫红、淡黄、雪白……	菊花仙子得到的颜色就更多了，紫红的、淡黄的，雪白的……美丽的菊花在秋雨里频频点头。《秋天的雨》
丰收 （气味）		梨香香的，菠萝甜甜的，还有苹果、橘子，好多好多香甜的气味，都躲在小雨滴里呢！《秋天的雨》
		秋的声音，在每一颗饱满的谷粒里。《听听，秋的声音》
		一阵阵秋风掠过田野，送来一片丰收的歌吟。《听听，秋的声音》
动物		小松鼠找来松果当粮食，小青蛙在加紧挖洞，准备舒舒服服的睡大觉。《秋天的雨》
候鸟迁徙		一排排大雁追上白云，撒下一阵暖暖的叮咛。《听听，秋的声音》
		燕子早早地启程了，因为它知道，要不了多久，这里将没有昆虫可吃。阅读链接《太阳时钟》
		金翅雀是一种以蓟类植物为生的雀鸟，它会停留更长的时间，直到大雪覆盖他最爱吃的食物——蓟类植物的种子。阅读链接《太阳时钟》
声音		树叶"唰唰"，蟋蟀"嚯嚯"，大雁的叮咛，秋风的歌吟

2. 理解词语

抓住"扇哪扇哪、你挤我碰、频频点头"等词语,体会作者描写时拟人化的特点;运用前面学过的方法,理解"叮咛、歌吟"等难懂的词语。

3. 结合生活,展开想象,仿写句子

练习一:

(1) 引导交流:秋天的雨还会把颜色分给谁呢?请大家结合生活中看到的景象说一说。

(2) 学生根据《秋天的雨》课后习题的第三题(见图1)仿写句子。

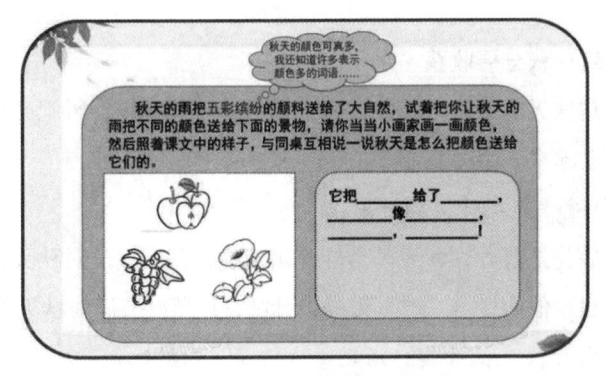

图 1 《秋天的雨》课后习题

(3) 引导学生展示仿写的句子,相互评价修改,重点关注想象是否合理。

示例:

它把绿色给了橘子,绿绿的橘子像一个个娃娃,欢笑着、蹦跳着,迎来了绚丽的秋天。

它把橙色给了柿子,红红的柿子像一盏盏灯笼,照亮了丰收的秋天。

练习二:拓展延伸,想象秋的其他声音(见图2)。

听听，	听听，	听听，
秋的声音，	秋的声音，	秋的声音，
大树抖抖手臂，	蟋蟀振动翅膀，	＿＿＿＿＿＿，
"唰唰"，	"瞿瞿"，	＿＿＿＿＿＿，
是黄叶道别的话音。	是和阳台告别的歌韵。	＿＿＿＿＿＿。

图2 拓展延伸（秋的声音）

练习三：秋味收集瓶。

我闻到了＿＿＿＿＿＿等气味，让我感受到＿＿＿＿＿＿，难怪小朋友的脚常常被这香味勾住。通过结合语境，我理解了"勾住"的意思是＿＿＿＿＿＿＿＿＿＿。

活动四：秋分展收获

秋分是秋天的第四个节气，昼夜等长，丹桂飘香，蟹肥菊黄，让我们一起行动起来，手写我心。

1. 小树叶变身计（树叶贴画）

秋天最美是落叶，秋天的落叶充满情趣，每个孩子对秋天也有独特的看法。瞧，他们变身一群可爱的设计师，用落叶装满对秋天的畅想。

2. "收获秋·秋叶集"活动

引导学生到大自然中寻找秋天，收集自己喜欢的秋叶，展平贴在方

图3 学生作品展示

框里，仔细观察，之后写下一篇有关"秋叶"的观察日记。学生作品展示见图3。

不仅考查学生的书面表达能力，还考查对于自然知识、科学知识的了解，考查学生在具体问题解决过程中展现出的核心素养。

3. 家庭活动

亲子制作月饼，一家人共赏圆月、举办月亮变化日记展。

活动五：寒露踏秋路

寒露节气，是天气转凉的象征，标志着天气由凉爽向寒冷过渡。飒飒的秋风吹散斜阳，染红了层层叠叠的枫叶。寒露时节的传统习俗主要有赏枫叶、秋钓、吃螃蟹、饮秋茶等。

1. 走进敬老院

寒露逢重阳，走进敬老院，为老人端茶、捶背、梳头、唱歌，为爷爷奶奶送上重阳糕。

2. 最美落叶道

浪漫落叶季开启，在街头与秋色来一场"约会"。2023年上海"落

"最美落叶道"city walk

时 间		姓 名	
walk 地点：			
我的收获	我看到的、听到的、最感兴趣的是（用文字或者路线图的形式展示）		
我眼中最美的风景	画一画、拍一拍		

图4 "最美落叶道"任务单

叶不扫"景观道共有41条，道路两旁树种以悬铃木及银杏为主，但也包括栾树、北美枫香等其他树种。凉风有信，秋月无边，景观道路上满地的"深红"与"浅黄"为上海这座城市带来了不一样的独特风景。利用周末时间，学生们带着任务单（见图4）出发，开始了city walk。

活动六：霜降品秋词

霜降是秋天的最后一个节气，昼夜温差大，秋燥明显。不耐寒的植物将停止生长，呈现一片深秋的景象。

1. 秋天小使者

书中自有黄金屋，阅读有关秋天主题的书籍：《森林报秋》《落叶跳舞》《风中的树叶》等，进行读书笔记。

2. 制作秋日节气小报

向长辈请教或上网查资料，了解更多关于秋天节气的小常识，制作秋日节气小报。

3. 自选有关秋的古诗，参加秋诗大会。

引导学生积累关于秋天的更多古诗，将学生的学习从课内转化到课外，结合校园"读书节"或"学科月"进行一次充满文化韵味的"诗坛争锋会"体验活动（见图5）。

图5 "诗坛争锋会"体验活动

五、活动思考

1. 准确定位目标，强化功能支撑

教师应准确定位单元整体教学目标，并赋予单篇课文承载不同的子目标，强化子目标之间的功能支撑。教材在低年级安排了借助图画、查词典、联系上下文等"了解"词语意思的方法。本单元并不是第一次出现"理解词语"这个要素，而是在以往训练基础上的延展和提升，这种设计是螺旋式提升的，具体到每一篇文章，训练重点又各有侧重，旨在让学生综合运用多种方法理解难懂的词语，逐步学会迁移运用，并延伸到阅读生活中去。

2. 经历学科实践，观察生活

在秋景、秋色、秋音这 3 个任务行进过程中，把日记的写作有机渗透，鼓励学生在仔细观察的基础上，大胆展开合理的想象并运用积累的精彩语句进行表达，让写作悄然发生，从而培养、提高学生的写话能力。单元学习的尾声，和家人一起 city walk，完成一次走出校园的秋之旅，在一次真实的赏秋活动中完成任务单。这样的学习把学生的学习行为和文本的内容打通，把阅读和表达融合，把写作和生活结合起来。

3. 融入过程性评价，促进教学相长

教师不仅要关注学习任务的设计，也要关注学生的学习兴趣、学习习惯等，设计出与学习目标、学习内容相匹配的评价量表，以促进学生语文素养的形成。比如，在完成"交流小舞台：放学路上发现的美景"子任务时，重点评价学生态度自然大方、乐于分享的态度；在"观察日记"的习作修改环节，要重点运用评价量表的积极性、自我修改的达成度、同伴建议的合理性等。要让评价任务贯穿于语文学习全过程，让学生始终学有目标，评有依据。

参考文献

［1］查晓红.基于学业质量标准的小学语文命题改革［J］.小学语文教师.2022（718）：6—9.

［2］费敏.整合·聚焦·进阶——学习任务群视域下的大单元教学探索［J］.小学语文教师.2023（10）：13—15.

基于核心素养的小学数学项目化学习的实践与思考

——以三年级数学探寻"年、月、日"的奥秘为例

上海市浦东新区六团小学　龚　琪

摘　要

本文旨在探讨基于核心素养的小学数学项目化学习的实践与思考。文章分析了项目化学习对小学数学核心素养培养的意义，强调了其在提升学生数学核心素养方面的重要性。在此基础上，基于教材开展项目化学习，以探寻"年、月、日"的奥秘项目化学习为例，通过项目的实施有效落实培育小学数学核心素养。

关键词

核心素养　小学数学　项目化学习

项目化学习在今天的再次兴起，并不是一时的热词，而是作为素养落地的一种重要载体。核心素养是个人在信息化、全球化、学习型社会，面对复杂的不确定的情境时，综合运用所学的知识、观念、方法，在解决实际问题时所表现出来的价值观、必备品格和关键能力。2022年版的义务教育课程方案和各学科课程标准强调了4个教学改革方向：坚持素养导向、强化学科实践、推进综合学习、落实因材施教。

在小学数学教学中，核心素养的培养包括数感、符号意识、空间观念、几何直观、数据分析观念、运算能力、推理能力和模型思想等多个方面。项目化学习是一种以学生为中心、以项目为载体、以实践为途径的教学方式。它强调学生的主动性、合作性和创新性，在创设的真实情境中发现问题、解决问题，又在解决问题过程中去发现新问题，在经历过程中学习知识、提升能力、培养品格。在实践过程中我们越来越发现在小学数学教学中实施项目化学习为素养落地提供了新的途径。这些素养的培养不仅有助于学生在数学学科上取得更好的成绩，更能为他们未来的学习和发展奠定坚实的基础。

一、项目化学习培养小学数学核心素养的意义

在小学数学教学中，项目化学习能够有效地培养学生的核心素养。项目化学习要求学生运用数学知识来解决实际问题，这有助于形成数学思维。通过项目化学习，学生能够学会运用数学概念、原理和方法来分析问题、解决问题，从而培养他们的逻辑思维和抽象思维能力。在项目实施过程中，学生需要面对各种复杂的问题，学会分析问题、制定解决方案、评估结果等。这种实践性的学习方式有助于提高学生的问题解决能力，使他们在面对生活中的实际问题时能够运用所学知识。同时，项目化学习往往需要学生分组合作完成任务。在合作过程中，学生需要学会倾听、沟通、协调与合作，培养团队合作能力。此外，在这种开放性的学习过程中往往能够激发学生的想象力与创新意识，在团队中展现个体优势，学会从不同角度思考问题，勇于尝试新的方法和思路，运用所学知识解决实际问题，在团队合作中实现优势互补，提升效能，培养与激发创新意识。

二、小学数学项目化学习的实践策略

小学数学项目化学习是以数学知识为载体，学生通过探究等学习实践对真实、具有挑战性的驱动性问题进行持续探究，运用问题解决等高阶认知策略创造性地解决问题形成成果，提升数学核心素养，促进深度学习的学习模式。基于这种学习模式，笔者结合数学三年级下册第六单元"年、月、日"这部分内容，开展了一次项目化学习实践。

（一）把握单元整体，确立核心概念

三年级下册第六单元"年、月、日"这部分内容，目标定位于：认识年、月、日，知道年、月、日之间的关系；能运用年、月、日的知识解释和解决生活中的问题。学生需要掌握的知识点相对比较多，如果用分散的眼光去看这些知识点，就显得非常零散。因此我把时间单位构建成一个有逻辑关联的整体，利用"关系"思维，帮助学生建立清晰的知识结构，培育结构化思维。另外这部分内容十分贴近学生生活实际，而且"年、月、日"规律的发现难度较低，开展项目化学习可以让学生在课外进行充分的自学探究，培养自主学习能力。整个项目过程重视"年、月、日"内容的拓展，让学生能在了解数学本体知识的同时更好地了解中华优秀传统文化，以提高文化素养。

（二）创设真实情境，激发求知意识

在小学数学教学中，创设真实情境是激发学生求知意识的重要手段。真实的情境能够让学生将抽象的数学概念与具体的生活实际相联系起来，从而更好地理解和掌握数学知识。在设计本次项目化学习时正值年末，新的一年即将到来，因此提出了"如何运用年、月、日相关知识，设计制作一个实用、简洁、美观的 2024 年活动日历？（可显示日期及记录每天的时间规划）"这一驱动性问题。围绕驱动性问题，学生进行头脑风暴：制作一个2024年活动日历及记录每天的时间规划，需要准备什么？通过交流讨论，学生提出了：2024年一年有几个月？每个月有几天？如何确定星期几？一年时间如何巧妙地显示每一天？等等诸多相关问题。这些问题不断激发学生的好奇心和探究欲望，使他们积极投入到项目化学习中。

（三）设置任务引导，高阶带动低阶

项目化学习指向高阶思维能力，用具有挑战性的问题创造高阶思维的情境，在真实情境中通过设置带有问题解决、创造、系统推理分析等高阶认知策略的项目任务，创造一个真实的作品。在完成作品过程中，包含信息查找、识记、整理、巩固和理解等低阶学习过程。因此在本项目实施过程中，笔者设置了4个子任务，注重用高阶学习带动低阶学习，使学生能够有效开展项目化学习，通过亲身体验来了解、掌握教材中的数学知识，运用数学知识解决实际问题，提升学习能力和实践能力。

子任务1：我是小小观察员（探索年月日，制作2024年年历）

三年级的学生在实际生活中积累了年、月、日方面的感性经验，有关年、月、日的知识逐渐出现在生活和学习中，有了形成较长时间观念的基础。因此，结合年历来学习有关年、月、日的知识，体会数学日日常生活的紧密联系。学生通过观察搜集的年历，进行小组讨论，解决制作年历中比较重要的问题，如"查清1月1日星期几""2024年是平年还是闰年"等，决定制作年历的方法及步骤。学生对"2024年是闰年，为何会出现闰年？如何进行快速判断？"引发更深层次的思考，从而对"年、月、日"知识进一步的感知。

学生通过大量信息搜集、整理、学习后，深刻体会到数学与日常生活的紧密联系，感受到了数学学习的价值与作用，同时在年历上查找自己、同伴、亲人的生日及一些重要的节日和纪念日，养成了积极的情感，感受到了传统文化的魅力。图1所示为学生的讨论成果。

图1 小组讨论成果

子任务2：我是小小规划师（我的一天时间规划[24时计时法]）

一年级学生学习了整时、半时的读写，对12和24小时计时法及钟面有了初步的认识，二年级时进一步学习了时、分、秒的有关知识，对时间单位有了一定的积累，为了更深入地感知"年、月、日"之间的内在联系，结合之前所学，做一名小小规划师，用24时计时法向同伴分享自己一天的时间规划。

图2为学生制作的精美小报、图文并茂地展现了学生一天的时间

图2 "我的一天时间规划"学生作品

规划。通过彼此交流分享，感悟时间的宝贵，达成了珍惜时光的统一共识。

子任务 3：我是小小整理家（搜集资料、分享故事）

在"我是小小观察员"环节，学生进行"年、月、日"相关知识初探时，对"2024 年是闰年，为何会出现闰年？如何进行快速判断？"引发更深层次的思考。引导学生通过收集相关资料，对"年、月、日"的知识进行深层次的探索。其实时间单位与星象运动有密切的关系，通过课外收集材料、梳理、总结，制成 PPT 或者手抄报向同伴分享交流。

在"年、月、日知识知多少"分享会上，学生对年月日的由来、历史故事、历法发展，特别是闰年的产生及判断方法作了详细阐述（见图 3）。三年级学生年龄较小，知识有限的短板被补齐了，"未知"逐渐转化成常识，发现问题、提出问题，最终解决问题。在此交流分享过程中，学生的知识体系逐渐完善，学会合作，学会展示与交流，培养承认他人、向他人学习的意识。

图 3 "年、月、日知识知多少"分享会

子任务 4：我是小小设计师（制作 2024 年活动时间日历）

在前 3 个活动的基础上，理论知识的积累对学生参与"我是小小设计师"制作 2024 年活动时间日历打下了扎实的基础。在动手制作的过程中加深对"年、月、日"知识的认识及应用。制作完成后,发布评价表,分别从环保性、实用性、美观性和创新性4个维度提出评价标准,最终结合作品展示环节得星数,在全年级组进行评选最佳作品。

在实践过程中注重引导学生主动思考和探索,并及时给予指导和点拨,帮助学生理解并掌握相关知识点。通过总结和归纳,将学习成果进行梳理和提炼。通过子任务的实践,学生不仅掌握了"年、月、日"的相关知识,同时也培养了数学思维和问题解决能力。

(四)成果展示评价,收获成功体验

出项成果展示是项目化学习重要的一环,通过成果展示能够检验学生项目化学习的效果。出项展示,既是成果作品的展示,同时也是学生自身能力的展示。给予学生充分的展示空间,享受成功的喜悦,收获愉悦的体验。当然,在这一环节中,作为教师能更好地了解学生的学习情况,在鼓励、肯定的同时提出建议、有针对性地指出问题,保证学生获得正确的优化方向,不断强化项目化学习的成效。

三、小学数学项目化学习的思考

小学数学项目化学习与传统课堂教学的不同之处在于,它与生活有着密切的联系,围绕生活中真实的情境开展数学知识的学习探究,在解决生活实际问题的过程中让学生主动获取数学知识,促进知识的学以致用。

此次项目化学习的设计与实施基于4个特性:①情境的真实性;②任务的挑战性;③过程的完整性;④成果的创造性。真实的情境让学生将抽象的数学概念与具体的生活实际联系起来,产生强烈的好奇心和对数学学习的兴趣。在完成子任务过程中,学生通过搜集整理"年、月、日"知识,不仅增强了对数学本体知识的学习与理解,更锻炼了信息搜集、整理能力，利用废旧材料制作活动日历提升了动手操作能力。学生亲历数学实践，体验了数学与日常生活紧密联系，感受了传统文化的魅力，并在实践中用自己灵巧的双手、活跃的思维，体验到了成功的喜悦。

项目化学习为学生提供了丰富的资源和广阔的空间，能够有效提升学生的学习效果和综合素质。通过项目化学习，我们能更全面关注到学生的学习过程，激发学习兴趣和主动性，学生核心素养能得到有效培养与提升。当然在设计与实施过程中也有诸多客观限制，主题内容的选定、基于核心素养发展的目标设计、子任务的形式设计等，对于教师而言都具有一定的挑战性，特别是在跨学科教学方面，我们在提升自身专业素养的同时仍需要在探索与实践过程中不断了解并且具备其他学科的相关知识背景，做到学科融合，为学生开展项目化学习提供有力支撑。

参考文献

［1］徐蒙恩.初中数学项目学习实施现状调查及对策研究［D］.杭州：杭州师范大学，2022.

［2］逢锦敏.核心素养视角下数学对话应有的价值取向［J］.教学管理与教育研究，2020，5（17）：63—65.

［3］李青翠.项目式教学在小学高段数学"图形与几何"教学中的应用研究［D］.淮北：淮北师范大学，2023.

［4］徐建芬.项目式学习在小学数学"综合与实践"中的应用研究［D］.重庆：西南大学，2023.

［5］辛京京，马由然，郝连杰.指向核心素养培养的小学数学项目式学习：以"一亿有多大"为例［J］.中小学数字化教学，2023（2）：20—23.

读写一体化视角下小学语文综合性任务的设计与实施

上海市浦东新区实验小学　龚　艳

摘　要

在新课改的背景下，以教师为主体的语文教学方式已经无法适应新一轮教育的要求。读写一体化作为一种创新的教学理念，其目的在于突破读写分离的传统模式，以综合性任务的设计与实施，实现阅读能力与写作能力的和谐发展。读与写关联性很强，相互之间具有促进作用，在小学阶段，学生已具备较好的语言基础，因此，应着重提高学生的综合素养。读写一体化是小学语文课堂教学的一个重要组成部分。为此，本文从读写一体化视角下综合性任务的设计与教学策略两个方面对小学语文教育做简单的剖析。

关键词

读写一体化　小学语文　综合性任务

读写是小学语文教学的重要组成部分，因此，怎样更好地促进读写的教学，是培养学生基本语文素养的关键。为有效地改善小学语文的读写教学效率低下的问题，教师可把注意力集中在对学生的读写技能的培养上，以综合性任务的读写教学为核心，让学生能够在读写中获得更多的知识，从而达到为写而读，为读促写的教育目的。

一、读写一体化视角下综合性任务的现状分析及问题

在当前的教育体系下,阅读与写作一体化已成为一个关键的教学理念。虽然读写一体化的教学理念已经被教育界广泛认同,但在实际操作中,却很难找到一种行之有效的整合方式,故而教师面临着多重挑战。首先,传统教学模式的惯性影响,使得改变难以迅速发生,进而导致许多教师在读写一体化的教学理念及其实际应用上存在认知和能力上的不足。其次,许多学生缺少引导和训练,难以有效地将阅读与写作相融合。学生在阅读时往往只能触及文章的表层,难以深入理解文章的深刻内涵和了解作者的真正意图。在写作过程中,学生往往只是机械地复述阅读材料,缺乏个人的思想和洞察力和思考。

二、读写一体化视角下小学语文综合性任务的设计原则

(一)整合性原则

在进行综合性任务设计时,要注意读写结合的观念,在学生完成任务中要注意读写的密切结合,进而让读写相互提高。在进行设计任务的时候,要根据学生的认识层次和兴趣,还要注意内容、形式、目的等方面,把读写融为一体,使之成为一个整体。通过综合设计任务,学生能够搜集到足够的资料与技巧,为写提供强有力的素材,而在这个过程中,学生能够更好地认识和运用所学到的知识,从而实现读写之间的相辅相成。

(二)层次性原则

综合性任务的设计应基于层次学习原则,即通过对学习内容的分析,设计不同难度的学习任务。进而在教学过程中,要根据不同的学习者的不同特点,确定由易到难的逐步教学任务。分层任务设计有助于学

生在学习过程中不断地提升自己的语文读写水平,并培养学生的自信与成功。在教学过程中,教师要结合学生的评价以及任务的执行情况,适时地对任务的难易程度进行适当的调节,以保证每位学生都能从中受益。

(三)实践性原则

综合性任务的设计要突出实践性,让学生在实践活动中学会读写技巧,全面提升综合素养。在课程设计中,要注重对学生的实践活动和亲身体验的关注,进而让学生的观察能力、思维能力、表达能力、合作能力都得到提高。通过实践性任务充分调动学生的学习热情,促使学生在学习中不断挑战自我,实现自己的目标。

(四)创新性原则

综合性任务的设计应体现创新性原则,设计一系列的综合性问题,激发学生的想象力与创造力,在这一过程中,要重视读写结合的教学方式,通过阅读引导学生深入思考,通过写作让学生将思考成果外化为文字,进一步锤炼思维能力和表达能力,并对其进行探索。在教学任务设计过程中,要注重对创新性和批判性的训练,让学生站在多个层面、多个角度去进行问题的分析与解决。创新性的任务能够激励学生求知、探究的欲望,使学生能够在学习中不断地试验新的思路和方式,从而发展出自己的观点和方式。在教学过程中,要注意培养学生的自信与表达能力。

三、读写一体化视角下小学语文综合性任务实施策略

(一)读写联动,创设综合性语文学习任务

通过把读写相结合,使学生既能从阅读中获取大量的语文能力,又能把所学到的经验运用到学生的写作中去。通过创设综合性学习任务培

养学生的语文阅读能力和写作能力的同时，在对人物形象、情节发展和主旨的深刻了解与剖析的过程中，也能使学生对社会、生活等多个层面有更深刻的认识，从而推动学生的整体发展。比如，以统编版四年级下册《海上日出》为例，出示学习任务：明确单元目标，走进课文。学生在明确单元目标后进入本课的学习，教师提问："从课题中你知道了什么？"学生回答："我知道本文讲的是海上的日出。"紧接着，教师就在学生发现课题特点后，引导学生学会游记的拟题技巧："课题就用这短短四个字，把地点和事情交代清楚了。我们在给游记起题目时也可以这样简洁明了。"基于此，通过本篇写景抒情散文阐述如何培养学生的语文阅读和写作素养，从而使学生获得更好的发展。于是，教师通过一系列的学习任务，抓住文章的主旨、不同天气时海上日出的变化以及感情的流露引导学生对《海上日出》写作方法进行深度的解读。通过出示学习任务"关注景物变化，了解写作顺序"提出思考，"作者描写海上日出时，哪些方面发生了变化？"引导学生品读课文，学习写法。通过学生自主梳理后上台交流，了解课文的写作顺序，学习有顺序地写景物的变化。基于此，通过话题讨论等一系列与课文紧密联系的活动，让学生在游记写作的过程中可以运用《海上日出》中不同时段的不同变化要按照顺序来写的方式，学习巴金的独特写作技巧。在此基础上，出示学习任务"说清日出变化，总结迁移写法"。学生根据提示，说出晴天日出时的景象，再围绕任务"如何学习课文中的写法，按变化顺序描写一种自然现象，可以是日落、刮风、下雨、下雪、叶落……"进行研讨和写作，进而在读写的互动中，语文能力与整体素养得到全面提升。

（二）跨学科整合，打造综合性读写任务

在当前多样化的教学环境中，跨学科整合是培养学生全面素质的一种主要方式。特别是在小学语文教学中，采用跨学科融合的方式，进行综合性的读写，既能开阔学生的知识面，又能培养学生的语言运用能力。比如，以统编版四年级上册《精卫填海》为例，探讨把其他科目的知识融入到读写中去，从而形成一种具有特色的综合性的读写任务。首先，出示学习任务"了解历史，知晓《精卫填海》的背景与发展过程"。根据有关史料记载，学生可以得知此故事源于我国古老的民间传说，体现出人们对天地万物的认识，以及对未知事物的探索。这样既能丰富学生的知识面，又能加深对历史所蕴含的文化意蕴的认识。其次，可以把相关的地理信息与文章内容相联系，让学生去探究其中的一些要素。出示学习任务"画出古代海洋的地形图，说明这些地点的重要性"。在此过程中，学生既能了解故事的内容，又能了解到一些有关地理的内容，同时也能培养学生的空间想象能力。在进行读写任务的过程中，可以将跨学科的内容整合到一起，并针对《精卫填海》进行一系列的读写任务。出示学习任务"通过小组协作，发挥自己的想象与创意，为精卫填海撰写续篇"。基于此，通过跨学科融合，为学生提供全方位的语文教学，让学生在获得丰富的知识与情绪经验的基础上，培养多学科的思考与整体素养。

（三）群文阅读，开展读写一体化教学

近几年来，群文阅读教学在语文教学中得到广泛的关注。在群文阅读教学中，教师通过设置探究话题，将单元内外、课本之外的多种文本进行有机结合，让学生在较大程度上投入阅读活动中，从而提升阅读探究能力。可以采用分组读写相结合的方式，以提升学生的整体语文能力。首先，完善整合的群文阅读教学模式。在阅读教学中，采用分组阅读方式，不仅要遵循群文阅读的普遍原则，而且要注意读写的结合。读写一体化的教学模式能更好地体现语文课程的教学内容，比如，从注重个性特点、注重描写方式等方面着手，设计并开展综合性阅读教学，以提高学生个性能力。在"读—写"模式中，先设计3个问题，"怎样形容你自己？""你怎样形容你身边的人？""作者怎样描写角色？"在此基础上，结合四下第六单元、五上第六单元内容，开展综合性阅读任务教学。通过群文阅读任务使得教师可以更好地关注和改善学生的描写水平。其次，以各类文本为对象，开展群文阅读教学。以小组为单位开展综合性读写课堂，不一定要选用同类课文，也可以选用多种课文。教师把实际的文学种类归类，出示的学习任务把叙事、解说和论述融入到小组的读写；同时，教师也可以将其归类，将童话、小说、寓言等结合起来，开展读写活动。在记叙文中，描写角色的心理状态是必不可少的。通过对角色的心理活动的描写，教师可以通过群文阅读教学，使学生更好地理解角色的心理活动。比如，统编版五年级上册《慈母情深》和《父爱之舟》两篇以父母之爱为主题的课文，展现了父亲与母亲博大而深沉、朴素而崇高的爱。通过这两篇课文，能让学生更好地了解人物描写的心理活动。

（四）读写结合，优化小学语文综合性学习评价体系

在小学教育阶段，教学目标以提高学生的读写水平为中心。因此，必须建立一套完整的、科学的语文综合评价体系，特别是在读写一体化的视角下，更好地评价学生的语文学习水平，比如，以统编版五年级上册《四季之美》为例，探讨其评价体系的完善与优化。首先，评价时要注重对《四季之美》这篇文章的解读与感悟。在此基础上，让学生掌握文中的风景，体会到作者的感情流露。通过对课文内容的解读与情感的分析，使学生在阅读过程中表现出对课文的理解与情感，从而达到对其阅读水平的评价。其次，评价时要把焦点放在学生的写作成绩上。可以围绕着四季之美这一话题来安排作文，比如，请学生描写自己喜爱的季节，或是用自己的语言来讲述春夏秋冬的变迁。在此基础上，学生要运

用所学到的语文词语及书面表达能力，传达思想与情感。通过对学生作文的评价，能更好地理解学生的作文水平，以及学生的创造力。最后，评价体系要有针对性和个性化。通过对学生的读写任务的详尽剖析，教师能找出学生的优缺点，并据此给出学生的学习意见。比如，以基础较低的学生来说，推荐适当的阅读书，增强学生的理解水平；针对水平有待提升的学生，应从以下几个方面入手，教学生掌握一定的写作技巧与方式，使学生作文水平得到提升。

四、结语

总而言之，将读写一体化贯穿于小学语文课堂中，是一种综合的教学方式，进而既能促进教学更具系统性，又能提升学生核心能力的培养。为此，在小学进行语文教学时，要根据学生的特点，重视对学生整体素质的提高，并对读写一体化的有效方式进行积极的探讨。在实践中，要注重对读写一体化教学观念的革新，对读写一体化的教学系统进行改进，进而提高教学质量。

参考文献

[1] 蒋丹.主题阅读下的读写一体化教学[J].全国优秀作文选（写作与阅读教学研究），2024（1）：38—40.

[2] 梁东霞.初中语文阅读与写作一体化教学策略探究[J].山东教育，2024（1/2）：100—102.

[3] 王翔，孙迪.读写一体化支架在高中文言文教学中的应用[J].语文建设，2024（1）：32—37.

以邮票为载体开展小学生项目化学习活动的实践研究

——以"邮说中华"项目为例

上海市浦东新区实验小学　张思婷

摘　要

素养视角下的项目化学习是学生在一段时间内通过对真实有挑战性的问题进行持续探究，达到对核心知识的再建构和思维迁移。借助项目化学习的方式，让学生以项目任务为驱动，主动学习邮票中的人文知识，挖掘其中的素材，开展自主学习与探究，在任务驱动下实现人文底蕴的提升。

关键词

邮票　邮说中华　项目化学习　人文底蕴

《中国学生发展核心素养》总体框架中将中国学生发展核心素养分为文化基础、自主发展、社会参与三个方面，其中包括人文底蕴、科学精神、学会学习、健康生活、责任担当及实践创新六大核心素养。学生发展核心素养中的人文底蕴主要是指学生在学习、理解、运用人文领域知识和技能等方面所形成的基本能力、情感态度和价值取向。那如何培育学生的人文底蕴呢？传统的教学更多地体现在对学生的知识灌输和被动学习上，注重课堂上的教师传授和学生的背诵记忆，而新时代的情况要求必须把学生的被动学习转化为主动学习，这是学生学习成长的必要能力。

为了培育学生的人文底蕴，开展项目化学习不失为一种行之有效的方法。夏雪梅博士认为，学习素养视角下的项目化学习会促进学生大脑发育，让学生学习更专注，促进学业不良的学生投入学习，最终指向学生形成大格局的心智自由。笔者以邮票为载体，借助项目化学习的新型学习方式，尝试开展"邮说中华"项目活动，进行实践探索。

一、项目化学习的发展概述

项目化学习之思想源于杜威的"做中学"的经验学习，以及克伯屈的设计教学法。21世纪，世界各国将教育目的聚焦在核心素养，项目化学习作为培育素养的一种重要手段，得到了新的发展。夏雪梅博士认为学习素养视角下的项目化学习是"学生在一段时间内对与学科或跨学科有关的驱动性问题进行深入持续的探索，在调动所有知识、能力、品质等创造性地解决新问题、形成公开成果中，形成对核心知识和学习历程的深刻理解，能够在新情境中进行迁移"。简单来说，素养视角下的项目化学习是学生在一段时间内通过对真实有挑战性的问题进行持续探究，达到对核心知识的再建构和思维迁移。

二、开展"邮说中华"项目化学习活动的实践意义

（一）借助邮票促进学生的能力发展

人类创造邮票的本意是用来作为交纳邮资的凭证，当它走完通信的过程，完成交纳邮资的使命，对邮政通信失去意义的时候，人们发现它还有欣赏、收藏的价值。邮票被誉为"国家名片"和"百科全书"，一

个国家或地区政治、历史、艺术、文化、军事、经济等各个方面,都可以成为发行邮票的题材。因此邮票可以传播很多历史知识,其背后的故事也极具教育意义,邮票的知识性赋予了学生极大的可学习性。同时,通过欣赏邮票、创作邮票,充分唤起学生对美的想象,使学生在情感和精神上体验到更为丰富、深刻、崇高的美,也能提高学生的审美情趣和创作能力。在进行集邮、画邮、赏邮的活动中,还能改善人际之间的友好关系,增强了学生的集体观念,使大家相互间更加融洽相处,以邮品为媒介,交邮友、结邮缘。

(二)项目化学习有利于培育学生的人文底蕴

选择与中华文化有关的邮票,并设计一系列围绕邮票的活动,发动学生针对"邮说中华"这个主题开展项目化学习活动。在了解邮票的过程中,学生能积累具有古今中华人文领域的基本知识,项目化学习增加了学生人文积淀的厚度,是一种对学科知识教学的补充。不仅如此,通过群体性的集邮活动,如组编邮集、参加邮展、探讨邮识等活动挖掘邮票背后的人文情怀,也能引导学生树立和培养以人为本的观念、意识,尊重、维护人的尊严和价值。在活动中让学生在欣赏邮票的基础上创作邮票,更有利于培养、提升学生的审美情趣。同时,学生的实践能力和创新能力得到了一定的发展和提高,创新思维也被激活,为终身学习打下了良好的基础。

三、开展项目化学习活动的路径实践探索

(一)"邮说中华"项目活动的整体规划设计

项目化学习活动需要教师结合活动特点和学生特性进行整体规划设计,上层建筑的设计是整个项目活动开展的前提与基础。笔者规划的"邮说中华"项目是以与中华文化有关的邮票为载体,借助邮票本身的

知识性、文化性、社会性、教育性和艺术性特征，设计一系列围绕邮票的活动，引导学生针对"邮说中华"这个主题开展项目化学习，培育学生的人文底蕴，即增加学生的人文积淀，提升学生的人文情怀，培养、提升学生的审美情趣。

1. 确定项目培养目标

在开展活动前，教师要明确项目的整体目标和学生培养目标，才能让整个活动不偏离原本的设计意图，抓牢培育学生人文底蕴的主线。根据"邮说中华"项目的特点和项目目标，笔者先制定了"邮说中华"项目的学生培养目标，总体培养目标为培育"懂邮票，爱集邮；有文化，爱中华"的实小学生，主要培养的是学生的集邮能力、探究能力、开展项目的协作能力和创新实践能力。同时细化培养维度，再划分为人文积淀、审美情趣、团队协作、人文探究和集邮特色这5个子目标，为活动的设计指引方向。

2. 设计"邮说中华"项目活动主题与内容

项目主题的设计应该关注的是学生的人文底蕴的培育，教师在设想时要始终以这个核心来规划项目化学习的活动内容，同时还要围绕邮票，借助邮票的人文性特点，挖掘其中的学习要素，彰显特色。"邮说中华"的子项目设计与构想以"人、景、文"构成整个中华文化的理念为核心，设计选择的主题如下：灿烂文明——古代神话的演绎；悠久传统——传统节日"文化"的传递；优秀儿女——革命先烈与英雄"精神"的传承；大美河山——祖国山丘、江河湖海、"景"的情趣。主题总览如图1所示。

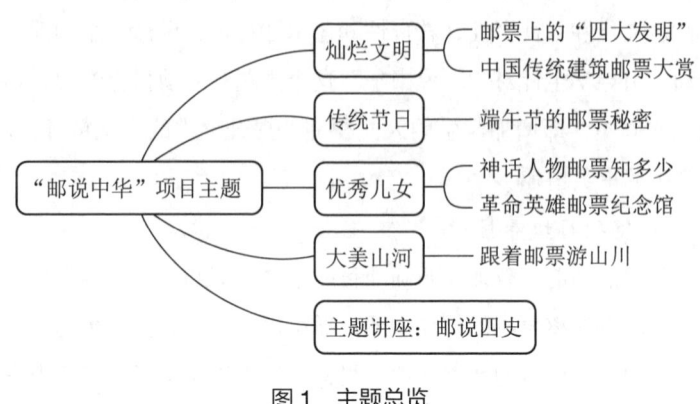

```
                            ┌── 邮票上的"四大发明"
                ┌─ 灿烂文明 ─┤
                │           └── 中国传统建筑邮票大赏
                │
                ├─ 传统节日 ──── 端午节的邮票秘密
                │
"邮说中华"项目主题 ┤           ┌── 神话人物邮票知多少
                ├─ 优秀儿女 ─┤
                │           └── 革命英雄邮票纪念馆
                │
                ├─ 大美山河 ──── 跟着邮票游山川
                │
                └─ 主题讲座：邮说四史
```

图1　主题总览

（二）"邮说中华"项目学习活动的过程与实施形式

1. 驱动性问题的设计

项目化学习最为关键的一步是形成本质问题并将其转化为驱动性问题，即将核心知识用问题的方式表现出来，它关注的是用什么样的问题驱动学生主动投入思考。在项目内容的构建过程中，师生共同探讨提出问题，然后提炼和设计本质问题和驱动性问题。以"灿烂文明"中的古代神话邮票为例，设计的本质问题为"中国古代神话的人物精神是什么？"驱动性问题设计成了：学校表演社将举办一场"中国古代神话人物"的表演比赛，你作为表演社的一员，请自选一位神话人物进行一段表演，并就此写一篇发言稿。

2. 项目小组的确立

在项目化学习活动中，小组的合作起着至关重要的作用，在活动中学生树立合作意识，团结协作，共同完成活动任务。在这其中，教师的引导、学生的分工、组长的推进、组员的配合都是环环相扣，缺一不可。教师是项目化学习的活动串联者，是任务发起者，也是全程陪伴者，引导、督促学生完成任务，不拖延、不放弃。小组分工体现了能力的调配，一组中要有着不同的角色，凸显能力的互补与协调。比如，在"悠久传统——传统节日'文化'的传递"项目活动中，教师引导学生根据能力分工，成员分别担任了美工员、资料员、文稿员及发言员这几个角色，体验角色带来的任务驱动成长。小组中的每个人都很重要，是活动环节中的每一个纽扣，缺一不可。如果活动能把这4个人员组织妥当、不出差错，那么学习的效果是加倍的。

3. 充分挖掘邮票中的素材补充学生的人文知识

邮票的实用性虽有所减少，但其代表的历史意义和蕴含的人文知识却博大精深。邮票可以传播很多历史知识，其背后的故事也极具教育意义，邮票的知识性赋予了学生极大的可学习性。同时，通过欣赏邮票、创作邮票，充分唤起学生对美的想象，使学生在情感和精神上体验到更为丰富、深刻、崇高的美，也能提高学生的审美情趣和创作能力。所以教师可以充分挖掘邮票中的素材来增加、补充学生的人文知识。如在设计"优秀儿女——革命先烈与英雄'人'的传承"项目活动前，教师可以为学生创建"赏英雄邮票，感民族精神"欣赏专题学习角。同时，学生通过自主探究学习，了解了小小一枚邮票承载着中华民族博大精深的文化底蕴。在此基础上，学生根据自己想要了解的英雄为分析创作寻找资料、素材，去主动搜集、欣赏中华英雄的邮票，去探索这些英雄能被印在邮票上的原因。同时，开展"品英雄人物 扬民族精神"活动能让学生在深入了解英雄人物及其精神的基础上明确什么是英雄精神。项目活动能给学生带来的体验是感受不同的"人"以及各不相同的人能被印在邮票上的原因。在挖掘原因的过程中感受着优秀的精神文化，促进学生人文底蕴的提升，也是一种传承。

4. 利用项目活动促进学生的多样化表达

项目化学习活动的主体是学生,注重学生在真实情境下的一种自主学习和实践能力的培养,同时需要关注到学生的全面发展的需求,所以教师要在充分尊重学生需求的基础上设计活动内容,促进学生的多样化表达与成长。在"邮说中华"项目化学习活动中,学生写邮票故事(见图2),做分析报告(见图3),赏邮票、知邮票(见图4),画主题邮票(见图5),通过学习人文知识、邮票知识,掌握邮票创作技术,增强表达能力,开展团队协作,就逐渐会产生一种成功感,这样既满足了学生个人的学习需求和良好人际关系的培养,又能培养学生的创新意识与能力,让每个层次的学生都在最近发展区内都能得到相应的发展,获得成功的体验。学生通过多种形式,多种渠道,比如看、说、画、写、做,

图2 写邮票故事

图3 做分析报告

图4 赏邮票、知邮票

图5 画主题邮票

并利用师生之间的信息交流，学生之间的相互学习和帮助，积极思考，积极参与，反复琢磨、创作，尝试体会，逐步形成掌握正确的学法，提高自主实践能力。

项目化学习下的"邮说中华"活动，学生以邮票为载体开展自主学习，在组织、协作、实施项目的过程中培养合作意识和能力，在活动中形成自己正确的人生观、价值观，增强做人的责任感、使命感，涵养人文底蕴。但如果要促进学生的项目表现，还需开展的是基于学生能力差异的全程性的活动评价，这样才能保持项目研究与推进的持续性和兴趣。

参考文献

[1] 一帆.《中国学生发展核心素养》总体框架正式发布 [J]. 教育测量与评价，2016（9）：34.

[2] 夏雪梅. 项目化学习设计：学习素养视角下的国际与本土实践 [M]. 北京：教育科学出版社，2018.

[3] 刘景福，钟志贤. 基于项目的学习（PBL）模式研究 [J]. 外国教育研究，2002（11）：18—22.

小学数学课堂中师生"温暖"互动行为研究

上海市浦东新区新城小学 杨 红

摘 要

小学生的好奇心较强,喜欢观察和模仿,正处于认知和习惯快速形成和发展的关键时期。良好的师生互动有利于缩短师生之间的距离,给学生带来安全感和信任感,激发学生参与课堂活动的积极性。课堂师生互动对学生的健康成长、学习兴趣以及教师专业发展起着重要的作用。在小学数学课堂中,教学过程离不开教师与学生的共同参与,在教学活动的高效开展中,教师与学生间的"温暖"互动是必不可少的。因此,本研究将从小学数学课堂师生"温暖"互动存在的问题进行分析,明确其问题存在的原因,并给出相关的改进建议。

关键词

小学数学 温暖师生互动

有一种比较有创意的说法,小学数学课堂互动应该追求"温暖"指数。课堂气氛"温暖"了,学生感受到"温暖"了,师生的互动就会"温暖",教学品质自然会更加"温暖"。这与激趣教学有很多共同之处。教师在课堂上处于主导地位,要建立一个"温暖"的课堂互动,需要教师付出更多的努力,在创设情境、教学方法的运用、教师形象的塑造、学习活动的设计等方面都把"温暖"指数作为重要的评价内容。小学数学课堂互动融入更多的"温暖"因素，将能够为课堂注入更多的活力。

一、小学数学师生课堂互动中存在的问题

（一）师生互动形式过于模式化

小学生思维方式比较灵活，没有固定性，因此，需要教师正确的引导，促进其思维的多元化发展。但大多数教师习惯于按部就班地实施教材，在课前设定预定目标，并将课堂教学视为实现预定教学目标的过程。在课堂教学中，我们常常可以看到，教师在提问的过程中，会有意识地引导学生去思考自己想要的答案，对符合自己意愿的学生答案或表现给予积极的互动，但当学生的表现超出了预设场景时，他们会一带而过，不予理会，与学生形成虚假的互动。这种表面化的师生互动忽视了教学过程中的动态生成，只把教学过程看作是展示自己教学技能的一种表现，学生渐渐演变为与教师合作完成教学任务的配角。在提问的过程之中，教师的这种模式化的提问，阻碍了小学生开拓性思维的发展，容易造成小学生思维定势的形成。

（二）师生课堂互动效率较低

语言、手势、眼神、文字和图片都是人们用来交流的符号。当学生无法理解教师使用的符号时，教师和学生很难进行有效的课堂互动。因此，教学符号的使用显得尤为重要。教师的言语行为、非言语行为、板书、多媒体课件等不仅是师生互动的符号，也是课堂教学内容的符号。如果学生不能理解教师使用的符号，那么教师的言语和非言语行为就不能使学生做出正确的反应，课堂互动便没有真正的发生，只能浮在表面上。通过一年的实际课堂教学发现，在实际的小学数学课堂教学中，学习程度差的学生不理解教师表达的语言、动作、手势、表情、板书、多

媒体课件等符号的含义。师生之间意义共享的互动符号是有效课堂互动的前提,学生不理解教师使用的互动符号,教师的教学行为很难在部分学生之间、师生之间产生有效的互动。由此可见,小学数学课堂教学中仍然存在着课堂互动效率低下的现象。

(三)课堂教学中师生缺少冲突互动和交换互动

课堂教学活动通过对话、竞争、交流、合作探究、相互提问等形式开展,激发学生从不同角度思考和分析问题,促进学生对知识的深入和全面理解。课堂教学中的师生冲突促进学生思维的良性冲突,在课堂教学中,良性冲突将使课堂教学活动更具有活力,没有冲突,就没有发展的机会。调查结果表明,在小学数学课堂教学中,合作式和竞争式的互动比较常见。为了维护正常的课堂秩序和学生良好的学习状态,在课堂教学中教师经常采取强制性措施来约束和规范学生的失范行为。然而,在小学数学课堂教学中,师生之间的交换互动和冲突互动并不多见。而师生交换互动和冲突互动可以帮助教师获得有关学生课堂表现和学习的信息,通过这些信息帮助教师确定下一步的教学内容和教学方法,同时在这个过程中,学生也可以获得教师传递的知识。如果数学课堂上没有学生询问、质疑、交换意见的声音,那么数学教育目标的实现只能是一座空中楼阁。

二、小学数学师生课堂互动中存在问题的原因

(一)教师没有真正认可学生的主体地位

在教学过程中,一些教师在教师主导与学生主体性的关系中没有处理好,教师过度的主导往往阻碍学生发挥主体性。在实际的课堂教学中,教师经常不能准确分析学生的实际学习情况,这往往导致学生在数学课堂上的学习材料、探究任务和课堂练习,有时过于简单,有时过于

难,严重忽视了教学内容设计的基础性原则,因此,学生的主体性得不到充分发挥。小学数学知识具有抽象性和逻辑性,在课堂教学中,教师过于注重知识学习和问题解决策略,没有从学生身心发展的特点出发,忽视了学生的个体需求和情感体验,导致学生缺乏学习积极性,学生的主体性不能充分发挥,进而导致课堂互动参与度低,互动效率低。

(二)学生课堂质疑,主动提问的意识弱

小学生思维较为活跃,喜欢有趣的东西。他们有很强的好奇心,但关注时间较短,缺乏学习的毅力和自觉性。在课堂学习中,小学生缺乏积极参与学习活动的意识,能够积极参与课堂学习的学生只有班级中固定的部分学生。随着数学学习的深入,小学生的数学学习兴趣将以两种不同的发展趋势呈现。一种趋势是,他们对数学学习有浓厚的兴趣,因为他们有优秀的数学成绩,并能在数学学习中获得成就感。他们喜欢参加数学教学活动,愿意积极思考。这类学生能够解决数学学习过程中遇到的问题,并可以在解决问题的过程中体验成功的喜悦和学习的快乐。因此,他们喜欢参与课堂互动。另一个趋势是,一部分学生讨厌学习数学,甚至害怕学习数学。这种趋势的原因是他们的数学成绩一直不令人满意。这类学生解决问题的能力较弱,没有良好的学习习惯,不喜欢动脑思考。在数学学习的过程中,他们不是快乐,而是沮丧。在数学课上,他们不喜欢举手和与教师互动。即使教师有意识、主动地与这些学生互动,他们也只能被动地参与互动,不能主动融入课堂。

(三)教师课堂互动教学情景设计能力不足

学生积极参与课堂学习的表现便是课堂互动,教师应创设恰当的课堂教学情境,为学生提供课堂互动的氛围。小学生集中注意力的持续时间较短,他们很容易被与学习无关的事情所吸引,教师需要创造教学情境,将学生的注意力重新吸引到教学上来。在实际的课堂教学中,一些教师设计课堂互动情境的能力相对欠缺，课堂缺乏生动的教学场景，教学活动缺乏吸引力，导致师生课堂互动不足。加上教师在教学内容、教学方法和语言的选择上灵活性有限，创设的课堂场景不够生动、具体，不能带动学生的积极参与。这严重阻碍了学生发挥主观能动性的能力，只能被动接受知识。

三、小学数学课堂师生"温暖"互动的具体建议

（一）结合实际，创设生活化的数学问题情境

生活中处处存在数学，同样数学也来源于生活。生活经验的积累是学生学习数学的基础。在数学教学中，教师应该把学生放在实际生活化的数学问题情境中，使其体验数学学习与现实生活的联系，感受数学问题的存在，从而激发他们的学习需求，让学生在轻松、快乐的氛围中，积极探索学习，提高学生学习数学的兴趣和信心。

比如，在二年级下册进行"三角形与四边形"的教学中，教师运用三角形在生活中的应用来进行氛围的营造。在课堂上，教师将不完整的图片展示给学生，并告诉学生在生活中我们经常看到，让学生猜一猜这些图片是什么。在这样的猜测环节中，学生有很强的参与度和积极性，课堂互动的气氛比较轻松愉悦。通过这种互动教学，学生可以感受数学与生活的联系，这将有助于激发他们学习数学的兴趣。

（二）建立"温暖"教师形象

一句最朴素的教学理念"亲其师而信其道"。怎样实现和谐的"教"与"学"，教师扮演着重要的角色。课堂教学环节的设置、教学互动的组织以及教学实践的设计这些都是教师的统筹范围。教师使用什么样的教学策略决定着将形成什么样的教学情境，教师的教学设计和组织直接影响课堂的互动温度。因此，教师应加强教学反思，积极改进教学，与

学生开展多元平等互动交流。只有这样，才能建立新型的师生关系，提高课堂互动的"温暖"水平。

比如，五年级下册的"可能性"教学中，教师拿出一个魔术盒："今天，让我们来玩一个游戏。这个魔术盒里有30个红色的球和20个黄色的球。如果你一次只能摸出一个球，让你摸20次，你摸出的红色球多还是黄色球多呢？如果有误差，会在多少只之间呢？"同学们参与其中。一些学生说红色的球多，而另一些学生说黄色的球多，学生提出自己的猜想后，教师让同学们进行实际操作。课堂学习气氛变得更加热烈。经过几轮动手操作，同学们发现摸到某个颜色球的可能性与其在总数中的比例有关，占的数量越多，摸到的可能性就越大；相反，摸到的可能性就越小。教师运用魔术盒打开教学互动，并将学生的注意力聚焦在学具上。在师生互动中，教师态度和蔼，学生顺利进入猜测环节，在不知不觉中拉近了师生之间的距离。一个数学小游戏不仅包含了学习内容，还渲染了学习氛围，形成互动热点。教师"温暖"形象的塑造都是通过这些教学细节来完成的。

（三）营造"温暖"的互动氛围，激发学生的互动兴趣

在小学数学课堂教学中，教师应与学生展开积极的互动，营造温暖的课堂氛围。通过创造有趣的课堂情境，教师们以亲切的微笑和和蔼的态度创造了一个充满活力的课堂。在课堂互动中，更多的欢乐和幽默可以提高互动效果。

比如，在四年级上册"比较分数的大小"的教学中，教师给学生讲了猪八戒吃西瓜的故事。相传师徒4人正前往西方取经。有一次，师父口渴了，让猪八戒去找水，八戒找了又找，还是找不到水。这时，八戒看到了一个大西瓜，他欣喜若狂，摘下西瓜就往回跑，一边跑一边想："这次必须我要多吃点。"到了师父休息的地方，猪八戒喊道："可把我

累坏了，我要多吃点，好不容易才找到一个西瓜。"悟空很爽快地答应了，说："我不吃，那你可以吃掉三分之一的西瓜。"八戒不高兴，坚持要吃四分之一的西瓜。悟空高兴地将西瓜的四分之一分给了八戒，然后又将西瓜的三分之二平均分给了师父和沙僧，剩下的一小块被悟空吃了。八戒见状，撇了撇嘴，大声喊道："你答应让我多吃点，我的怎么比不上师父他们的？死猴子一定是你又捉弄我了。"故事讲完后，老师随机提出了一个问题：请同学们思考一下，为什么八戒的西瓜反而少了？通过为学生创造故事情境，从而使学生的互动兴趣得到激发。

四、结语

课堂师生互动"温暖"指数的高低直接关系到学生的学习质量。当学生感受到课堂的"温暖"时，他们的学习动力自然会有更强烈。为了提高课堂互动的"温暖"指数，教师应充分发挥自己的关键作用，开展学习情境的多重调查，积极改进教学设计，为营造"温暖"的数学课堂互动奠定坚实的基础。

参考文献

[1] 孙士富. 班主任课堂管理 [M]. 长春：吉林大学出版社，2017.

[2] 徐建星. 适合小学生的数学教学：基于学习者的视角. 教育探索，2016（11）：21—26.

[3] 周虹莉. 小学生课堂主动参与研究 [D]. 南充：西华师范大学，2018.

[4] 吕秀莲. "温暖"课堂，"真学"数学 [J]. 基础教育论坛. 2019（5）：36—38.

中华传统文化在小学美术教学中的传承与创新研究
——速写绘中华情文字传心中意的教学实践经验

上海市浦东新区祝桥小学　黄懿玲

摘　要

中华传统文化，是历经时光的洪流，一点一滴形成的具有中华特色的文化结晶。速写绘中华情，是教师引导学生在课堂、在生活中寻找传统文化，观察感受，用线条与文字记录的教学方式。本文阐述了此项美育活动的教学实践经验与研究。从研究的背景和目的出发，定位"新式"速写课程理念，构建"传统文化、速写、文字"组成的内容框架。同时阐述了此项教学研究在基础课程中的实施和创新，以及该课程通过教学实践创新后师生获得的成果与思考。

关键词

中华传统文化　"新式"速写　传承创新

"新式"速写绘中华情文字传心中意，教师通过速写和文字的表达方式，引导学生在课堂上、在校园活动里，在生活中寻找中华传统文化。用记号笔以线描的方式表达，然后在纸张空白处写下对于这个作品的感想以及对传统文化的理解。画与文字的结合，让画有了情感的表达方式，让文字有了具象的表现方法。

这项活动，从计划到实践，我坚持了一年的时间。从一节展示课《威武的航空门神》获得的启发，到活动计划规划和实践，我带领学生初步尝试体验"新式"速写课程，用心捕捉身边的传统文化，用文字记录对文化的理解。在实践中，积累经验、反思教学、推陈出新。

一、"新式速写"绘中华情文字传心中意的形成背景

我们学校地处浦东新区祝桥镇，位于浦东新区的中间段，东边是浦东国际机场和即将建成的上海东站，南边是商飞公司，西边是迪士尼乐园，所以航空文化是我们学校的特色。学生们在语数英各科里通过项目化的学习，对航空文化早就有了一定的了解，我就以航空文化为切入点，通过速写与文字的结合，慢慢从课堂里走向生活，从教师教授转为学生探寻。以"新式"速写的方式，将中华传统文化更好地在美术教学中传承与创新。

另外，用"新式"速写代替传统的绘画形式，在材料的准备上很方便。"新式"速写教学，只需要一支记号笔和一张纸就可以出效果。在传统的绘画方式基础上，尝试创新，用"新式"速写，可以在日常美术教学中，以新的美术表达方式，让学生更好地理解传承中华传统文化的精髓。

二、传统文化在课堂教学中的创新教学实践

（一）美术课程上设计创新

课程上的设计创新是将一节课分为基础课程和"新式"速写课程2个课时。

《义务教育艺术课程标准（2022年版）》（以下简称《艺术课程标

准》)中指出：艺术教育在培养学生的综合素质中有重要作用，新课程核心理念是培养学生的审美情趣、创造力和文化素养。另外，《艺术课程标准》对教师的角色定义不再是传递者，而是学生学习的引导者。"新式"速写的课程方式，符合《艺术课程标准》提出的改革方式。学生在教师的引导下，自主探究中华传统文化，以速写和文字的方式，观察记录生活，提高审美情趣，培养创造力。

因此，我根据《艺术课程标准》的要求，在美术课程的设计上，将一节课分为2课时。第1课时是基础教学，根据美术课程的重难点和绘画要求讲课练习。第2课时是"新式"速写课程，在第1课时的基础上，学生初步掌握了课程内容以及课程中涵盖的传统文化。在第2课时中，学生自主探究相关的传统文化以及身边接触过的实物或者照片，以速写的方式描绘下来，配上与速写内容相关的传统文化知识和感想。

比如，四年级"威武的门神"这课，结合我校是航空特色学校，我将课题名字改为"威武的航空门神"。课前，为了让学生更好地情境式体验本课，我购买了传统过年的装饰布置（见图1）以及和本课相关的门神贴，过年热闹和快乐的气氛围绕着整间教室。

在教学导入环节，我以朱仙镇木版年画视频，引出学生对于过年的回忆讨论，顺势引出门神年画的知识点，展示秦琼、尉迟敬德的年画（见图2）。通过实物展示，学生仔细观察，以此加深学生对于传统文化中门神年画的印象并充分调动学生学习的兴趣。接着通过欣赏图片和小组讨论，寻找门神年画的绘画特色，并以小组合作完成部分学习单上的任务，结合航空特色，引导学生各自设计了一款具有航空特色的门神形象（见图3）。

为了让学生成为课堂的主人，提高审美情趣和文化素养，在本节课的第2课时中，我推出了"'新式'速写绘门神、品年味"课程。学生课前先查阅生活中接触过的门神年画传统风俗，或者与门神年画相关的照片。课上以"新式"速写的方式画在画纸上并配上文字，文字的内容可以是关于画上门神年画的介绍，对家里传统风俗的感想或对航空与传统文化相结合的各种看法与知识。通过"威武的航空门神"第2课时"'新式'速写绘门神、品年味"活动，学生可以从教授新知识到课后自主探寻并以速写的方式，方便快速地描绘下来。

图1　过年装饰 　　图2　秦琼、尉迟敬德的年画 　　图3　学生设计的航空特色门神

（二）开设临摹和户外写生课程，掌握速写基础

美术大师徐悲鸿说："临摹是绘画中最重要的手段"。临摹可以学习优秀作者对画面的处理技巧和构图方式。通过临摹，可以复制同类型的方法在自己画面中。而写生，是在临摹的基础上，加上自己的独立思考和绘画技巧。写生不但能够提高作者的造型能力，而且还能为作品提供源源不断的灵感。在写生的过程中能够积累生活素材，培养学生观察能力和创作能力，增强艺术感知力。

比如，在"新式速写"绘中华情文字传心中意活动中，我安排了两周的速写课程训练。从临摹开始，学生学习用快而轻松的线条表现物体，用线条的疏密变化表现物体的立体感、物体在整张画中的位置以及文字在画面构图上和情感的表达（见图4）。在临摹的基础上，第二周安排了学生户外写生速写的活动。学生走出教室，走向校园，一起写生校园里老师的车子，写生跑道边的花坛，写生食堂阿姨的电瓶车等（见图5）。这些户外写生活动主要是训练学生在真实的情境下，学会观察事物的细节并通过线条，去表现看到的事物。

图4　学生临摹作品

图5　学生写生作品

掌握了一定的速写知识技巧以后，可以更加有效地开展美术课第2课时的课程布置。让学生主动寻找与第1课时课程相关的传统文化知识以及身边相关的照片或实物，以"新式"速写的方式表达在铅画纸上，写上感想。低年级的文字可以是一两句话，高年级的文字可以写得多一点，内容更加深一些。

（三）中华传统文化在拓展课程中的渗透与创新

在小学阶段，每周的美术拓展课程对于学生来说是一个重要的课程，可以增加学生的艺术眼界，提高学生的审美能力。教师通过拓展课程的开展，将中华传统文化融入美术拓展课程，另外加入家校合作的方式，使课程形式不再单一。

比如，我所带的综合美术拓展班，是一到五年级混班的，所以在课程内容的设计上，要考虑到学生年龄特点，兼顾学生的绘画水平。在作业要求上，我会安排不同层次的速写作业要求，以满足学生不同的能力也能顺利开始"新式"速写实践。

比如，拓展课上的一节"中国风筝里的纹样之美"纸鸢课程，一共3课时，前两个课时，我以视频介绍为主，渗透纸鸢的历史和制作过程，引导学生以剪贴等方式，绘制属于自己的纸鸢作品。到第二课时结束时，大部分学生已经完成了纸鸢的绘制（见图6），课后我布置了任务，引导学生上网查阅或寻找身边的纸鸢，自愿尝试和家长合作完

图6 学生绘制的纸鸢作品

成一个会飞的纸鸢，风和日丽的天气里，学生邀请家长放飞自己做的纸鸢。

第三课时，我指导学生以"新式"速写的方式，写生纸鸢写感想，然后进行交流互动。有的小组分享了关于纸鸢的起源、寓意或传说；有的分享了周末和家人在公园里放风筝的过程；有的分享他观察到的实物纸鸢的细节纹样。从第三课时的速写作品和交流中可以看出学生们已经由浅入深，对纸鸢传统文化有了更加深的了解和喜爱。

通过以上拓展课教学实践，在教学上拓展课程的内容设计需要注意分层教学和学生课后时间上的自愿灵活安排，还要关注参与度积极性不高的学生，了解学生课后遇到的实际困难，为他们提前准备好相关材料，内容上适当降低要求，以提高他们的学习主动性和持续性。

（四）结合校园文化活动，融中华传统文化于速写

学校举办大型校园活动，学生可以在活动中，展示自己才能。另外校园活动也可以帮助学生扩大自己的眼界，了解不曾接触的文化和生活方式。教师利用校园特色文化活动资源，培养学生用"新式"速写的方式，记录校园文化活动中了解的文化知识，可以更加高效的传承中华传统文化。

比如，我们学校每年都会有高雅艺术进校园、艺术节、科技节等活动，深受学生喜爱。我将这些丰富多元的校园活动和美术中的"新式"速写相融，鼓励学生积极参与活动，尝试把活动相关的事物，以速写的方式画下来。

但是这些并不是美术课程上安排的内容，如果在课程当中加进去，是完不成一学期美术教学计划的。所以我在美术课上，将该活动取名为"线条与文化的碰撞"，顺利解决了教学进度的难点。其次在课程时间的安排上，学生参加完校园文化活动以后，可以利用课后服务时间，自愿

选择参加此速写活动。图7所示为部分学生速写作品。

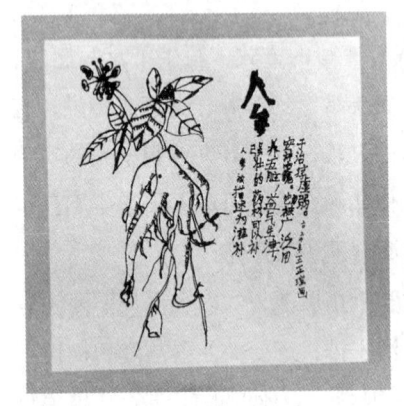

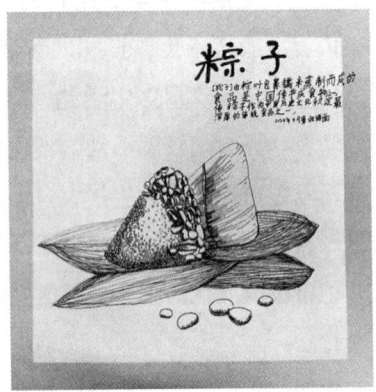

图7 学生速写作品

（五）采用积分制的评价方式，激励学生参与"新式"速写活动

"线条与文化的碰撞"活动，采取的是自愿参与原则，学生自愿利用自己的课余时间，用"新式"速写记录校园文化活动。为了有效地激励学生积极自愿参与该活动，我制定了积分制，自愿参与并完成该活动的学生，可以到我这边兑换积分。积分制评价表见表1。

表1　积分制评价

活动《线条与文化的碰撞》	1. 能否以"新式"速写方式记录校园文化活动	得★
	2. 作品是否生动有趣，构图合理	得★
	3. 能否将传统文化，记录在作品中	得★
	4. 能否和家长一起研究中华传统文化	得★
备注：以上满足一点得一个积分★，一张作品最多可累计兑换四个积分★。		
积分用处：学期里，学生根据积分数量，兑换礼物（每个礼物有对应的积分数量，比如一支笔需要10个积分★），也可以用积分选择优先权，例如优先参与美术社团活动，优先加入校内组织的写生活动，优先进行作品展示等奖励。		

三、以"新式"速写方式传承创新传统文化的实践思考

传统文化对我们中华民族来说，是非常重要的组成部分，它蕴藏着悠远的历史、多样的哲学、高雅的艺术等各个方面。传统文化对美术学科有着比较大的影响和意义。作为教师，在传统的美术教学基础上，对渗透中华传统文化的教学方法进行适当的创新和多形式的融合，可以更加有效地让学生了解和体会历史的沉淀和民族的传统精神，从而激发学生对传统文化的兴趣和认同。

通过一年的教学实践，以"新式"速写与文字相结合的绘画表达方式，结合以下几种课堂教学设计思路，可以比以往更有效地在美术教学中渗透中华传统文化。

1. 优秀艺术作品和美术技法融入课堂教学

通过网络，收集有传统文化的艺术作品和技法的视频教学与教师示范，让学生深度了解传统文化的艺术魅力和审美内涵。

2. 借助生活资源，考察挖掘身边的传统文化

美术课程可以分2个课时，在第1课时基本教授的前提下，第2课

时以学生课前自主探索传统文化为主,用"新式"速写的方式记录。课前可以引导学生通过亲子合作,社会体验、户外写生和实物写生等方式,自主挖掘传统文化,真切感受传统文化韵味,再通过课堂互帮互助、分享体会,学生将艺术创作与传统文化熏陶相融合。

3. 采用积极的评价方式,激发学生的成就感

以适合学生的积分制或者其他正向的评价方式,激发学生的主动性、积极性,促进学生养成良好的学习习惯,以"新式"速写这种短平快的方式去体验生活、观察社会、表达情感,从而达到绘画技能和行为养成、品德教育有机融合。

传统文化在美术教学中的传承与创新,不仅仅是教孩子们知识,训练其美术技能,更加重要的是在现代快节奏的时代背景下,可以让孩子们用眼睛、双手、智慧去静心观察这个多彩的世界,用心享受艺术的愉悦,用心感受传统文化的魅力。

参考文献

[1] 中华人民共和国教育部.义务教育艺术课程标准(2022年版)[M].北京:北京师范大学出版社,2022.

[2] 陈进怀.写生在中小学美术教学中的重要性[M].广东教学报·教育综合,2021(148).

[3] 张芸语.小眼看世界 我手画我心[M]//新时代学校美育的探索实践.上海:上海科学技术文献出版社,2023:176—187.

"五育融合"视域下小学综合实践活动探究课程开发初探

——以"'融'美故居,'创'想文化"活动为例

上海市浦东新区祝桥小学　瞿书文

摘　要

五育融合理念对教育工作的开展极有裨益,不但能够帮助学生以更积极饱满的态度投入学习中,在综合实践活动中训练学生的创新能力,开拓学生的眼界,调动学生积极主动参与社会活动与承担社会责任的意识,帮助学生培养核心素养。各学者对五育融合理念的作用和价值有着广泛的认可,并以此作为促进学生的全面成长的有效策略。小学阶段的综合实践活动是实现五育融合教育的重要途径,浦东新区祝桥小学有效开发周边场馆资源构建了四、五年级"'融'美故居,'创'想文化"综合实践活动,形成了以立德育人、智体融合、美劳联动为核心要素的系列探究活动和以真实、多元、互动为核心要素的评价设计。

关键词

五育融合　综合实践活动　探究课程　创意物化

五育融合理念的核心内容为从德、智、体、美、劳五个方面实现学

生的综合发展与全面成长，是指导当前教育工作开展的核心思想。五育融合教育模式对教育工作的开展极有裨益，不但能够帮助学生以更积极饱满的状态投入学习中，而且能在综合实践活动中训练学生的创新能力，开拓学生的眼界，提升学生积极参与社会活动与承担社会责任的意识。在帮助学生培养核心素养方面发挥着重要作用，已被广泛认可和接受。

在小学教育阶段，最具代表性并能够全面整合五育（德育、智育、体育、美育和劳育）的课程形式便是综合实践活动。首先，它能够涵盖教育的各个方面，实现学生全面发展的教育目标；其次，综合实践活动的内容和形式可以根据学校的实际情况和课程标准进行灵活设计，体现出强烈的创新意识；再次，在真实而具体的实践情境中发挥五育融合的指导理念的价值和作用，及时发现问题并开展综合实践活动，实践探究性特点较为显著。

自2018年起，我校与位于上海市浦东新区祝桥镇的爱国主义教育基地——张闻天故居建立了合作关系，开展了一系列结合"五育融合"教育目标的综合实践活动课程。这些课程旨在深化学生的爱国主义情感与文化自信。特别是"'融'美故居，'创'想文化"综合实践活动，不仅让学生通过实地学习和体验，深入了解张闻天的历史贡献，同时也通过创作与表达，将自身对这位历史人物和时代的理解转化为具体的文化创意产品。基于上述内容组织开展综合实践探究活动时，应当围绕着以下几方面展开。

一、将立德育人渗透活动课程主题背景探究

在"五育融合"的教育理念中，德育居于首位。德育关注于学生的思想品质和道德修养，是塑造其核心价值观的关键。张闻天的生平事迹

充满了丰富的德育内容，这些内容对学生的政治认同感和道德素养的培养具有显著效果。通过深入了解张闻天的故事，能激发他们的无私奉献精神，并鼓励他们实践各种公益行为；在教育过程中，教师可以充分发挥自身的引导和教育作用，帮助学生养成与社会主义核心价值观相契合的三观，培养学生在面对自身无法解决的困难或障碍时不畏难、不惧难的品质和习惯，能够在被人质疑时依旧坚持独立思考。除此之外，教师在开展综合实践教学活动时，也能够借此帮助学生树立高度的爱国意识和民族自信，增强他们对社会和国家的责任感。

为致敬张闻天，我们组织了"新时代少年向张闻天爷爷致敬"系列活动，引导学生深入探究其生平与精神。张闻天在长征、遵义会议中贡献卓越，支持毛泽东军事主张，转变党的军事路线。作为革命文学家，他翻译了《艺术论》等作品，评价了王尔德、歌德的作品等。其教育作品如《论待人接物问题》对青少年产生深远影响。战后，他在东北经济建设和外交工作中展现才华，助力中国外交事务发展，赢得国际声誉。

通过与现实生活的联系，学生们惊讶于张闻天爷爷为新中国的诞生与崛起付出了自己不可磨灭的贡献，他深邃的思想和丰富的文化内涵也根植于新一代青少年的心中。学生也得以通过阅读张闻天爷爷编写的著作来略瞻其风貌。在此之后，学生们又分别从生活以及文物两方面获取与张闻天爷爷有关的文献资料，小组合作对搜集的资料进行了整合与梳理，最终形成了彼此之间互动讨论和交流的素材，并在脑海中为张闻天爷爷进行精准画像，了解张闻天爷爷的伟大精神以及对中国共产党的发展壮大，推翻旧制度，建设新中国作出的巨大贡献。这种方式不仅能够训练学生的信息获取以及信息整合的能力，也可以帮助学生积累与他人之间进行沟通和交流的经验，掌握更多沟通和交流的技巧。图1所示为活动中的学生作品。

图1 学生作品

二、社会场馆实践探究活动体现"智体融合"的核心理念

充分挖掘学生的智力潜能、帮助学生积累知识并实现知识的内化是教育工作开展的关键目标,该综合实践活动跨学科培育核心素养,促进智育和体育的融合,有效地实现了教育的全面发展。

在第二个系列活动中,我们将学生们带到了张闻天爷爷的故居,这是在对上述活动中了解的与张闻天爷爷有关的事件之后的延伸。通过这次实地探访,教师们希望能够让学生们进一步感受到历史人物的生活环境和时代背景,以建立课堂知识与现实生活的联系。这次活动采取了主题式场馆探究的形式,展览馆路线如图2所示。学生们不仅可以更深入地了解这位伟大领袖的生平和事迹,还能够在实践中感受到历

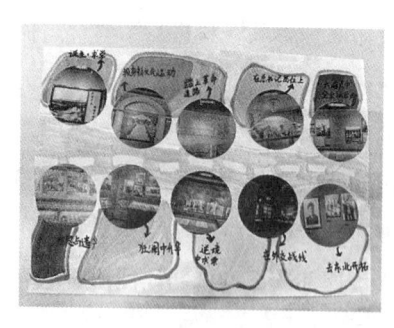

图2 展览馆路线

图3 探究任务

史文化的魅力。在设计教学活动时，教师精心构思了一系列难度逐步提升的探究任务，包括"听讲解""读介绍""说见闻""画路线"（见图3）。这些任务加深了学生对知识的理解的同时激发了学生的学习兴趣，深受学生的喜爱。每当学生按照既定的综合实践活动要求完成任务，就可以在工作人员手中获得探究张闻天爷爷故居的文创地图（见图4），每张地图上有大约一千米的探索旅程。通过这样的方式，学生们不仅在智力上得到了挑战，体力上也进行了锻炼。另外，这种以文创作品表现形式的地图也能够调动学生参与探究活动的主动性和积极性。

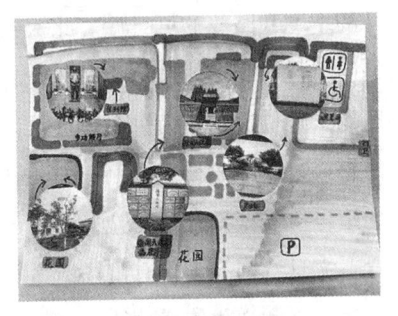

图4 故居文创地图

在上课之前，教师会要求学生与家长共同了解张闻天故居官方软件中的相关内容。他们一起了解张爷爷的生平事迹和在我国建设等各方面所做的贡献。在此期间，学生和家长不但能够对多媒体软件以及新媒体推文建立更深入的了解，还增进了家庭成员之间的交流和合作，培养了学生的历史意识和社会责任感。

三、文创作品设计探究活动体现"美劳联动"的核心理念

创意物化是教育部教育纲要强调的综合实践活动的重要目标。在小学教育中，实现这一目标需为学生提供实践机会，让他们在实践中积累手工制作和独立设计经验，掌握基础操作技能，并学习使用信息技术工具创作创新性数字化作品。这种方式旨在培养学生的实际操作能力和创新思维，实现劳育与美育的融合。创意物化不仅涉及情感、身体、智力和社会等方面，还包含艺术表现、文化理解、审美感知和创意操作素养。同时，也有助于培养学生良好的劳动习惯、劳动能力和劳动品质等关键素养。

在设计关于张闻天爷爷的文创系列活动中，学生可以选择制作"探究地图"。这个项目让学生团队为张闻天的故居探究活动设计一套全新的主题、任务和路线。首先，学生需要通过亲自探访故居，验证他们设计的主题和路线的可行性。此探究地图不仅是一张简单的地理图示，而是一个包含历史信息和互动任务的教育工具。学生需在地图上标示出故居的重要位置，并为每个地点设计特定的学习任务，如解答问题、收集信息或进行小型研究项目，以增进对张闻天以及相关历史背景的理解。学生也可以挖掘并重新诠释张闻天故居的文化遗产元素，设计并制作盲盒、文具、饰品等具有市场潜力的创意产品，兼顾实用性的同时展现其教育意义和文化传播功能。每份文创作品设置5分钟的讲演进行设计说

明与产品推广，新媒体公众号也会围绕着此次综合实践活动开展的实际情况撰写并公开发行相关文章。另外，我们也会立足学校校训以及各种相关的校园文化，面向学生组织开展文创设计征集。学生通过他们的作品表达了对张闻天的敬仰和爱慕之情，他们的设计不仅创意十足，更是展示了他们的实践能力。每一件文创产品都不仅仅是一种文化的表达，更是学生们对创意设计与劳动实践热爱的体现（见图5）。

图5 学生设计的文创产品

四、以"真实、多元、互动"为核心要素开展评价设计

（一）成员自评和组内交流达成深层次的反思与理解

通过学生自我评价和伙伴之间的相互评价，学生们在研究和收集张闻天的生平故事的过程中，不仅关注了政治认同等相关问题，也能够帮

助学生掌握更多与劳动有关的知识和技能，养成较好的劳动习惯。综合实践活动的开展能够为学生充分发挥自身在学习中的主体地位创造合适的机会和平台，畅通学生彼此之间沟通和交流的渠道。除此之外，上述评价方法也能够帮助学生养成团结合作、独立思考的良好习惯，这是综合实践活动中十分重要的教育目标。"'融'美故居，'创'想文化"活动评价表见表1。

表1 "'融'美故居，'创'想文化"活动评价

第___小组	名字：	自评	同伴评
评价内容	评价指标	得星数	得星数
知识内容	检索张闻天的重要资料，用人物简介卡或画报的形式呈现人物在该阶段的自身经历和形象特征。	★★★★★	★★★★★
	针对资料的某个或某些重大事件进行学习和探究，用时间轴或画报的形式图文并茂地呈现学习成果。	★★★★★	★★★★★
	体会和领悟资料中展现的红军的精神、共产党人的信仰等，从中获得启迪。	★★★★★	★★★★★
表达呈现	汇报成果时，能清晰、流畅地介绍小组的设计思路。	★★★★★	★★★★★
	呈现成果的形式丰富多样。	★★★★★	★★★★★
	对于同学提出的疑问，能做出合理的解答。	★★★★★	★★★★★
反思总结	对小组的活动成果做出合理的反思。	★★★★★	★★★★★

（二）家长对综合实践活动开展的步骤展开形成性评价

学生会跟随教师前往张闻天故居进行实地考察，用自己的五感去真

实体会与深入了解这一历史地点，设计出一条合适的参观路径。此次活动的特色在于家长的积极参与。家长不仅陪同孩子前往现场，还共同参与设计"探究地图"和编写"新媒体推文"。此过程不仅加深了学生对故居的了解，也促进了家、校、社三方的紧密合作。教师也会面向学生家长组织开展相应的培训，帮助家长充分认识到此次综合实践活动开展给学生带来的正面影响。家长借助过程性评价参与综合实践活动，不仅增强了他们在孩子教育中的参与感，还帮助他们逐渐树立重视学习过程的教育理念。实践活动家长观察评价表见表2。

表2 实践活动家长观察评价

家长姓名：_____ 观察时间：_____ 观察地点：_____				
家长对"五育融合"视域下小学综合实践活动探究课程开发初探——"'融'美故居，'创'想文化"活动的评价				
评价内容	优秀	良好	一般	需努力
1. 您对该项目活动是否满意？				
2. 参与到项目活动中时，您觉得学生的兴趣怎么样？				
3. 在项目活动实施中，您觉得学生的能力发展如何？				
4. 您觉得老师在引导课程实施中的方式是否满意？				
5. 过程中学生的思辨能力与创新能力是否有所提升？				
6. 过程中学生的实践操作能力是否有所提升？				
7. 过程中学生的团队协作能力是否有所提升？				
8. 制作的路线设计图是否体现了自己的想法与实际应用？				
9. 学生作为故居导览员能否提升表达能力，自信大方地介绍自己的见闻与陈列品？				
评价描述：				

（三）与社会生活相促进的多平台网络评价

该网络评价活动旨在促进社会各界对于文化创意作品的广泛参与。活动内容包括设计和评选与张闻天故居相关的文创产品。这些创意作品将首先在学校官方微信公众号上公开发行，在此之后会面向社会公众进行公开投票。依据公开投票的数据，按照投票数量多少，从高到低选取10个文创作品并利用3D打印技术实体化。这些实体化的作品不仅将在张闻天故居的义卖活动中出售，所得款项也将捐赠给贫困山区的友好学校，此举旨在提升学生们的社会责任感。"'融'美故居，'创'想文化"活动文创产品评分表见表3。

表3 "'融'美故居，'创'想文化"活动文创产品评分

产品名称：_____		设计者：_____	
评分内容	评分标准	所占分数	实际得分
设计新颖	色彩搭配合理，有艺术美感	20	
	作品具有文化特色和创意水平	20	
	外观形象具有原创性	20	
内容丰富	与张闻天故居的关联和元素挖掘	10	
	有教育意义与文化传播功能	10	
表达清晰	具有较强的可操作性和实际推广潜力	10	
	对作品内涵有翔实的说明和介绍	10	
总　　计		100	

评分人：_____

参考文献

［1］张华.论"综合实践活动"课程的本质［J］.全球教育展望，2001（08）.

图书在版编目(CIP)数据

聚焦课标新视角：上海市浦东新区观澜教育联盟教育改革实践探索 / 浦东新区观澜教育联盟，金维萍主编． 上海：上海社会科学院出版社，2025． -- ISBN 978-7-5520-4637-3

Ⅰ．G632.0

中国国家版本馆 CIP 数据核字第 2025BT3298 号

聚焦课标新视角
——上海市浦东新区观澜教育联盟教育改革实践探索

主　　编：浦东新区观澜教育联盟　金维萍
责任编辑：杜颖颖
封面设计：裘幼华
出版发行：上海社会科学院出版社
　　　　　上海顺昌路 622 号　邮编 200025
　　　　　电话总机 021－63315947　销售热线 021－53063735
　　　　　https://cbs.sass.org.cn　E-mail：sassp@sassp.cn
照　　排：南京理工出版信息技术有限公司
印　　刷：上海龙腾印务有限公司
开　　本：890 毫米×1240 毫米　1/32
印　　张：12.75
字　　数：325 千
版　　次：2025 年 2 月第 1 版　2025 年 2 月第 1 次印刷

ISBN 978－7－5520－4637－3/G・1397　　　　　　　　定价：78.00 元

版权所有　翻印必究